U0717590

窗台边的犹豫

—— 家庭教育的苏醒

赵黎霞 著

江苏人民出版社

图书在版编目(CIP)数据

窗台边的犹豫：家庭教育的苏醒 / 赵黎霞著.
南京：江苏人民出版社，2025.6. — ISBN 978-7-214
-26610-1

Ⅰ.G78

中国国家版本馆 CIP 数据核字第 2025Z49V58 号

书　　名　窗台边的犹豫——家庭教育的苏醒
著　　者　赵黎霞
责 任 编 辑　汪意云
装 帧 设 计　陈　婕
出 版 发 行　江苏人民出版社
地　　址　南京市湖南路 1 号 A 楼.邮编:210009
照　　排　江苏凤凰制版有限公司
印　　刷　苏州市越洋印刷有限公司
开　　本　718 毫米×1000 毫米　1/16
印　　张　20.25
字　　数　280 千字
版　　次　2025 年 6 月第 1 版
印　　次　2025 年 6 月第 1 次印刷
标 准 书 号　ISBN 978-7-214-26610-1
定　　价　90.00 元

(江苏人民出版社图书凡印装错误可向承印厂调换)

自 序

>>> 一个长期学习者的酝酿深耕

踽踽而行，酝酿20多年，一步步走近教育，从偶然变深耕，我终于动笔写这部家庭教育方面的书稿。诚实地说，作为一个半路走进这个领域的长期实践学习者，直到动笔前的一刻，我内心还十分忐忑，略感羞怯和紧张。

回望过去上百个以儿童、青少年为主的家庭教育面询（指用教育的方法进行相对长时的系统性调整过程）和家庭教育咨询（指对学习问题的痛点、卡点进行一次性干预或短期指导）案例，我已积攒1万小时以上个案及团体经验，不断汇总的电子版和纸质版的面询记录、复盘分析、查证资料等也已超过25万字，冥冥之中被指引着走进家庭教育这一领域，犹如混料、封土、做肥，在逐渐肥沃丰腴起来的土壤上播种育苗，寄望它们可以成为未来家庭成长的依靠和支持。

早期重实践轻理论，我没太多了解相关的理论知识，包括教育学、心理学等。后来个案中有家长想学习我的经验和理念，让我进行具体指导或解答解惑时，我才发现自己不仅精力和时间有限，更是欠缺可以一击本质的精简表述，理论水平有待加强。在家长和朋友鼓励下，我开过一期线下工作坊，所耗时间和精力之多，比起面询更令人疲惫不堪，才真正意识到创建理论模型的必要性和学习方法系统化的重要性。认识到以书本普及知识最省时简便，于是我便以理论学习者的角色重新开始践行教育的意义。

我不断从过往的教育实战经验中提炼方法和理念，结合现实问题，探索设想有关家庭教育理论的实证途径和实验方法。因涉及许多学术专业问题,没有完备的实验设备和数据模型库,又非学术出身,所以我在大量实践经验积累的基础上,恶补国内外教育、哲学、生物、社会、历史、心理以及神经脑科学等相关专业知识。

不知不觉看完了150余本与教育相关的生物遗传学、神经科学、社会哲学、心理学以及国史文化书籍,做了近5万条相关阅读笔记,并对跨学科领域等学术思想、概念及实验研究等做了分类,学习完成20万字以上的笔记,这些都与实践产生的案例思考、困惑和疑问有关,包括各类试验现象、定义概念、运作机制和观念的形成,由此带给自己的思考批注等。

或许是教育情怀融入了生命意义,早几年我一看就觉枯燥打盹的几百页、几千页、上万页的专业纸质及电子书,这时我却饶有兴致地看下去了,有时还能与作者进行笔记式切磋和对话思考,联系临床经验比对某些科学实验结果。当我推导出自己的理论实证时,顿感世界别有洞天;偶有学术专业概念生涩难懂,我就查阅各种资料并联系实际验证理解。这是一个长期学习者的践行热情,这种动力并非凭空想象或者高调虚拟出来,而是随着认识水平和思想视野达到一定程度后才能够喷发继而坚持不懈。

早期精读学术书籍会有些固化的思维模式,所以我有意识地选择国外名家的系统性学术著作。读过上百本各类专业书籍,不断比较临床个案数据、效果和依据后,我发现其中不乏错误、偏差或偏见,派系之间理论观点相互矛盾,过时的理论和观点。其间我有过困惑、失望、停滞,但在学习中逐渐理解真正的科学研究一定是在前人的理论基础上不断观察事物现象、甄别思考、质疑批判、积极拓展、改变创造过程中产生新理论。

学习中不断产生混乱和质疑是正常的,它们像某些推力一样,使我不断去查阅、比较、分析和揣摩,理解原理。当结合案例得到自己想要的理论时,我就像发现了新大陆,兴奋而激动;我没有条件做实验模型,但在别人的实验中能实证归纳出自己实践可取的理论部分,对于专业现象和问题的诊断解决,都有了质的变化;我的思路和视野越来越开阔,阅读目的、速度和习惯有了巨大变化,不再局限于国内外名家、专业分析的观点与自己的想法一致或关联的书籍,哪怕对那些与自己的想法相左、明显错误、寂寂无名的作品都有读下去的耐心。

从泛泛而看,到"联系性"地、"批判性"地、"思考性"地阅读学习,由触动产生心流,这样汲取营养和精华就更多。比如,思考角度、实验观察、概念观点、构思表达、学术深度及诙谐的个性化用语等方面,都有值得学习和思考的"触点""美点""悟点";那些不足、偏颇、过时或者错误的,很自然被快速忽略、过滤掉,这些变化让我吃惊,也令我日趋愉悦,饶有趣味。这就像有过心理创伤或者存在学习问题的孩子,在调整纠偏修复中虽有反复,但疗愈的基底却螺旋式上升,逐渐发现对专业理论的鉴赏有了质的提升和飞跃。

我大篇幅提及学习阅读的作用和感受,似乎与本书内容及目的关系不大,但这恰是一个教育者应该具有的学习素养和深入探究的能力。正如叶圣陶先生所言:"先生须一面教一面学。"因为教育者不同于那些通过学习内化自己教育理念的普通家长,需要兼顾让教育变得无与伦比的曼妙和与现实意义紧密联系的社会责任,而不是完全参照或照抄前人的教育内容和模式。凡是教育者都需要用勇气、担当和胸怀面对未来、发展自己。

虽是个人经历,却蕴含着学习方法普遍形成的必要过程。教育是老师如何教、学生如何学的问题,有些悟性高的学生可以借鉴这种自我学习方法,为己所用,让学习形成自我循环。每个人有优势就有不足,有不足就有潜能,有潜能就有发展,有发展就有局限,有局限就有突破,有突破也就有优势。层层推进,环环相连,你总能找到、看到或者意识到任何事、任何人的可用之处及其相关性,以无比通透的大脑和学习胸襟,拥有对某个人、某件事的绝对价值理解,也就具备了自己的绝对价值和升华可能。

另外,在阅读过程中,大脑中不断储存下许多有用但还未能意识到的符号、图式和记忆,在未来某种情境刺激下会突然跳跃出来,丰富起来,联结起来,供你使用和创新,成为你的精神财富。如果你作为家长、老师或孩子,在看这本书时也有上述的相似感觉,哪怕只有一点点,再去理解家庭教育的理念和这本书的目的,及今后了解统合教育,都会水到渠成。除此之外,你看问题的角度、视野阈值和处理能力,会水涨船高,打通优势思维。

当然,你极有可能还会发现这本书有许多不合你的观念、习惯和想法之处,存在一些笔误、错误或不足,但只要是经你思考过的,或经其他渠道查阅过的,让你打个激灵、冒个想法或恍然大悟,哪怕花点时间慢慢咀嚼后不再纠结,这本书就达到了存在的目的。在那个时候,你可能通过甄别、思考和比较,获得新的灵感想法,内化成由你自己创造的新价值。我们都是在继承先人的理论经验中不断学习、发现错误、沉淀精髓而越辨越明晰的,这也是创造新生事物或新思想的长期学习者的必经之路。

》》萌发"统合教育"构思

早期我曾帮过青春期叛逆、网瘾、偏科厌学及精神症候较为轻微的孩子,但不接收被专科医院或心理机构诊断为重度情绪情感障碍、精神分裂症或心理行为综合征的孩子。后因朋友及家长的不断推荐和请求,我开始接收重度及综合症状的孩子,后面陆续有严重抑郁、焦虑、躁狂、双相、自闭等造成的休学、停学个案,占比越来越大,这让我在帮助这些无法上学的孩子回归学校的同时,不断陷入对一些家庭和社会问题的思考与担忧。

万幸的是,带过的学生大多数有了不同程度的向好转变,程度因个体和家庭环境而异。较好表现主要在认知、价值观、学习能力及精神意识方面,对身体机能和心智功能的完善发展也有相应的促进。有的在学科能力上突飞猛进,从偏科到不偏科,有了自主学习的信心;有的思想认知茅塞顿开,情感联结增强,调和了家庭及社交的心理冲突;有的易感抑郁或叛逆情绪渐趋稳定,情感和思想上的卡点痛点得到迅速疏通,停止自残或自杀倾向的行为;有的重拾旧好或开拓新兴趣,对生活兴致盎然、生机勃勃。

随着个案的不断积累,我对教育现象和问题的思考进入一个新阶段,逐渐萌生出家庭教育的统合思维,即应用聚合、收敛和简单原理,根据身体、心理和资源等三个运行机制,进行意识、行为和思想上的训练,形成问题的统合解决方案,并在如何养育、如何学习、如何成长的过程中应用统合方法论。我把逐渐形成的"统合思维"和"统合方法",不断用在自己、亲戚、朋友孩子的教育实验上,并进行观察比较,发现具有明显的效果,这是早期萌发的"统合教育"构思。

"统合教育"可以把家庭突出问题出现的概率降低，帮助解决叛逆、心理及行为等偏差问题，转化到对孩子的心智、认知和精神层次上，就是在学习、社交、就业时把统合教育观念和思想精神外化于实践，提高其兴趣和意志。尤其在"预防阶段"进行统合教育，可以避免大多数孩子校外补习的各种奔波和折腾，使其在独立解决问题和自学能力上明显优于一般同龄人；自主学习的状态一直较为积极、持续稳定，少有偏科或暴力行为，德智体发展全面；能够自行解决问题、促进心智功能的完善和发展，与之匹配的知识技能可以得到良好运用。

这一切要感谢对我信任及不断鼓励我开工作室、工作坊、线上课程、写书的家长朋友们，还有懂得感恩的可爱学生，是他们激励着我在兴趣中发展出"职业"来，突破了许多极限和可能，让我对案例疗愈的有效性及其原理开始了更深入的探究和追踪。诚然，教育界先贤和前辈们的各种研究理论早已硕果累累，在他们面前断不可造次。我也一直提醒和告诫自己，只有在不断向他们学习的基础上，深入社区和家庭，再思考那些个案及社会事件背后的原因和本质，胆怯和恐慌的想法才被更多现实的迫切性需求和家庭教育苏醒所替代，转化成砥砺前行的动力。

本人才疏学浅，理论水平有限，可还是期望能够从多年的经验提炼和理论实践中抽丝剥茧，得到一套易理解、简操作和真实用的学习科学理论，这使本书有点像学术著作但又不是纯粹的学术研究，既希望表达严谨专业又渴望被普遍看明白，成为对教育能够产生有效影响的应用实操书。先行尝试，难免存在瑕疵、疏漏或不成熟之处，但凭借多年的教育学习和经验，看见那么多的家庭悲剧和孩子出现的种种可能，我依旧会硬着头皮去展开那些可能会得罪人或者比较棘手的教育话题，发出微弱的声音。

本书以漫谈形式阐述家庭教育的理论观点，尝试用自己对案例观察、学习、实践、分析过的经验，结合其他实验中家长孩子类似的认知走向、情感走向、关系走向和行为表象，为教育赋能，普惠家庭。全书从家庭现象到普遍存在"什么问题"，家庭教育"是什么"，以及问题出现的深层次原因"为什么"，从而在时代中找到解决问题"如何做"的具体策略方法，应对大环境变化等。本书只要能激起一朵使家庭教育苏醒的水花，就算完成使命，哪怕最终变成一颗默默沉入水底或用来铺路的石子。

赵黎霞
2024 年 11 月 30 日于深圳

目 录

CONTENTS

前　言

社会众生百态，繁华喧闹。坐在黑房子里，惶恐、未知、不确定，你趴在窗台边犹豫，不妨推开那扇窗，让黑夜的星空、白昼的阳光都洒进来吧！

>>> 令人无比震惊的现象

没有走近的时候，或许根本没人能想象有这么一群孩子：

有的凌晨五六点钟睡觉、傍晚五六点钟起床，昼夜颠倒，几个月、几年甚至余生沉溺在虚拟世界的游戏和社交中，完全失去生活的光泽和规律。

有的从过往被欺凌者变为如今的霸凌者，不仅对校园同学伸出了黑手，还对家人亲友使诈作恶，一不如意暴跳如雷，辱骂、折磨、伤害双亲，甚至要求没得到满足就拿棍拿刀伤己祸亲。

有的小学、初中厌学休学后，被坏人钻法律空子，利用 14 岁以下未成年人违法犯罪不判刑等擦边球，被教唆煽动砸车偷盗、欺行霸市、飙车撞人、讹钱抢包，小小年龄已然成为派出所的"常客"，其中不乏条件较好的家庭。

有的一不小心坠入社会"暗层"，跟着混混吸烟喝酒、打架斗殴、招摇撞骗，被居心叵测者或社会"变态人"诱骗观看色情视频，长期被 PUA（精神控制）诱导洗脑遭到性侵，患上性别焦虑及斯德哥尔摩综合征。

有的小小年纪就被诊断出患有抑郁、躁狂、双相等情绪情感障碍，长期靠吃大量的药控制维持，绝大部分不外出活动，神情呆滞，无喜无悲，不上学，蜗居在家，心智表现出退行性延缓迟钝。

还有些孩子缺乏自我保护和安全意识，被不法分子利用，通过线上拍隐私部位等进行交易"赚取"零花钱,被诱骗摆拍各种"秀姿"及裸照进行要挟;有的追圈迷日漫韩风,整日以"吃谷""囤谷"抽盲盒/盲卡及购买大量耽美小说为生活的全部,为此支出几千、几万甚至十几万,混淆现实和虚拟,造成性别模糊。

还有的孩子貌似在校上学,却三天两头请假逃课,上课听不懂,屁股坐不住,作业一动不动……

面对这些孩子,我心生悲悯,内心沉重,陷入反思:社会和学校还能为他们做些什么?家庭能做些什么?"我"又能做些什么?当听到或看到青少年被贴上"垃圾""废物""痞子""病人""学渣"等标签时,我们是否想过有一天——

他们也能幡然醒悟,一点点回归正常生活、回归学校,也会关心感恩家人,自食其力,养活自己和照顾父母,并没有成为社会负担或隐患;被判定学习比登天还难、一分钟都不愿看书写字的孩子,突然间认真学习起来,自己设闹钟 6 点起床、背书学习,比成人还起得早、睡得晚,孜孜不倦地学习;有的回校奋发图强,学习成绩一不留神进了班级、年级的第一梯队甚至前五前十……

没有接触到这类个案时,你无法想象他们的父母在挽救和帮助孩子的道路上走过多少弯路,遇到多少曲折和泥泞……倾其所有,付出金钱、时间和精力,甚至放下尊严下跪求人,承受着常人无法体会的绝望和痛楚,却在社会各种批评和质疑声中怀疑自己、责备自己、内疚不已……痛哭流涕,扼腕叹息,那种深深的悲伤和无助,刻在眉宇间。

接收这些孩子初始,我内心无比震惊、难以置信。在一次次面询中看到他们一点点变化,才渐渐明白自己对他们及其家庭意味着什么。这些个案调整时间一般为 3 个月至 1 年,也有问题形成时间较长、综合情况比较复杂、不断复发的个案,严重时长达两三年,但变好的底基还是较为稳定地呈现出整体螺旋式上升状态。统合教育面询时利用学科作为辅助手段的介质迁移法和情境教育,取得较好的成效,尤其对处于青春期叛逆阶段的中学生特别有效。

>>> 这才是真正的教育和家庭教育

当持续发生问题的时候,普遍引发的思考和采取的措施要么是想方设法预防杜绝,要么是面对现实——解决。我在后面章节中特别提出"预防阶段"和"解决阶段"的概念,便是应对这两个方面的具体操作。孩子出现各种各样问题,除了社会要担起责任,还广泛涉及"家庭教育",即家庭采取各种方式和措施养育和管教孩子的成长过程,当然还涉及另一个更广义的概念"教育"。

我曾经在深圳市委组织部、市妇联、市卫健委等组织的"安心项目"新时代大讲堂授课中,面对心理咨询师、学校老师和家长,对"教育"和"家庭教育"的概念做了如下四点概括和诠释。

1. 教育的本质是自我教育,是从阶段性到长期性的统合自我并适应环境,由外至内、由内而外又自觉长期统合的前行动力。婴儿从呱呱落地、离开母亲的子宫开始,就对光、母亲的声音和气味有知觉,被动适应外部环境和帮助,逐渐产生模仿到学习的意识;这些过程中,外部环境的不断刺激促进了感知觉、大脑及大小肌肉的基础发育,以及生理和心理功能的发展,使婴儿产生对世界的好奇和简单探索,他们开始生动模仿学习父母的言行和表情,教育便发生了。

当身体机能适应外部环境发展到一定程度时,有了简单的意识和思维,反过来又不断促进心智功能的日益完善,自我意识得到强化;对外部充满好奇的同时,进一步深入学习和向内探索自己,进入幼儿园、学校或通过其他获取知识、社交的途径,体验集体生活和人际冲突;到了心智成熟稳定的阶段,由具象思维逐渐发展出抽象思维,即有了独立思考和解决问题的能力,对自我产生认同并思考个人的社会价值,又开始向外深入探索和追求,主动适应和改造环境。完成这些过程是借助教育这个媒介进行的。

2. 家庭教育是如何培土从而如何去育种的问题,而非为了看到某种预设结果。家庭给予心灵爱的滋养和认知世界的启蒙,是孩子从小到大能够想象、思考、自控、快乐、悲伤、怜悯、美好的所有力量的来源地。

休学停学个案中的核心问题,大多是家庭"格序"消失、"爱"的能量流动受阻、失去了"磁场"吸引力;而孩子自幼在成长过程中缺失父母的监督、管教、引导和规则性要求,日积月累,积习了恶念、恶行、恶性,心灵蓄满负能量;许多家庭溺爱孩子,使孩子无法直面挫折困难,心灵脆弱,缺少勇气和坚毅的品性,人也更趋于"以自我为中心",认为别人的付出都是应该的,成人后对父母只有更多索取;自私自利,不管父母死活,不知感恩回报和承担责任,出现为数不少的"巨婴""啃老族"现象……这些大多是家庭环境和教育问题,即在"预防阶段"意识和措施不到位所致。

3. 家庭教育是个性化发展最重要的一环,也是个性化过程中如何去保护并积极利用孩子自身优势进行的渐进式教育;个性化是指孩子内在独立的自我意识和自我认同的形成过程。每个孩子性格中有特别突出的一面,就是个性,它是个体在不断适应环境过程中交互作用下塑造的结果。个性化发展,既有天生遗传因素,也有后天环境影响。

每一个年龄段和发展期,孩子的个性都有不同的呈现方式,包括行为和思维,而家庭教育在顺应孩子个性化发展过程中,积极采用有效的理念和方法进行塑造影响,不断发现孩子的天赋特点及匹配他个性发展的优势资源,采取适合孩子个性的优化措施,根据规则框架不断监督、管教和引导,对于出现偏差的苗头施加干预,对良好表现给予支持和帮助,逐步浸润、教化和启蒙。

4. 家庭教育是对孩子各阶段可能出现或发生隐患问题的预防、刹车及解决,涉及可能出现问题的"前端预防",以及已经出现问题的"后端解决"。任何一个事物的发展过程,总会存在一系列问题并产生破坏性,孩子的成长也是如此。如果家庭教育早期没有进行很好的土壤施肥、育种、除虫,就会导致各种问题的发生,使得后期需要花大量时间去化解、解决或者根本无法解决。

因此,家庭教育重中之重在于加强预防意识和措施。预防可以分为梳理、观察、助推等模块,从内外部环境、优劣势分析、设置教育框架进行梳理,再从情境入手,动态观察规则对孩子行为状态的影响,助推情绪、兴趣、社交、学习等发展,可以有效杜绝或减少综合性较大问题的发生。另外,在学习上可以使用科目介质迁移的方法,充分调动孩子学习的兴趣和渴望,有效减少避免今后产生学习障碍或消极情绪的可能。

我们不仅对"教育"和"家庭教育"的含义要有较为全面的了解,更要形成新的教育观,这在某种程度上也是对历史文化的透析、萃取和重构。形成科学的教育观,不仅需要对西方学制和中国学制的发展有了解和比较,还要对现代学制的利与弊,以及当下教育突出的社会问题和未来趋势做出分析和判断。对此,本人有以下六个方面的基本认识和观点:

第一,家庭教育与学校教育、社会教育共同组成现代教育的内核,主要贯穿着孩子从婴幼儿时期到青春期结束这个阶段的成长过程,体现父母对孩子身体机能、生活技能、行为习惯以及道德价值观等方面的养育、教化、启蒙。

第二,教育本身没有"标准答案"或"范式方案",而家庭教育更没有统一的标准或一劳永逸的模式,供家庭进行公式化套用。家庭教育是在家庭文化构建、环境资源以及孩子的个性变化中进行的,是个性化教育发展最重要的一环。

第三,家庭教育是指在孩子个体化过程中得到适当保护并积极促进其自身成长的教育。它对孩子各阶段可能出现或存在隐患问题的预防、刹车及解决,有着不可替代的现实意义,直接影响着孩子的整体认知体系和世界观的构建,包括对生命意义的认知。

第四,家庭教育在家长能力范围内进行,因家长的文化学识、经济背景、性格特点、原生态家庭等不同而不同。只有让家长感到轻松,操作趋于简单和实用,使家长充分发挥动能与智慧,整合对家庭教育产生影响的因素,家庭教育才能积极发挥效能。

第五,家庭教育是长期性的动态发展过程,每个家长都有其惊人的力量及局限性作用于这个过程,并形成反作用力。只要有操作性强的框架,家长就能形成大致的教育方向,内化诸多理念,形成自己的风格,践行、推敲、提炼自己的教育方法。

第六，当前教育形势严峻，偶有家庭极端事件发生，引发社会的广泛关注和焦虑。良好的社会教育之风，必是所有教育者共同努力的结果，这关乎孩子的未来和希望。教育创新者只有在整合先辈的理论脉络中不断学习、创新、实践、修正，才能让家庭获益。

正是在这六个方面的不断摸索中，我大致了解、掌握到孩子的认知发展线、情感发展线、生理发展线和心理发展线的规律及其表现特征。根据现实环境，实操个性化教育的多种方式并不断观察影响其效能的各种因素，我开始深入研究学习科学方法及其应用。

>>> 实践走进教育

我常对朋友说，自己为何走进教育领域，至今都无法解释清楚，有其偶然性又有其必然性，走着走着就发生了，似乎意识之中有着明确的指向。接下来我会介绍有关走进教育的经历，以及一些机缘巧合引起的"发愿"和临床实践，这在公众号"璆霁妞·画诗界"（以下简称"公众号"）的系列文章《一点星光》里也有过介绍，在此就不再赘述。

每个人的生命都是丰富的、相互联系的，都有其了不起的特质，当然也有各自的局限性，本人亦然。"你能照见我，我能照见你"是彼此充分感受认知、储存"先验素材"、理性处理冲突等形成的必要"感觉经验"部分，值得相互探究和学习，再得以各自实践经验。单从理论走向经验往往是僵化、效仿和保守的，不利于实操，当从实践走向理论，再回炉实践，借此促进自己的内化吸收，突破、解构和重塑观念，变为实证经验，创新理论才成为可能。

希望我的经历可以作为一段"小历史"供大家参照、批判和融合。20多年前，我断断续续帮朋友或熟人家有偏科问题的小学生、中学生进行功课辅导，偶尔协助解决矛盾冲突或干预孩子行为上的小问题。后因工作进入体制内，接触到辖区特殊"弱势"家庭，发现那些孩子所处环境十分恶劣，家庭教育严重缺失，缺乏社会交往，身心健康存在重大隐患，因此，在组织辖区互助活动中，我尽可能给这类家庭提供一些机会和资源，这大概是我后来创办以心理和法律为主要综合援助的社区公益中心的最初动力。

辞去公职创业，经济上有了相应积累后，我又力排众议，尝试落地自己策划个性化教育的有关理念和模式。近距离观察了上百个一至六年级学生的学习状态后，我分别访谈了他们的父母；深入问题的背后，我发现家庭教育对孩子的影响确实深远，由此开始思考、摸索和实践操作，为后期的理论方法和统计数据收集了第一手材料。

单从经济效益上讲，我创办校外教育机构的经历算不上有多大的成功。当时遭遇黑恶势力想侵占1600多平方米的旗舰店物业楼宇，我有过艰难的非常时期，但最终凭社会正义和个人毅力，用阳谋破了对方的阴招，令其心悦诚服地道歉赔偿。直到今天，我依然认为，那时对教育的思考和学习是最多、最热忱、最激情实践的，对现今得以出炉教育理念和系统方法有着直接的影响和帮助，是非常有意义和收获的阶段。

当时选址在名校分布较多的中间地段，机构布局设计上颇费心思。比如，进门前台右侧是200多平方米的宽敞精品书吧，提供了五六千册儿童、青少年经典读物；15年前电脑没有普及的情况下，机构配备了五六台电脑供孩子学习查询资料。前台后面还有个饮品区间，有吧台和可以旋转的高脚凳，那是孩子们特别喜欢的舒适下午茶点空间。还有绘画、舞蹈及琴房等宽敞的艺术空间，以及20多间科目辅导、托管等大小主题课室，花大价钱配备了环保的高级vip午休床，以及宽敞明亮的午晚餐区间和开放式厨房。

当时很多人不理解我为什么要花那么大的心思和财力，去做看上去与学习没有什么特别有关的环境和空间布局，并在很多细节和环节上都考虑到孩子的心理影响，包括色彩、空间和主题造型。其实，我最初做这件事的目的，是希望能给来这里的孩子一个润物细无声的文化浸润和"家文化"的感觉，让他们真正享受到专属儿童"美"的温暖感受。

我一贯认为，不管是内部环境还是外部环境，只要是具备审美性的环境和人文"美"的熏陶，就能对孩子的心灵和精神产生积极的影响，而我们的老师也正是在这种环境里潜移默化地发生了气质上的变化，呈现出自信又更有担当的工作热情。以至于后来有朋友和家长来访时说，在学校外面接孩子时，一看就知道哪些孩子和老师是你们机构的，气质和其他机构真的很不一样。

坦率地说，我们机构老师的学历和经历，与其他机构没有太大差别，但在环境文化熏陶和教育观念的影响下，由内而外，脱胎换骨般发生着变化。这也是机构老师能够主动在处理解决黑恶势力事件中发挥巨大作用的原因，更是有些老师回乡后投身于教育事业逐渐能够壮大起来的缘故。这段经历有时回想起来确实有点意思，它不仅是个人思想发展变化的历史，也在随着环境变化而变化，是具有时代普遍性特征的某种剪影或缩影。

》》产生"统合教育"理念

随着时代的发展，一代又一代的教育都在发生着巨大的变革。传统的教育观和方法不断被证明存在问题或不利于解决当下突出的社会问题，面临批判、否定和更替创新。但是任何理论和方法的应用，都是在过去的经验和理论基础上不断深入、拓展、融合和创新出来的，除了受使用者本身的影响，还受到大量具体的、即时的情境因素影响，引发许多差异、不足和不同的结果。经过实践提炼的理论方法具有一定的确定性和普遍性时即可广泛使用，而确定性是在具备熟悉程度、知识维度和心理判定等三个条件下产生的，是在传统的轨道上发展出来的。

创办教育机构后，我全面接触到教育和家庭，帮助一些家长和老师认为教育不了或难以管教的顽劣、顽皮孩子，以及在学习行为和学习心理上存在轻微问题的"疑难症"孩子；创办社区公益综援中心时，我帮助一些被社区、学校认为存在"综合问题"的少年和家庭，我对自闭症、抑郁症、躁狂症、双相情感障碍等精神疾病相关的症状症候，有了较多认识和探究。前者是为了教育情怀和实操落地，后者是对特殊家庭遭遇留下牵挂和未了的心愿。

对于后者，我原本仅想在经济、教育、心理方面给那些过往特殊家庭和孩子一点支撑和帮助，使他们与社会有联结、能打开生活美好视窗，却不料让自己陷入对孩子不同年龄特征、行为表象和思维形式的学习研究中；了解到心理学主要派系的理论模型和应用特点，同时专门通过各种渠道去了解进化遗传、群体行为、宗教、语义学、美学以及相关历史习俗等,对教育和心理进行了初步整合试验。但在协助解决青少年各类问题的实践中,我意识到仅有两者远远还不能给予家庭、家长和儿童更深入的帮助,于是我拓宽了其他相关专业的知识学习,进行学科跨界融合。

通过不断查阅国内外众多科学家实证的学术研究和实验,我学习分析与自己的实践、实战、实操等经验有关联性或逻辑性的结果;再通过细节和方法上的数据统计比对,以及大量个案中适用成效比较等,才产生"统合教育"的科学实验精神和构建理论体系的自信。我一路走来得以坚持,是为了打开教育的家庭视野,补充学校和社会教育,更期待在统合教育理论基础上的家庭教育能更充分、合理、有效地帮助到家庭。

不断走近孩子,我发现教育普遍存在的家庭问题;不断走进社区,我关注到家庭教育凸显的社会问题;不断思考两者的包容性、差异化及社会功能,利用它们影响解决现实问题的导向和途径,我成为以"教育方法面询"试水的执业者,我的工作室可能是国内第一个由家长推动、用教育协助孩子解决问题并改变症候的工作室。一步一步,相互交集,循环往复,一路走来实属不易。由心而向,扎实走稳每一步,终于形成"统合教育"理论。

从想法到实践,从实践到理论,从理论再到实践,再到整合新的理论、实践新的方法;从家庭到社区,从社区到社会,再从社会到个体,从个体到家庭;从教育到心理,从心理到行为,再从行为到心理,从心理到教育……不断学习,不断融合,循环往复,摸索出一些跨学科的教育应用方法。没有急功近利和经济考量,更没有因生存所迫或个人需要,没有任何顾及,也没预设目的,随心所欲,自发形成兴致和信仰的推力,走进这个领域,无问西东,融合成一种理念。

老天似乎早已安排好使命,让心灵几经搓揉得以强大,承受住黑夜碰撞礁石的尖锐和疼痛,搏击大海中看见珊瑚礁的美丽光芒。坚毅行走折射出信念和智慧,逐步产生以微观实用及整体统合主导家庭教育的理论,跨学科有效打通整合,充实教育的材料和方法,通过观察、学习、统计、比对、分析等环节,凭借"科目介质迁移、顺势而为及情境教育"等自创方法,我尝试了以文化引领、学习动力激发、家庭理念突破、环境资源统筹整合等形成解决方案,达成"统合教育"的整体框架构思。

统合教育是在实践中摸索出来的注重家庭实用、简单实操的学习科学的系统性方法,由教育哲学、生物科学、脑科学、心理科学等交叉形成,是要解决如何学、如何教、如何提高效率的问题,符合社会从"教"到"学"的趋势需求,某种程度上也丰富了学校教育和社会教育的内容、方法和技能。我的公众号文章对其概念进行了阐述,待时机成熟时再出版相对完整详述、现已起草的纯学术理论《统合教育》一书。家庭教育,是"统合教育"理论中最重要且与我们日常生活紧密相连的关键部分。

统合教育在某种程度上是孩子身体、心理、意识和行为发展过程中,不断提高身体机能、精神机能以及用统合方法不断训练自己,打通各个功能区域的主要奖赏回路,形成高效解决实际问题的思维路径和策略,由此提高在生活和学习中的舒适感受、冲突觉醒和意识突破等整体统合平衡能力,同时使之能够自觉理解和遵守一定的规则和原则,统合个人需求和社会需求,拓展自我价值,充满活力和生机。

本书从一些社会现象到家庭教育问题的本质,去了解造成这些现象和问题的根源,比如教育观念、家庭的文化构成、家庭教育的核心内容以及影响它们的各种因素等;对一些家庭教育误区、框架规则、技术技巧及东西方文化差异等进行分析,让家长对家庭教育与其他概念、方法存在的联系和不同,有较为全面的理解和"避雷"策略;最终目的是促进家长和教育执业者梳理环境、整合资源、利用文化脉络,内化并建立自己的教育观,提高对孩子的助推和影响能力。

20年来我一直认为,教育是一件极其严肃严谨且需要被尊重的事情,需要真正沉淀下来、怀着敬畏之心去面对和考究,厘清其本质,优化其资源,浸润式形成文化信念和意识,只有这样,才能有担当,全身心地投入并惠及孩子和家庭。特别是家庭教育执业者,不仅需要具备丰富的学识积累和实践经验,更需要认真极致的负责态度,甘愿做一盏在夜晚海面上安静发出柔光的孤独灯塔,让窗台边犹豫的家长和孩子看见大海的苏醒之光。

第一章　现代家庭教育的现状

一直以来,教育是个永不熄火的热门话题,社会上对教育改革的呼声也是一浪胜过一浪。尤其是家庭教育话题,更像个万花筒,包罗万象,无所不及。前有学富五车的学者知识分子,后有各路跨界云集的大咖,从传统纸媒到互联网媒体,从理论到模型,从策略到话术,从学习到游戏,从生理到心理,从国学到西学……八仙过海,各显神通。

如今,家长在孩子的教育上攀比、内卷、竞争日趋激烈,一旦波及教育问题,往往被动、纠结、焦虑、无助,盲目寻找办法。例如,家长希望找到一些标准步骤和要求,类似"一二三……"高效法,以为能让孩子变好或者好上加好,但至于用什么来衡量"好",心中未知。他们既对"家庭教育"概念理解模糊,也没有实践经验和思考甄别,往往达不到预期效果甚至更差,于是只好放弃或指责。这是现代家庭教育普遍存在的状况。

在我国现行学制、教育体制及就业环境中,每个家庭不仅要独自面对孩子"千军万马挤过独木桥"的壮烈和无奈,面对社会未来更多的不确定性,同时还要面临不良信息的高密度狂轰滥炸。孩子触手可及大量不良信息,这成为家庭焦虑、不安和担心的来源。更有甚者,为博取流量或利益,自媒体毫无底线地放大危情、制造恐慌和焦虑,致使许多家长像热锅上的蚂蚁,急于求成的短视激进方法,让家庭教育变味、混乱、无效,或被糊弄欺骗、深陷泥潭,家长痛苦不堪。

那么问题来了:为何在教育知识多元化、多层次、多渠道信息传播的时代里,许多家长却得不到成长和有效帮助,面对家庭教育的各种现象和问题,依然茫然无措,不知该听哪一方、信哪一家、选哪一位?甚至一直对教育、家庭教育及两者的关系、作用、区别等不清晰;对家庭教育的适用要求、主体、方法、资源以及与心理咨询等社会功能的不同应用和导向也不清楚,常陷于教育误区或歧途,走错路径,用错方法,甚至被反噬或错过孩子的最佳教育时期。

》》认知现代家庭教育的重要性

凡是讨论家庭教育,必先明白教育的性质和意义。对两者不甚明了,自然会使人盲目使用不当或错误的方法。为此,我们需要从以下多个方面来深入理解、弄明白现代家庭教育的功用和意义,了解现代家庭教育的重要性及与社会主流观念的区别。

教育的涵义与家庭教育的关系。教育一般是在教育学的理论模型和指导下进行的社会化活动,是人被赋予"文化"的成长过程。在这个过程中,受到历史、传统、习俗和地域的影响,从社会适应和集体发展出发,强调规则、价值观及个人社会化问题处理的方式方法,以传授知识、经验和技能等为目标,启蒙思想、体验生活和认识世界。教育基于客观现实生活,把人从生物属性中发展出人性的介质,从而探索人的现实意义和社会价值,注重人解决问题的实在性、意志力和精神导向,比如道德、思想、信念和价值,是教人如何看待世界和敞开世界本质问题的方法。

教育的主旨是让个体的"人本身"逐渐呈现、"元意志"被逐步激发、"社会化"日臻完善,最终目的是通过孩子在生活和学习等活动实践的积累,具备一定的"见解",即已经产生知识内化和判断倾向后,通过不断"埋种子",让他们在未来相关的情境中可以不断成长、唤醒这些倾向和能力,去探索世界、解决问题,助己助人,做有益于社会并能实现自我价值的人。

良好的家庭教育是丰富素材、促进思维、满足渴望、增加兴味想象、探索好奇及提升创造力和个性化之路,是基于社会历史和家族文化传统的沉淀,着眼于孩子当下成长及未来发展需要,进行微观情境的多元化、多层次、多样性的非范式教育过程。人对于未来会有很多思考,但永远无法预测答案,只有经过自己的体验和思考,不断学习,联系实际,把不确定性最大可能转化为相对确定,供给大脑作为判断使用的"先验素材"。

现代家庭教育问题频出,不仅在于家长的认识水平和意识,也在于整个社会对教育及家庭教育的关注思考和认知水平,这方面的知识需要全社会不断普及且提高。教育是一种特殊的文化现象,关乎人性、人道、人文,是以人为核心进行的涉及生命、生存和生活的社会化活动,也是个体获得自我设计的知识技能和判断能力。在未来,教育是实现自我组织和社会交互的"催化剂",而家庭教育则是教育最早的源头活水。

家庭教育是现代教育的重要组成部分。家庭教育是基于父母与孩子之间物质生存、情感依恋、道德塑造、安全归属等方面建立起来的养育关系,并结合家庭结构、特点以及孩子各个年龄段的发展特征,产生教育框架和方向,由家长主导,采取陪伴、管教、引导和教化等具体措施对孩子产生影响、促进成长的过程。从微观到宏观,家庭教育不仅受到家庭成员结构、家风文化的影响,也受到学校教育和社会教育的影响,与传统习俗、地域文化等共同组成现代社会的全教育观,是现代教育的重要组成部分。

在家庭教育方面,父母根据自己对孩子的不同影响和作用,分别给予孩子相应的能量和支持,让孩子在框架规则和裁量权中,尽可能享有自由发挥其想象、判断和选择的权利;提供给孩子更多体验认知和试错机会,让他们在需求中学会怎样判断做事的性价比及价值最大化,逐渐培养起自己的整合和统筹能力,简称"统合能力";当孩子具备了统合能力,形成内心强大的核心力量,就能更好地不断探索自我创造和生存的意义。

只有这样,才能帮助孩子把学校所传授的知识、社会体验所获得的认知感受和自我判断的想法意识,逐渐内化成他自己的思想和精神的一部分,促使其学习更有成效,社会实践更有情怀,达到自行纠偏和心智功能自主整合的目的。在这个过程中,家庭教育不但塑造了孩子的道德价值观和文化信仰,也在直接或间接地影响着学校教育和社会教育的功效。

心理问题和教育问题的差异性、相关性。心理学是一门从哲学分离出来的独立科学,是研究心理问题和进行心理治疗、心理咨询服务的理论依据,它更多关注人在心理临界或者边缘状态下的主观表现,比如感受、情绪和意识等,也就是如何看待自己和展现自己的心理活动。

心理问题的出现,一般是在精神或者情绪方面超出个体承受极限的情况下发生的内在失衡或内在冲突无法消解导致的暂时性异常;比较严重的会影响人的正常社交、工作、生活,以及造成个人的认知行为的扭曲,如出现抑郁、焦虑、自闭等症状;甚至出现心理或者躯体病理性的变化,如强迫性手抖、惊悸、面瘫、精神分裂等,以上问题需要到精神专科医院进行专业的方式治疗。

现有的心理咨询、心理治疗等方式,是针对人的非正常社会功能进行调整、促进疗愈的社会服务,主要以药物治疗、物理治疗和康复治疗为主,同时辅以倾听、梳理、辅导、宣泄和澄清归因等方式治疗,流派众多,大多通过深入沟通、挖掘个人过往经历等,来呈现治疗对象的心理活动。

心理问题是指向某种确定已知可清晰描述的情绪或精神状态,有可能是教育导致的某种趋势或结果;而教育是利用已知领域指向未知领域的探索和实践,有可能是造成心理问题的部分原因。

因此,可以说,教育问题是常态性的"入世"正常健康状态,是进行生存、合作及精神层次的现实探索和突破;心理问题是需要暂时性的"出世"病症状态调整,得以修复疗愈后再适应正常的生活学习。两者有相关性,但不能视为"等同"。

在家庭教育方面,可以适当了解一些有关青少年心理发展阶段及对应特征的知识,以及引导情绪的方法;了解一些文化历史、绘画、音乐、体育等,可以丰富教育的辅助手段,有效扩展教育内容及其包容性,提高教育效能。

从事教育行业者需要兼顾学习儿童心理的发展特点以及多方位教育手段,借助一些跨学科知识和方法,更为生动地引发学生学习的兴致,打开其视野和精神层次。

家庭教育不能直接适用心理学。一位有心理咨询师背景的家长,提及同好友分享过的一则冷笑话:刚入行时天天都对其丈夫儿子进行"专业分析",发现一大堆心理问题,就特别兴奋地指出来,认为是在帮助家人。结果半年不到,丈夫提出离婚,儿子总躲着她。其实,对于日常家庭教育来说,一般不能直接代入心理学范畴的概念和应用,这主要有三个方面的原因。

其一,目前我国心理学理论模型、心理咨询量表多由西方引入,还没有完全构建本土化的完整知识体系,这会影响其实用性和有效性。人的心理活动、习惯与地域环境、传统习俗等息息相关,不同的文化会产生不同的观念和心理冲突,这将在第四章"家庭文化对家庭教育的影响"中进行详述。

其二,对于没有任何心理学基础的家长和孩子来说,在自行理解和使用这些概念时,很容易出现偏颇、混乱和反噬的可能。即便是专业心理咨询师,也需要多年的专业练习和临床实践才能助己助人,更何况是对此一无所知的家长和孩子呢?

其三,心理学本身的社会功用与教育功用是截然不同的两个方面,前者注重针对已出现和可能出现的心理疾病征兆,进行调整治疗或心理研究等,后者关注利用"正常"生活状态下的条件和资源,探索未来价值并培养处理各种现实问题的综合能力等。

错用心理学归因论等带给家庭教育的影响。在许多教育案例中,经常会出现上面所提的心理学适用、归因论等问题,这不仅削弱了家长的教育意识,还对孩子正常健康地成长产生负面影响,导致孩子对情感和生命本源的认知出现模糊或断裂,严重影响家庭关系的和谐及家庭"格序"的正常运作。

试想,如果孩子形成"父母是原罪"的错位认知,陷于"无限倒推、无解循环"的死结中,又何从谈起价值观和受教育的意识构建? 这也对我们传统孝道观念形成撕裂及意识冲突。

还有些家长执着于心理学"无条件积极接纳和爱孩子"的观点,近乎被心理"洗脑",以为爱孩子就是接纳孩子的一切,不想上学就不上学,不想写作业就不写作业,无条件放任自流;即使孩子不开心或者做了坏事,也认为是因为自己做得不够好,毫无原则地道歉,一味迁就、强调自己的过错和无能,包庇、掩饰、遮盖孩子的性格缺陷及不良行为,在孩子犯大错时依然如此。

问题长期堆积，被忽视搁置，当它们被激化后，出现更多新的问题，这也是家长错把心理学当成教育学、偏离教育本质的现象，而且目前类似情况不在少数，严重影响到家庭教育的主流导向。

对于已经出现心理异常、存在问题的孩子，家长需要谨慎弄清孩子到底出现了什么问题，而不能当"甩手掌柜""问题的旁观者""不作为的家长"，只有这样才可以推己及人，找到相应的资源和解决办法。

"文化基因"需要本土化。经过上百个家庭的深入访谈和个案分析，我发现一个"共性"现象，就是大多数因学校学习和社交等因素而产生叛逆、各种障碍或者情绪行为问题从而导致休学停学的小学生、初中生，应用当前一般心理咨询的方法进行调整改善的，收效微乎其微。这可能跟未成年人的思维方式、认知水平、表达能力和理解能力有关，也与引进西方不同的"文化基因"所引发的不同理解和反应有关。这与当前普遍反映学校心理咨询师只能干预、不能实质性疗愈调整孩子，可能是同样的原因。

常有心理咨询背景或心理学专业的家长感叹，疗愈调整儿童青少年心理咨询远比成人难许多，这在西方国家也差不多。面对这些现实情况，是否可以这样理解，成人的意识、道德和信念在母文化的土壤里生了根，在这个基础上产生了完整的认知、甄别和理解体系，对其他文化的输入能够自发过滤、忽略、改良和有利选择，并融合、吸收到母文化中，具备稳定的内核和文化信仰，形成对当下现实和未来发展比较清晰的判断。

而儿童青少年还没在母文化土壤中扎根，形同白纸，画什么就是什么，认知、辨别和理解能力还在形成过程中，没有稳定的内核和文化信仰，容易受到影响和异化。因此，当西方文化输入时，就会形成"身在曹营心在汉"的意识冲突，个人心理可能陷入困顿、矛盾、纠结、否定。如果对东西方文化发展脉络没有一定的理解，在教育和心理上都是很难引导、帮助孩子的。

个体心理结构和发展深受传统习俗、宗教、族群、历史等因素影响，尤其是文化深层次结构的投射和影响。国内提供心理咨询服务的人员对中国历史及文化脉络以及西方宗教背景、文化渊源等的了解，还是比较匮乏，能够审视思考中国"家庭共生"文化带给家庭心理和教育影响的分析能力也相对欠缺。在使用从西方引进的教育、心理等"文化基因"时，必须融合本土文化才能发挥恰当和适时的作用。

创新教育心理学本土体系及技术。当前，国内有些教育"泛心理化"乱象丛生，五花八门，使老师和家长无所适从。从行业滋生的问题及市场需求来看，融合创新本土心理学体系及由此实践产生的技术手段，越来越迫在眉睫。按以往完全照搬照抄国外根据西方人群的心理结构、机制模型、分析量表、沙具象征和技术等进行的咨询，出现大量"水土不服"或反噬现象都是可以预料到的，对此，家长需要适当了解辨别，尤其是做儿童青少年心理咨询的从业者在使用这些理论方法时更要关注这些因素的影响。

目前，我国心理学在总体上还是西方取向，尚未取得实质性的突破成果，既没有形成系统化的中国本土心理学体系，也没有融合本土文化沉积发展出新的咨询手段和技术，这一切还需要一定的实践和时间沉淀。这些年，政府相关部门和学者已经注意到一些现实问题，在不断规范行业准入标准及管理措施，期待国内教育学、社会学、心理学等跨文化、跨学科的专家能在这些方面进行更多的共同研究，形成本土化体系的教育心理学。

>>> 时代背景下的家庭教育现象和现实问题

在教育体制、政策和环境等宏观层面上，我们几乎无法涉足其中改变什么，但在家庭教育方面，作为父母，还是有许多可参与、可作为的地方，尤其在家庭教育的"预防"和"助推"方面，这将在后面章节中阐述。只要在现象问题中逐步理顺和理解什么是教育、什么是家庭教育，以及清晰两者的涵容性、关联性和差异性，还有涉及重要的影响因素和适用主体不同等，就容易在众说纷纭的教育话题中甄别判断出哪些思想观点可信，哪些理念方法可用，哪些理论逻辑成立，哪些是胡乱拼凑，哪些是危言耸听制造消费焦虑，哪些是迎合某些群体作秀引流……

只有这样，才能在现代教育智能化的信息大爆炸时代背景下，了解如何利用科技创新、时代特征和 AI 人工智能技术、大数据等，更多地以维度层次、来源多元化、类型多样性的逻辑关系和理性方法，依据孩子的个性、家庭构成、资源等设置家庭教育框架，清晰定位各自的家庭教育角色、责任及所能发挥的作用，客观认识如何有效保障孩子的个性和社会性平衡发展的动态需求。

令人担忧的普遍现象。在家庭教育中，目前普遍存在一些令人担忧和抓狂的现象，需要引起全社会的重视，更需要家长予以关注和了解。对照下面三种描述，家长可以适当比较一下自家的教育，看看有没有类似的问题或者可以参考的价值，从中引发一些思考和反省，或者另辟蹊径的启发。

例如，学习陪伴中，许多家长把自己当成科目老师、心理咨询师或者两者都兼顾的角色和责任来要求，总认为自己方法不当或者缺乏学科专业而焦虑纠结，实际上这是角色定位不清、过度代入的表现。还有，见啥学啥，只要与孩子相关的都去学习，到处寻求良方神药，不停地折腾，直到精疲力竭，也没见到啥效果，这是教育框架和方向的缺失。还有在课后、周末、节假日，风雨无阻陪在孩子来往校外机构的路上，以为补习就能解决一切家庭教育问题及其根源，可往往事与愿违，投入大量时间、金钱和精力后，收效甚微，这是过度依赖外界力量和毫无教育信念的结果。

除上述现象外，在家庭教育中还会经常出现"病急乱投医"的现象，误把教育问题当作心理问题来泛化处理。比如，公众号"一点星光"里提到"盲目过度把教育心理化"，就是指把教育问题等同于心理问题，甚至把没有心理问题或者出现偶发性"问题"的孩子，放大到心理层面进行过度分析和治疗，全面以心理技术手段处理教育问题，甚至是强行捆绑到精神病医院隔离、吃药以及物理治疗等。

这些情况在我所面询的家庭教育案例中占比不小，时有发生，是制造孩子梦魇、最让人痛心、结果让家长懊悔不已的事情。不仅对孩子造成反噬性的"后遗症"，甚至将之激化成真"病人"，成为整个家庭混乱、伤害和噩梦的开始。教育注重日常生存、创造和解决问题的能力，关乎人生观和世界观的问题，而心理学尤其是心理咨询是心理活动出现临界点或症状时的应用理论和处理技术。

家庭教育，一定以教育为主、其他手段为辅，主要让孩子获得相应的生活技能和日常知识，为其今后成长提供更多能思辨、判断、处理问题的初始素材和能力，促进完善其心智功能和道德价值观的前期发展。因此，家长处理家庭教育问题时，一定要慎重理性区分教育与心理咨询的不同应用和功效，适当了解它们之间的关联性和差异性，防止带来"把没问题的变成有问题的""偶发性地成为常态病症"等惨痛教训。

互联网上的"家庭教育"险象丛生。当前一些自媒体、多媒体以及传统媒体等平台渠道，出现大量鱼龙混杂、难以分辨真伪、值得社会深思和警惕的各种现象。比如，一些人打着"家庭教育"咨询博主的名义，为了博流量或自身利益，哪热就往哪蹭往哪钻：有的对教育理念一窍不通，对一些理论断章取义、东拼西凑、恶心媚俗、毫无逻辑，却大量散播；有的道听途说，一知半解，信口雌黄，既无辨别也无实证，对教育问题却胡掐乱凑、煽情点火，没有任何底线；有的直接把心理学等同于教育学，把心理咨询当作家庭教育，混淆社会功能和适用主体，误导家长和孩子，曲解家庭教育，造成大量"冤假病兆"。

更有一种让教育痛心、难以直视的怪象：许多打着"家庭教育"咨询博主的连麦直播，像"公审父母"的现场，家长没说句完整的话就被粗暴打断、大声呵斥和训斥，似乎是高高在上的"道长"；随便批评指责，武断评判，不是说家长这不行就是该怎么样，或者直接讥讽家长什么都不懂；家长则像做错事的孩子，卑微无助，渴望"道长"传授秘诀来挽救现状。

让这些父母诚惶诚恐的正是那些所谓博主老师的"教诲"，父母认为自己就是孩子变成现今模样的"祸根"，把一切归因于自己，产生强烈的自责内疚感，忘记了如何分辨作为"老师"应该具备的素养修为，更加盲目寻求"救命稻草"，似乎这样可以"减轻"痛苦、减免"罪恶感"。博主"老师"更是毫无忌惮地输出"为人师表"的诳语，既没有现实教育功用和意义，更没有真善美的教育内涵，只会激发出社会更多的"恶"，尤其对孩子产生的误导和曲解，将可能吞噬他们美好的心灵和良知意识。

社会给家长戴上"紧箍咒"的现象。如今，社会上广泛流行着一种说法

"孩子有问题就是家长的问题",这无疑是给家长戴上了"紧箍咒",给家庭教育埋下了"地雷"。从社会学来讲,每个人的行为背后都有其相适应的社会规则及其生存需要,生存技能、智慧、信念和适应能力都受到环境的影响,同时也会对环境产生交互、促进、创造和修复等作用。每一代人所处的传统文化、历史背景以及社会环境都有不同,文化意识中都有前一代人的文化观念潜伏在其中,并渗透着当代的理解,会对传统的相关冲突因素进行自行处理和整合,逐渐形成有利于家庭周期复返、稳定和管理的局面。

家长是孩子成长环境的要素之一,但这只是存在相关性,绝不是孩子出现问题的必然原因,更不是极端泛滥粗暴论调的教育依据。对任何关于孩子的问题,都需要依据个体自身特点、环境和发生事件的具体情境去展开、判定、解决,而不是胡乱套用,随意找个心理影响要素去替代教育问题的全部,那会产生意想不到的可怕后果。这种戴在家长头上的"紧箍咒"有失公允,除了个别穷凶极恶、丧失人性、不配为人的父母外,大部分家长都是善良、真心实意关注和爱护孩子的,他们是一切生命的本源,值得尊重和珍惜。

其实,上述说法也是心理学常用的"原生态家庭归因论"投射到家庭教育上的社会翻版,这种"归因论"治疗效果在心理学领域还存在争议和讨论,泛用到家庭教育上自然会导致家庭"格序"的混乱、泯灭,以及教育权威的消减,失去教化和管理孩子的时机,使问题丛生。"原生态家庭归因论"对于家庭来讲,是一种"无穷倒推"判定论,只会造成代际的"无限无解循环",这既不能从根本上改变代际因文化背景和观念不同发生的矛盾冲突,也不能有效促进整合现代教育问题的解决。

因此,这种"无穷倒推论"对现实教育非但没有任何意义和帮助,还可能产生"父母原罪论"的社会导向,冲击家庭的道德观和养育观,造成家庭关系断裂、情感撕裂、认知断层的局面。时下生育率急剧下降,恐婚、恐育、恐生的现象层出不穷,这既是人们受到经济转型和时代观念转变的影响,也是家长深受这些论调伤害、家庭备感养育压力、孩子成人后婚育观受此影响的结果。

》》 家庭教育问题及应对策略

家长普遍常提的问题。在一些个案中,家长见面就问,老师能不能给个快速见效的方法,立马改变自己,马上帮到孩子,不耽误调整时机。我问,那你们认为孩子目前出现什么问题?处在什么状态?能否告诉我?另外,你们觉得自己要改变到什么程度才能帮到孩子?家长瞪大眼睛,一脸茫然地看着我。原本家长为了孩子改变自己并不是坏事,发心是好的,但不能脱离现实、盲目求成,自己的真实需求没厘清,孩子存在什么情况和状态都不知道,就凭空想象孩子有问题去请教老师,那是胡闹。

教育不是空中楼阁或是海市蜃楼的画作,想怎么画就怎么画,而要实事求是地根据作业情况、质询点、观察状态,在与孩子谈话后,才能依据实际情况和分析出来的线索,做出相应的问题诊断和面询策略。否则,随意提供具体的建议、方法或技巧,都是不负责任的表现,稍有不慎,既影响判断的准确性,又耽搁孩子的调整时机和方向。

教育的核心问题对家庭关系的影响。教育的核心是道德观,是真善美的个体敞开和社会渗透,它的权威只有在社会普遍尊重和认同下建立,才能实现价值和意义。教育是在教育者和被教育者的关系中发展起来的,具有不对等的社会功能。在普通的施予者与受施者之间,人格是平等的,但就其本质关系而言是不平等的。受到支持和帮助的人,一般会产生皈依或臣服于帮助者的心理趋向,愿意出让部分权利和自由,获得更多利益和归属,对帮助者表现出尊重和信任,形成情感和权力上的某种依存或从属关系,这种关系是在没有其他外力作用下自然发生的个体真实意愿,是充满信任、安全和幸福感的,教育的本质也是如此。

在中国家庭关系中,父母是养育者、给予者、付出者、承担者,孩子是被养育者、被给予者、接受者、受益者,因情感、经济及文化上的深度粘连和联结,在相当程度上更是稳固强化了这种情感信任和依存关系。这种关系在中国文化深层次结构的影响下,自发形成家庭稳定运转和发展的"格序",影响着中国家庭的心理结构和心理活动,以及家庭道德价值观的形成。

人类生物性本能和道德观的塑造。上述关系不单是人与人之间特有的现象，一些受伤过的动物对于帮助它脱离危险、养过伤的人类，也会出现类似"信任""依恋"等感恩顺服人类的现象。比如，生物学认为狗的祖先是狼，它与人形成的驯化转变关系，可能也是遵循了这种类似动物天性发展的自然规律。

人类思想和情感的进化，是一个逐渐被文明教化转变的过程，即使在今天，我们依然可以从社会各种刑事案件中感受到人性趋利和权力需求的本能，以此所呈现出来的"自私的恶"和"残忍"，反社会、反人性、反人类等行为充斥着对生命的蔑视和践踏，这些都不能完全靠法律威慑和剔除，而在于家庭对孩子的早期预防和道德价值观的塑造。

孩子从出生到成年，从一片空白到各种图示、符号和意识的输入，在不断模仿、体验、纠正中，除去"恶"的顽劣、自私、残忍，学会温驯和善、感恩善良、尊重生命，建立积极的人生观。这只能在教育功能的影响下完成，尤其是家庭教育在其中对道德观的塑造起到了关键性的作用。

不负责任的社会导向引发的可能后果。如果社会只一味地对父母提要求和标准，不尊重不理解他们，而对孩子却没有要求和约束，这既不现实也不符合人性，家庭会陷入一个情感和意识断层的死循环，如一座没有人气、布满蜘蛛网和风险的危房。如果孩子对生命本源没有敬畏和尊重，对教育的权威没了信任和依恋，肆意妄为，毫无顾忌，出了问题，却把用尽一生去养育孩子的父母作为承担一切责任的罪魁祸首。这种逻辑混乱的社会导向似乎都把父母变成了制造孩子问题的"原罪"者——那谁还愿意倾其所有、尽心尽力生养孩子？

正因为网络上不断出现质疑父母、指责父母及批判父母的各种嘈杂声音和乱象，才导致许多孩子辱骂父母、讥讽父母、怨恨父母等现象层出不穷。就如我的一个学生，刚来工作室面询时破口大骂父亲"狗屎""畜生""出门该被车撞死"，还恨恨地问母亲"你们生下我，有经过我同意吗？你们就是视频中那些老师说的 SB，只管自己图快乐的 X 人"。孩子的脏话、狠话、诅咒以及貌似话糙理不糙的拷问，让我们看到一旦家庭的"格序"没了，就如同失去了灵魂,没了地基,孩子内心的冲突、痛苦以及愤怒也越发激烈崩溃,严重造成人格上的扭曲和撕裂,道德也就无从谈及。

家庭教育不等同于学校教育。家庭教育是根据其结构、特点、资源以及孩子的发展需求等,进行简单合理的动态框架设置,以此不断提高孩子的个人认知和能力,它的组成无外乎涉及后面章节提到的家庭教育三要素:人、环境、教育内容。

广义上说,只要是促进人的知识、技能和认知提升,影响人的思想、观念、品行的活动,就是教育;教育是基于孩子的实际发展,把原来生物本能的意识和方式加以改造变化的文明过程,主体涉及社会、学校、家庭等。狭义上主要指学校教育,具有一定的社会要求和导向,通过学校集体环境、生态系统和运作机制,有目的、有计划、有组织地对受教育者的身心发展施加影响,促使他们朝着社会需要或者期望的方向成长。

学校教育注重知识的传授和集体纪律的强化,家庭教育更关注孩子的道德观塑造和个性化发展,更侧重于孩子的情感联结、沟通模式、情绪状态等"打地基",从而影响今后生活和学习的正反馈模式。如果家长把注意力和心思集中在孩子的学习上,认为成绩好了,家庭教育就做好了,这是把家庭教育等同于学校教育的错误认知,是丢掉地基建高楼的做法,对孩子将来的影响是可能让驰骋的快马突然失去奔跑的力量。

学会辨别去劣存优。随着 AI 技术的应用,家长和孩子能便捷地获取大量信息和资讯,影响着对生活和教育的认知。当前针对家庭出现多动、厌学、叛逆及各种情绪情感障碍的视频、直播及线下课程等各种广告噱头,锁定家庭痛处,利用家长"立马见效"的迫切心理,狂轰滥炸,博取眼球。比如,大量出现"一二三几步就改变""三五七几天就蜕变""四五六几套话术即见效"等煽情投机取巧的套路,在活生生的现实中不负责任地"戕害"和"污染"着教育的内涵和作用。切记,家庭教育是慢养育。

这些拉高家长期望值、焦虑感和功利心,误导家庭使矛盾冲突更加激化的行径,可能造成对孩子的二次伤害,让家长徒增痛苦和挫败感。这不是单纯的广告夸张或者失真的问题,而是一个关乎教育能否急功近利、非常严肃的社会问题。凡是涉及人的问题，不可能一蹴而就，尤其是关乎教育未成年人，更需要沉浸式、渐进式地进行。因此，家长和孩子要学会分辨相关信息，坚定地去劣存优。

总之，家庭教育虽然是现代教育的重要组成，与其有紧密的联系，但也有各自的独特性和不同的社会功用。它的目的是让孩子明事、达理和学会担当，且具备独立解决问题的技能和生存能力，在孩子行为或心理出现偏差时，能及时纠偏、修复和预防，从而适应当下和未来，创造自己的价值。教育与心理学有一定的联系，但不能画等号，与心理咨询更是两码事，不能混淆它们的社会功能、适用主体和所用领域，否则带给孩子和社会的危害更大。对教育、家庭教育的认识不足，会导致家庭教育的角色定位、框架内容和方向坚持等呈现混乱无序的状态，家庭教育本身没有固定的模式和标准。

第二章　如何建构家庭教育

当我们看到一些教育现象和问题,知道它们背后的根源是什么时,就要从它们的概念、建构含义及要素等方面进一步理解,达成我们意识内化的素材和组织方法。只有这样,这些素材和方法才能被我们科学地应用到教育目的上。前面我对教育现象进行了分析,想必大家对问题本身也有了相应的了解,接下来我从以下角度来分析理解家庭教育的建构及其三要素。

》》》家庭教育的主要建构

首先,家庭"格序"。自然界的进化演绎及社会发展,如四季更替、太阳东升西落、人类种群、家庭生命周期的循环更替等,都遵循着各自的规律。同样,家庭系统自成一"格",长期稳定的关系背后及发展空间,形成涵容人类群居属性、生存需要和繁衍后代的场域功能。其中任何一个成员按连续的空间和时间相关性顺序排列,在其他成员前或后,使得以关系定义构成家庭的意义。它的建构和模式本身隐含着"序位",具有独特的运转规律和周期,作用在家庭发展和变化中,家庭教育也要遵循这种规律。

格,划分框子或空栏,引申为顺序和标准位置,这里指系统和运转所包含的隐性框架,时间为纵向、家族为横向,纵、横交互作用下建构家庭的"格",在此基础上才能发展出家庭各个功能和模块;序,古指地方学校,原指东西墙,与房屋朝向有关,引申为次第,依次排列,这里指代"格"的建构排列和序位方向,表现"格"的内涵和变化。

格序,是数学中一种特殊的偏序关系,元素之间或子集间的某种顺序。

这里指称"格序",既是家族时空交集的自然排序,又是家庭整体建构的发展规律,随着家庭产生自发形成的功能运转和序位。在它的作用下,每个家庭及家庭成员都有着自己的排序和位置,在共同防御、生存需要、种族发展中形成彼此的情感和联系,相互影响,生活在一起,建立稳固的家庭结构和有序的伦理关系。

在中国传统家族"大家庭小社会"中,正因为"格序"才形成每个家庭的组织系统、伦理关系、结构发展和整体平衡。古代"人伦"中的"伦",其实就是家庭建构在时间、空间上形成的长幼有别的差序格局,自然存在因辈分、学识、能力及经验等形成权力有别、关系不对等、出生先后次序的排位,是序位,以良知、仁慈和阴阳和合的思想贯穿其中,自发形成以能授权、以强扶弱、尊老爱幼的家庭发展共同体。

古时儒家思想一直重视家庭道德教育,让孩子牢记"长幼有序,尊卑有别"是有一定道理的。正如家庭系统自带某种默会的规律,让这个组织内的成员在它的运行发展影响下形成关系并发生交互作用,使孩子与父母次第产生物质联系、情感联系、心理联系和精神联系等。家庭"格序"是自然规律,就像世间为什么会有人类,鱼为什么会在水中游,鸟为什么会在天上飞一样,这是生物进化自然选择的结果,不能用现有的知识和科学来解释,是人类物种繁衍、群居需求、家庭可持续发展须遵循的规律。

其次,家庭"磁场"。有了"格序",正如家庭有了房屋,是否住人、留住人从而充满生机,则看屋子里的人气和温度,这就是家庭建构的场域"磁场"。由血缘关系、婚姻关系、子代关系等构成的家庭场域,是一个人必不可少的精神活动家园,能让爱的能量流动。以家庭为原点,形成夫妻、亲子、子代及兄弟姐妹等伦理关系,从中发展出夫妻间彼此相扶、相持、相携的核心场域,是孩子无时不在的浸润、感知和模仿的"磁场",影响着整个家庭的氛围和关系。

家人间充满耐心和关切,即使偶有批评、误解、冲突,也因爱的滋养形成能量流动的"磁场",使彼此生发力量去承载熵增和负重,抵御挫折,干扰及接纳负面情绪,体谅理解对方,从容生活;如果一方单方面长时间的付出被忽略、忽视或没得到对等的回应,那么场域"磁场"作用可能遭到弱化和破坏,彼此也会因此受到伤害和分离,造成家庭关系冷漠、个人内心扭曲和分崩离析的状态,如一盘散沙。

只有家庭有了"磁场"功能,才能发挥家庭情感疏离调节、冲突矛盾平衡、相互加持发展的场域作用,增加彼此情感的感受性、稳定性及安全感、归属感,生长出爱的能力并使其流动,为家庭教育打下良好的场域基础。

最后,有效规则。无规矩不成方圆,家庭教育也一样,是一门对家庭和教育进行管理的艺术结合。正如杜威先生所说,学校教育是个合伙制公司,而我认为家庭教育更像个经营生活的"合伙制小公司",有其管理的有效规则。家庭成员在这个"小公司"的运营规则下各自有独立的发展轨迹和生活空间,又紧密联系。从孩子出生到步入成年这个区间,是家庭合伙期,是有关核心家庭理论所指的家庭生命周期的大部分阶段,包括孕育生命、儿童青少年成长期及求学空巢前期等。

在"合伙制小公司"里,把教育主导者看成家庭的 CEO,主要承担着家庭的统筹管理任务,针对家庭制定相应的计划和规则,并构建家庭文化,担负起未成年人在生活学习中的养育、教化和管理责任,这需要不断投入大量的经济、时间和精力。显而易见,家长能力的确影响着整个家庭的运转成效,占据核心地位,但这并不等于说家长必须高文化高学历才能教育好孩子。

"合伙制小公司"重要的是整合资源创造出良好的环境和管理方法,发挥大家的积极性,哪怕 CEO 是小学毕业,一样可以运营好公司。家庭也是如此,只要顺着发展规律,有心、有情、有序地营造好家庭氛围和环境,设置合理的家庭规则,坚持必要的文化信仰和多元的机动方法,家庭教育就可以达到非常好的效果。

有温度地遵循规则,松弛相处,才能保证家庭井然有序,家庭越发具有凝聚力和影响力,教育才能够在确定性中最终达到权威性和解惑性的目的。规则的制定,可以是家长的自行强制意愿,也可以由不同年龄的孩子用不同方式参与,共同商定奖惩措施,对所有成员都起到相应制约作用。

至于规则内容,一般根据家庭结构、背景和条件及孩子的个性特点,尤以优劣势分析来商定,是关于家庭运转过程需要注意和限制破坏情感、伦理关系和公平的行为原则,礼貌行事等仪式要求和导向,还有解决问题时的态度措施等,还可加入社会约定俗成的道德和风俗习惯等公共约束。总的来说,家庭成员共同遵守的白纸黑字或口头约定或家训家风,都暗自传递出各自家庭在传统文化影响下产生的现代教育观念和理念。

规则与"格序"的关系和区别。一定程度上,文明的本质就是利用文化、法律、规则和默会的规律,不断驯化人类凶残、自私、权力欲等恶性膨胀的生物性,发展出更多善良、仁慈、富有同情心的人性表现。家庭伦理是人性的具体表现,依靠"格序"发挥着极其重要的作用。

家庭"格序"是渗透在家庭建构发展中隐性的、默会的一般性抽象规律,而家庭规则是在家庭运转中显性的、明确的特别规定;一般情况下"格序"相对长期稳定不变,而规则是阶段性、框架性或者一定范围内变化的;"格序"是源于原始人类为了生存而集体防御的群居特性,经过不断进化演绎出来的家庭运转规律,具有类似"基因遗传"的家庭自然属性,而规则是以有形的文字或语言,为了家庭共同生活的有序性和伦理性,形成满足当下现实管理目的需要的框架,是人为的主观硬性规定。

家庭教育三要素。格序、磁场和规则只有建构出家庭教育的关系、情感及场域,才具备了教育的意义。在这个基础上形成建构三要素为:第一,人的要素,即成员要素,主要指核心家庭的父母和孩子;第二,环境要素,指家庭的内、外部环境,这在后面章节会有详述;第三,关于内容要素,指整个家庭对孩子个性及其道德价值观的培养和塑造,促进心智功能、认知体系、生存技能及精神思想的提升,内化成具有高度社会化特征的积极健康人格特质和个性。

当下,家长容易将环境要素误认为仅指家庭内部环境;绝大部分家长比较困惑且不太理解的是内容要素,往往也由此造成教育越位、角色定位混乱、功能不清、焦虑迷茫等家庭教育困境,反过来又影响到家庭教育中人和环境要素。

1. 成员要素。男女双方走入婚姻，从自由走向自我约束和承担责任，生育后代成为父母，是家庭核心关系的要素之一。父母在教育孩子成长的不同时期、不同角色里扮演着自己的本色，用"爱"不断付出得以心灵滋养，与孩子共同成长。在家庭教育中，父亲具有粗犷之美、阳刚之气，是孩子力量、精神和担当的被模仿者，即是家庭安全感和责任感的来源，对男孩影响更大些；而母亲具有温和之气、阴柔之美，是孩子营养和情感的给予者，即身体安全感和依恋感的来源，对女孩影响更大些。

父母在孩子不同成长阶段的角色作用。孩子自小到大，不断在父母的教育引导下，参与和自己有关的许多活动、事件或规则制定，父母的角色发展和作用在这些时候相应发生变化。比如，婴幼儿期至小学三年级时期，孩子基本是由父母单向管理，因此父母要认识、遵循、尊重孩子发展的规律性，有效把握教育的大方向和管教尺度；小学四年级至初三前后，逐渐过渡到父母与孩子的双向管理，是一个关键的磨合期，对孩子的社交和青春期逐渐产生重要影响；至高中阶段后，基本是孩子单向管理，即自我管理、自我学习和自我审视，父母只是适当的协助支持者。

亲子关系是影响家庭教育内容的重要因素。在照顾婴幼儿过程中，亲子关系是"单向"的，基本由父母输出；到了学龄阶段，则由单向转为"双向"，相互输出；到了接近成人阶段，亲子关系则又转为"单向"，输出基本由孩子决定。可以说，在孩子不同年龄段的成长过程中，父母带给孩子的影响和作用都有不同，在婴幼儿时期是养育陪伴角色，在低龄阶段是教化和塑造其道德价值观的主导角色，在高龄阶段则是支持和引导处理解决问题的协助角色；当孩子进入青春期，同性父母一方对孩子的影响强过异性父母一方，在孩子自我身份认同和社会性别认同的一致性上，有着天然模范榜样的自然影响力。

为人父母是深层次人性的写照和延续。每个家庭系统对新生命到来的态度和信念，是家庭教育能否起到作用的决定性因素。因为一旦进入婚姻，年轻人从只需为自己负责的个体角色转变成为家庭、孩子承担责任的集体角色，这种转折和经历所负担的心理和精神压力是巨大的，也是婚前焦虑的原因,但这也是个体剥离原生态家庭后再一次与人共同成长,是为人父母后深层次人性表现的写照和延续。

在中国传统观念里,男女双方自新的家庭建立就意味着阴阳和合的作用,彼此理解、尊重和支持。男性代表"阳",象征刚强、主动;女性代表"阴",象征柔弱、被动;阳中有阴,阴中有阳,才能和合孕育出新的生命力量,对新的生命影响就开始了。对此,有个很好的比喻,说父亲是天空,母亲是大地,孩子是种子,而爱则是流淌其间的河流,灌溉滋养着那些种子的发芽、抽绿、长枝,直到成材。

一颗种子怎么生长,取决于它自身,但也深受赖以生存的环境影响。这里所说的环境影响,主要指父母对新生命的爱,也包括对孩子潜移默化产生影响的默会知识和规律,以及其他家庭成员。家庭教育是合理、有序、充满情感地把人类文明发展所需要的素质和品质注入孩子的天性,深层次影响着他们的人性走向和社会的文明表现。

家长对家庭教育的影响和作用。当人在真实体验中发现生活的乐趣和美好,自我力量和信心达到一定程度时,才能有序觉察自我意识走向社会意识的融通,挖掘出自身的优势和潜力。人的力量和信心来自对事物本质的深刻认识,以及丰富的实践活动,而担心、恐慌更多时候源自认知和经验的匮乏,导致不确定性及心智无序混乱等表现。

我在进行个案调研时发现,多数家长以为家庭教育是简单照顾孩子的生活起居、营养膳补、督促功课,紧随大流进行各科校外"强补""恶补"等,并没有意识到自身与家庭教育的具体联系和作用。适当补习对偏科或学习障碍的调整是有益的,但如果把校外辅导当成孩子课余全部或以照顾好日常生活替代家庭教育,是有失偏颇的狭隘认识。

家庭成员是孩子个性化成长朝着"社会化"发展的雏形小社群,家庭的传统观念、结构和特点,直接影响着教育方法和效能,由家长主导并深受其个性、远见和知识背景的影响,因此家长需要在现代家庭教育趋势下提高认知和眼界。

成为相对理性和成熟的家长。很多时候,当家长看见孩子所受的伤害正是自己心底创伤的折射之后，才能自我觉察和提高认知水平，意识到过去与当下的不同，成为相对理性和成熟的家长。许多触发我们情绪的不是孩子的行为，而是我们自己曾经或者现在未解决的理念、情绪和投射等认知问题。

当家长能理解自己，从不能平视孩子到能平视孩子，并从孩子的角度思考问题，找到教育引导的线索，接纳并进入他的语境和想法，去理解他做事的初衷和看问题的角度，不着急下结论，不急于表达，是营造家庭教育氛围的必要情境和能力。

家长在教育孩子时，往往使用儿时就习得的观念和标准，及自己认知上存在的偏见和谬误，却把它们当成标准化的律条一样来参照、比较、要求孩子，这不仅错过自己了解孩子的机会，还可能丧失有效沟通的对话机制，框住孩子的天性和个性发展，影响其社会化功能的发展和完善。剔除传统文化或旧观念中不适应这个时代的糟粕或偏颇错误的认知，提炼精髓，才能客观梳理现存问题的解决方向，持续做好家庭教育的合理设置。

打通家庭教育关于人的要素融合。上面提到，家庭教育最重要的是通过父母对孩子的陪伴、引导和教化，聚焦孩子的天性和社会性的交集部分，融合塑造他们的道德价值观，即良知、尊重生命和富有同情心等。一般情况下，如家长在现实基础上不断内化、转化所学知识及储备经验，形成适合孩子理解的机动方法，不死搬硬套，孩子就能感受到父母的支持、帮助及对自己的吸引，自然会主动加强与父母的交流和沟通，打通家庭教育关于人的要素融合，推动父母和孩子达到协同而行的框架方向。

因此，家庭教育中更需要促使父母和孩子合力相向而行，而非仅凭家长一己之力，单方面一厢情愿地自我感动和付出，或者武断要求命令孩子怎么做、如何抉择；只有同时增加家长和孩子之间彼此商议和沟通的机会，才能让父母既爱护孩子给予理解，又保持适当距离给予信任，保护孩子自由发挥的空间和裁量权；只有当孩子理解家长并感受到被尊重和被理解时，他才会自愿尊重和顺从家长，形成个性独立稳定且遵循社会规范的良好发展状态。

2. 环境要素。环境要素主要指孩子所处的环境,我会在后面章节涉及环境梳理部分对此作具体描述,这里只简单释义它的概念。一般情况下,家庭教育环境是指家庭在教育孩子的过程中,涉及对教育及能为孩子提供支持和帮助的各种平台资源,以及产生影响的整体环境因素,包括家庭、学校及其他相关因素。以家庭为界限和标准,可分为内部环境和外部环境。

内部环境主要是指家庭结构、家庭成员、家庭文化等家庭内部构成、特点和资源,对孩子产生影响的内在因素,比如人口组成、经济条件、家规家风等;外部环境从广义上说,就是指家庭以外的,能够对孩子提供支持帮助的资源平台,除家人以外,在学业、心理或教育等方面,只要对孩子有过帮助或者产生任何正向影响的、孩子特别喜欢和信任的人,包括校内校外的老师、同学、亲友等,都是孩子的成长资源。学校是外部环境中最重要的组成部分,但不代表全部,认为家庭教育的外部环境仅指学校,是不够的。

以心理影响和物质提供为标准,家庭教育环境可分为硬环境、软环境。硬环境主要指物质环境,如住房条件、生活设施、社区设备等;软环境主要指对孩子心理道德起着潜移默化影响作用的环境,如家风教养方式、家庭结构、学校制度等。不管如何分类家庭教育的环境,在成长过程中,每个孩子都会受到所处环境中的人、物和事的影响,但很多时候家长会忽略掉这些影响,或者不太清楚哪些方面和资源能够助力孩子的优势成长,哪些环境因素正在对孩子产生负向影响或者已经导致问题的出现。

对教育孩子的环境不够重视,则引发对未来产生负面影响的隐患,比如生活中常见的家庭卫生脏、乱、差等问题,可能影响孩子感受生活美好的能力,还有可能影响孩子对生活的热爱程度,以及做事的有序性和条理性等。因此,父母需要不断打通联结环境对孩子有利的因素和资源,以便更多地掌握影响孩子教育的整体事况,扬长避短,积极促进和帮助孩子的成长。

3. 内容要素。道德价值观是整个家庭教育内容的核心部分,它本身是一个哲学层面上的意识形态概念。从社会学角度来说,它就是如何认知自我意义与社会意义的联系和区别,是心灵和精神上的定义形式,但它并不是静态单一的定义形式,而是动态的聚合吸收的渐进式过程。

道德价值观,一般是根据孩子的性格特点和能力范畴来塑造,用文化和思想的实践元素渗透影响、逐步进行,遵循社会基本道德规范,培养孩子的规范行为和正向意识。具体内容涉及社会和家庭责任,即在适应生存中如何兼顾利他主义在思想、情感和行为上的表达图式;实现自我价值的同时,培养如善良、同情心、恻隐之心等联结他人和包容他人的品质,对生活的热爱等,也包括敬畏、尊重和珍惜生命的人性良知。

教育在形式上是高度个人化的,但这种形式必须由社会理想的崇高和慷慨精神所唤起,就是教育在内容精神上是受其社会目的支配和主导的。在日常生活中,家长的言行、思想、状态和道德价值观,以及学校、社会的一些现状导向,都会直接或间接影响孩子的道德价值观,即会影响建构家庭教育的内容要素。

影响家庭教育内容构成和效果的原因。核心家庭的状态,主要指孩子父母的状态,即家长看待事物和处理问题表现出来的形态、情绪、动机、结果等。家长正能量、平和、积极的,家庭必积极而充满活力,孩子的浸润自然也积极、蓄满正能量;家长整天不满现实,不断抱怨和指责,充斥着消极负能量的言行,家庭状态必是紧绷、压抑而窒息的,孩子也不可能获取正能量和积极影响的。

有的家长自幼没得到家庭的关注和重视,感受不到上辈人的呵护滋养,本身也没有得到过家庭相应的能量和积极影响,内心的能量自然无法驱动和表达,情感流动是断层的,这将影响孩子的体验感受和认知,使他们面对情绪不知所措,缺乏接纳的信心和勇气,必然减弱家庭教育内容要素的形成机会和影响力;有的无法承受孩子身上表现出来与自己价值观和认知意识相悖的行为模式,对孩子产生更多指责、批评、否定,甚至带入责骂、侮辱和体罚的责罚方式,使家庭教育内容产生更多的矛盾冲突;还有长期存在对孩子事无巨细标准化、控制性或者全程压制性的固化模式,扼杀孩子充分体验、主观思考和创新意识的机会,在教育内容上间接或直接影响家庭状态,在孩子未来成长空间和精神思想上烙下桎梏和创伤的痕迹。

这些现象造成的各种后果比较严重,需要积极调整和改变,关乎家庭教育内容的构成和效果,家长需要引起重视和警觉。只有突破狭隘的认知局限,家长才能更好地完善拓展自身能力,达到远视,有效赋能于家庭教育。建构家庭教育,只有把体现人的要素和环境要素有机地融通结合成内容要素,才能增加和扩大家庭教育对于孩子的影响力。

某些社会导向和要求对内容要素的影响。当下社会对父母的教育要求越来越高,涉及方方面面,比如学科、认知、生理、心理、情绪、社交等,琐碎又烦人,压得父母喘不过气;学校日常对家长也有这样那样的要求和任务,对标、内卷和攀比,压抑扑面而来;父母再面对孩子时,时间和精力达到极限,根本使不出劲来,自然影响到自己的情绪和感受,出现焦虑、纠结、崩溃,陷入痛苦不堪的困境。家庭氛围的营造是由家长主导的,它能影响孩子的身心健康和情绪稳定,就是说,人的要素直接影响教育内容要素。

家庭教育效能是内容要素的重要组成,要发挥效能就需要家长及时梳理环境、稳定情绪,认清阻断或者停止错误的观念、想法和做法,在家庭教育中起到"定海神针"的作用。牢记"家长既不是科目老师,也不是心理咨询师,只是陪伴孩子成长的父母"这一点。毕竟,家长不能主导和代替孩子的学习和成长,但是可以积极影响、改变内容要素,协助、陪伴、助推孩子。因此,社会不能凡事都从专业的高度去要求父母,导向背离人的天性及现实能力,这样只会反噬到家庭和孩子。

》》当下影响家庭教育建构的几个方面

对现代教育理念的主体误导、曲解。目前社会上不仅对父母各方面的要求越来越高,而且一旦孩子出现问题或者关系遇挫,就会不断苛责家长,不是要求家长具备超出现实认识水平和学识背景的能力,就是要求家长与时俱进"样样精通、事事顾全",否则就被批跟不上现代教育理念及大时代步伐。

其实,现代教育理念是一个时代的整体教育观,是在现代科技和经济发展背景下,为了更好的生活和生存需要,主要针对学校教育制度和观念的革新所形成的整体趋势要求。人的要素是教育界的专家学者和老师等专业人士,他们对新型教育理念敏感又有兴趣,也是职业要求和社会责任所在;而普通家长仅仅是孩子的父母,既要承担家庭经济责任,还要受到自身职业需要的精力和时间限制,根本无法专门学习,对教育更是不敏感也无兴致,所以不能让这种社会论调导向击垮承载着时代太多压力的家长。

这是混淆了教育和家庭教育的建构主体,面对家庭教育内容要素的误解和曲解,背离了家庭教育的本质和导向,是不公平、不负责任的胡论瞎评。教育包含家庭教育,两者虽然紧密联系,但都有各自的建构主体和组成要素,这些导向和论调是对现代教育理念的误读、误导和扭曲。

"归因审判"让生命失去尊严。家长的状态一般受到教育体制的影响,当下究其焦虑不安的缘由,还是因为一些不负责任、缺少教育素养的所谓"专业人士"人为导致。要求普通家长去学习派系众多的心理学,或涉及因素广泛的教育学,达到专业效果,这是不现实的。哪怕系统学习过的学校老师、心理咨询师,虽有过多年训练和经验积累,都不一定达到好的效果,何况没有一点基础的家长?若按这样的发展态势和要求,家长结婚生子后,哪还有发展职业的可能?没有职业又拿什么来更好地赡养老、抚养小,照顾好整个家庭?

当社会舆论把父母推向风口浪尖、口诛笔伐,充斥着各种对家长不认可、不理解的聒噪之音时,这已经不是"家庭教育"的概念了,而是站在凭空想象的专业制高点或道德绑架上,在对家长进行追踪溯源的"归因审判"。这不仅让孩子失去了生命本源的安全感、亲近感和自豪感,还让家庭变得更加无序、撕裂,严重破坏家庭"格序",造成家长和孩子之间更多对立、困惑和混乱,缺乏归属感和信任感。若对人的要素要求没有合理性,社会充斥着负面导向,展开和拓展家庭教育的内容要素,就无从谈及和实施。

客观存在着不可调和的矛盾冲突。试想一下,让父母把自幼生长在时代背景下形成的文化信仰、习俗和观念全部推翻,脱胎换骨来重塑,这本身不切实际,无形中还给家长造成巨大的心理压力和思想包袱。其实,大多数亲子关系出现问题,最根本的原因是家长具有一定的阅历而形成做事日趋求稳求确定的心理动机,与孩子白纸般经历而形成做事全凭刺激好奇去探索不确定的心理动机,形成鲜明的对比。我们家长习惯预判和预设,孩子仅凭喜好和冲动激情,这样截然不同的心理动机和思维方式,不可避免地造成冲突、不可调和的客观存在。

家长要意识到并智慧应对由此产生的一系列问题。在孩子叛逆不听话、对大道理充耳不闻、躲避回避自己等情况下,不能只顾自责内疚,或害怕冲突、不敢通过再沟通加以相应的引导和管教,导致孩子无底线、无原则地"自我"膨胀、肆意妄为,采取更加极端或恶劣的方式对付家长,保全自己认为的"利益",这是所有家长都不愿看到的结果。因此,想让家庭教育建构具有一定的意义和作用,重要的是要对家长、孩子的不同心理动机和思维方式有一定的了解,并采取积极措施应对转化和消除矛盾。

理性看待家长。每个人都有自己的需求和空间,精力和时间有限,在处理个人和家庭之间必须有个合理的度,即边界。在中国,家长承受着一家老小吃喝拉撒、生老病死的重任;同时,还承受着自身职业规划或面对困难遇挫的压力;为了适应环境变化及自身拓展的需求,还要花大量时间去学习职场专业知识和后备进阶技能。家长也是鲜活的人,为自己和家庭负重前行,需要各方的理解和支持。

大多数中国家长为孩子和家庭奉献一生、尽心尽力、顶天立地;他们面对家庭遭遇不幸,默默忍受、精疲力竭,却也坚忍不拔。他们学习这、学习那,为孩子不停奔波,不说专业有多难、能力有多大,单从时间和精力分配上明显力不从心,哪还有良好的心态和教育孩子的情绪?学习到的专业知识使用后还可能反噬到家庭和孩子,造成更大的崩溃,一旦家长的耐心和力量被挤压变形,更容易造成心理不适,出现各种问题,无力托举孩子承受挫败、失误或对抗叛逆,随时可能引爆家庭情绪。

所以,如今的家庭教育现状是:一瞬间,母慈子孝,温情脉脉;一刹那,鸡飞狗跳,满地鸡毛;一时间,信誓旦旦,一下子,哀伤戚戚;还有的家庭孩子没事,家长反而倒下了,带给家庭教育阴影和伤害。因此,想要建构良好的家庭教育,社会必须要从整体发展上看到家长的用心和不易,为他们发声并提供更多的支持。

关于家庭教育零花钱的问题。我在许多案例里协助家长建构当前家庭教育的过程中发现,引发许多问题发生的根源与当下孩子拥有大量零花钱有关,主要有以下三个方面的原因导致。

其一,压岁钱的使用隐患。如今压岁钱金额越来越大、越来越多,孩子们认为这是自己的钱,想怎么用就怎么用,但基本上偷偷用在父母不被允许或不被社会认可的事情上,其他正常消费则由父母承担,这就造成诸多风险,导致责任习惯问题和自私膨胀的心理隐患,比如有些孩子早熟,存在性瘾或游戏瘾等问题,就是偷偷使用大量压岁钱花在购买游戏,或常"翻墙"看未成年人不宜但异常刺激感官的劣质影片上。

其二,没能引导孩子形成合理的消费观。因为将零花钱视为自己所有,大量孩子都认为自己想要的东西就应及时满足,一些延迟满足的锻炼机会丧失,养成任性用钱、为所欲为的习惯,没有分寸和边界,也没有钱多钱少的概念,不加控制和自我约束,意识不到自己是否经济独立、父母是否有压力,养成不劳而获的不合理消费观。

其三,需要建立用钱的基本底线框架。要让孩子逐步意识到不可过度要求或依赖父母,父母的法定义务只承担他们没有独立经济能力时的基本生存、基本学习和基本衣食住行等问题,其他的必须有个框架底线。要尊重父母的意愿而行,对于过多消费和不合理要求,父母有权拒绝,或用劳动交换。

本章我们学习了解到如何建构家庭教育及其三要素,以及影响家庭教育建构的几个方面,对家庭教育的认识不再是扁平化,而是丰富的、充满变化的立体动态认识。只有对建构家庭教育有了一定的认识,我们才可以更进一步去理解认识家庭教育的其他内容,对自己原有的教育观和传统信念才可能产生影响,重新审视、内化孕育新的教育观。

第三章 家庭教育效能及其影响因素

前面进行了家庭教育与其他社会功能的比较,并提及它的建构和要素对家庭教育效能产生至关重要的作用,潜移默化影响着家庭的整体发展。家长的教育信念和方法,随着认知体系和观念的转变而变化,逐步内化成家庭教育的一部分,周而复始,形成影响孩子成长的内在循环系统,直接影响家庭教育效能。

教育孩子是个动态过程,随着孩子的年龄和发展阶段的需求变化而变化,不同阶段会有不同的发展特点和侧重方法;在这个过程中,教育情境始终处于动态发展的,家长的认知、观念和经验也随之发生相应的变化,不断呈现出其适应性、创新性和局限性。

适应的地方,我们加以强化,使之更为有效;局限的地方,我们加以重视,主动采取应对策略,不断调整加以创新,其中存在的问题能被及时解决和消化,教育效能也随之越发明显;反之,如这些问题不及早防范、阻断或解决,则日积月累可能造成今后更多、更为严重的新问题,需要花更多的精力、时间或付出其他代价,也就谈不上教育效能了。

>>> 家庭教育效能的两个阶段

家庭教育效能是指家长在一定框架下对孩子进行各种有目的、有方向、有组织的教育活动及科学方法的应用,呈现教育目的对孩子产生影响和帮助的效果效率;开拓孩子的视野、提升精神境界,把生命存在和追求社会贡献都给予所选择的目标上,既能实现自我,又能平衡个体价值和社会价值,突破更高意识的自我审美的超越,使人生意义的形式、内容整合一致。我把家庭教育效能分为预防阶段和解决阶段两部分。

为了便于家庭简单掌握,在统合教育理论中,我根据儿童青少年适应环境和社会化过程中生理机能和心理机能等变化有较为明显的特征,简单分为0—3岁、3—12岁、12—18岁等三个阶段。"预防阶段"主要发生在0—3和3—12岁两个时期,表现为家庭教育"预防"和"助推"等效能的发生,是情感和习惯的最佳培养时间。而"解决阶段"主要发生在12—18岁时期。

预防阶段。根据孩子的年龄特点、表现及普遍发生问题的预判概率,我又把出现问题的前、后端时间分为预防和解决两个部分。出现问题的前端为"预防阶段",它包括:从出生到幼儿园大班阶段,强调的是高质量生活启蒙、激发意识和陪伴低龄孩子的过程;小学一至三年级是从散养过渡到集体强化规则的阶段,是培养学习适应和习惯的重要时期;四至六年级则是助推自我学习和思辨,自动建立学习机制且提升思维能力的重要阶段。家长在这个阶段要及时发现、消除、掐断孩子出现问题的端倪和苗头。

这些时期,家长不要过多代入或干扰孩子的成长,只需要营造多层面、多元化及多思维训练的情境和机会,提供适合孩子性格发展和心智体验的环境刺激源,有效挖掘孩子的潜在可能方向和优势特点等。在平时细节中适当留意观察孩子,早一点发现不妥或异常的言辞行为、反常事情,及时关心、引导、疏通孩子,建立有效机制,养成身心健康的好习惯。

"预防阶段"对家庭教育效能的整体影响。"预防阶段"是我非常重视且一直推崇的统合教育理念的重要组成概念,是在实践中摸索出来的经验理论。对所有家庭而言最具有普遍意义,且涉及的方法简单易学、操作性强,便于家长掌握且有助于整个家庭周期的稳固发展。

孩子成长的动力可能来自父母,也可能来自身边对其具有重要影响作用和饱含意义的某个人,包括至亲老人或者某个家庭至交,或者身边的老师、同学、朋友等,还有孩子对某个物件、某件事、某场影剧话剧以及某本书的开悟、警示和觉醒等影响。小学一至三年级,学习任务不重、不多、不难,是达成家庭教育"预防"最容易、最有效的时候,也是带动和影响孩子形成习惯和个性的最佳时期。

当然，不管在什么阶段、什么时候，家庭教育随时、随地都可以发生，尤其在0—12岁阶段。因为这期间的任一年龄，父母都在直接或间接地影响着孩子，是他们成长当中模仿、依恋和各种聚焦的对象，也是孩子遭遇挫折挫败、克服困难时坚强有力的后盾。因此，在"预防阶段"，父母与孩子的关系远近，以及父母自身的性格、观念、稳定的情绪、学识远见、时间分配等，对孩子的教育都会产生深远的影响和作用，这些正是影响家庭教育效能的内部环境因素的重要组成。

这期间，家长审视自家教育的"预防"效能时，需要把自己抽离出来，以第三者的眼光，针对孩子在一些特别情境中的表现，去觉察判断自己及孩子关系较亲近的重要人员的观念行为，是否正在影响或阻碍孩子的成长，导致孩子对问题偏颇的理解和看法，把可能发生的负面影响因素都尽可能提前预防或阻断，做出及早止损、有效纠偏、引导智慧思考的措施。

"预防阶段"做到位了，孩子在今后成长过程中一般不用求助外部支持，也能自主学习、自我调整、自我进步，自带觉察、修复功能、身心健康地生活，轻松度过青春叛逆期并与父母保持良好关系。凡事等出大问题再去解决和挽救，不仅会造成经济、时间及精力上的大量消耗，可能还会产生无法承受的结果，家庭因此支离破碎，甚至付出生命的代价。

家庭教育在预防阶段，不是科目知识的强力灌溉，更多的在于家庭文化的熏陶和教育框架的构建过程，促动和激发主动性，达到孩子产生智慧和锻炼心智的教育目的，形成统合能力。只有家长拥有悠然笃定的状态和积极的心态，孩子才能从自主性、自得性的状态自发进入自明性的状态，由具体的感性理解到抽象的理性理解，逐渐感知到自由的相对性和规则的必要性，再获得自身发展和事物规律的清晰自辨能力。成长必须经历这样的过程，因此，教育不能急切慌乱、功利失能。

"预防阶段"是家庭教育必要且重要的过程。对于家庭教育来说，一切重在掐断问题的早期源头，因此"预防阶段"是一个特别必要且重要的过程。这个过程必须在合理、适宜且有方向的框架内，允许孩子犯错、试错、改正，充分体验心智发展中形成"自主、自得、自明"这样一个认知体系的闭环，自由自在地产生对自我和环境的探索意识、交互意识、参与意识，进而激发感官的敏感性、敏锐性及敏捷性，包括适应、应变以及解决问题等综合能力的提高。8—12岁期间是培养这些反应和能力的最关键时期。

家庭教育不是家长事无巨细地去替代承担孩子生活学习的具体成长，而是不断让孩子自行承担起发展完善的责任，并保持活力和好奇心，不断分解、量化阶段性的需求和目标，培养适应当下而发展未来的智慧水平。教育孩子是"顺势而为"和"渐进式"的情境化教育，什么样的情境都可以利用起来，即现场就是教育，尤其在"预防阶段"，家长只有拥有这样的状态和能力，才能赋予孩子激情和意志力，在未来珍惜生命、热爱生活、敢于探索和创新。

"预防阶段"可以让知识细节隐退于潜意识中，脱离被动训练，减少时间和能量消耗，进入自由主动运用知识的状态，打通使细节遮蔽积极运用原理的思维通路，形成统合能力；知识增长也越来越自发呈现无意识的状态，就会形成自动输出的机械运动，激发生命机体由外界或内在激励而成的自我发展的意识冲动。

这种冲动使个体在面对现实问题时具有鲜活集中的能量、意志力及可挖掘潜力，在获得这种整体价值感的基础上，使学习、生活、道德和知识在智慧构建的过程中得到统合提升的整体效能。孩子养成理解原理并积极利用原理的习惯，获得实践掌握丰富的知识后所生长的活智慧，就能相对轻松和稳定地应对成长中的挫折及不确定环境。

解决阶段。出现问题的后端为"解决阶段"，主要发生在孩子青春期的前期、早期、中期、后期。12—18岁正经历着从对家庭和父母的依恋到日渐分离独立的过渡时期，开始重视同伴关系并且非常在意群体小伙伴的看法和认同；自我身份意识包括社会性别认同逐渐觉醒，在过往积累的"先验材料"基础上，从具象思维逐渐发展出抽象思维；在人格独立和个性张扬上，与之前有了明显的分水岭，对父母的管教下意识地产生对抗、叛逆或忤逆，尤其对异性父母一方的说教较为排斥，这可能造成冲突频发、对抗升级、破坏关系等局面的恶化。

这个时候,家长需要及时干预、协助和支持孩子,同时还要主动与孩子一起面对、分析问题,努力去解决现实问题。不过,在解决问题前,需要大致弄清楚各种问题的主要类型和性质,找到相对应的解决方法和资源。这在公众号"一点星光"里都有相关分类和描述,也可在公众号其他家长写的文章里查阅了解。家长只有清楚地知道孩子出现了什么问题,才能够找到合适的资源和途径帮助孩子,避免踩坑、踩雷,或错过、错诊、延误最佳调整孩子的治疗时机。

"解决阶段"面对的主要是已经发生较大或者严重恶化的问题,比如叛逆、厌学等,此时更要注重问题的解决时机、方法和技巧。对于家庭来说,防止问题发生的"预防阶段"才是重头戏,是家庭教育的关键时期,也是普通家长可以轻松胜任且对教育有所作为的阶段,不需要花费过多精力和金钱;相对于"预防阶段","解决阶段"则比较耗时、耗神、耗财、耗力,必要时还需借助专业的资源来解决问题。

≫≫ 实现教育效能的三个需要

第一,需要爱的滋养。在逐渐了解教育效能的两个阶段后,还要明白教育效能需要配备适当惩戒惩罚的规则和手段,但这并不代表教育不需要爱的滋养。爱赋予孩子终生的影响,为今后的感受力、承受力、认知力提供源源不断的情感、思想和能量。尽管人类历史进入文明已有几千年,人性的认知、教化、智力等已经达到了前所未有的程度,但是天性中依然会有残忍、冷酷等劣根性,教育的本质在某种程度上就是对人的天性进行修剪、矫正和促进,更具有人性的表现。

在孩子冲动、顽劣、自私及权力欲膨胀等情况下,任意妄为、行为极端时,需要借助教育的手段加持他们对生命、自然、善良、正义和理性的敬畏之心,以及保持警醒和警惕,以免陷入更为危险的负向发展轨道。因此,把握好惩罚惩戒的度,注重环境,巧妙结合"爱"来教育孩子,使其认识到尊重生命、规则、有序竞争,重视自身和环境的融合,从而慢慢塑造社会道德价值观,这既是教育的手段,也是教育的艺术,更是有效管教引导的资源,只有"爱"的滋养才能使心智启蒙、充满想象和大胆探索。

第二,需要学会留白的能力。只有家长不控制孩子的身心、时间和生命,孩子才敢去试错、想象、思考、探索、亲近大自然,以及获得汲取营养的机会。著名学者游桂乾先生说:"我现在拥有的智慧和创造力,都来自我童年时期的闲暇时光。"的确,在"预防阶段",父母完全可以放飞自己,多创造一些闲暇时光,让低龄儿童去感知大自然,融入大自然,既愉悦身心,又培养特殊情怀,激发他们的无限好奇和求知欲,生长出活的智慧,激发不断认识世界、自主学习、深入思考的动力,埋下专注热爱的种子。

如果过度逼仄、裹挟、绷紧,时不时冲撞极限,那会破坏家长的性情和状态,由此产生一系列"负性因子",影响家长的身心、行为及精神风貌,而孩子也会不知不觉受到负面影响,阻碍其身心健康发展。家长是活生生的人,不是神,也有自我的感受、情绪、思想和个性,学会给自己和孩子留白,既自在悠闲,又拥有各自不同的交互空间,自由呼吸和享受,付出爱而尊重彼此,是家长需要学习的一种能力。

第三,需要进行适当的"内观"。提高教育效能,除了考虑孩子现实状况、年龄特点及当下发展区的需求,还需要注意家庭教育预防及解决问题的量化排序、焦点转化、优化处理等过程和可操作方法。遇到问题,不是一揽子、一下子解决,而是围绕重点兼顾其他逐步进行,尤其是让家庭教育发挥效能时,需要进行适当的"内观"。内观,即观心自省,也可以说是对内在自我当下状态的观察和探索,以期达到与外部环境的有序整合、筛选、取舍或融合的过程。

这个过程,不仅涉及家庭结构、文化、经济等方面的内部因素影响,还受到其他个体、学校、社会等诸多因素,以及多重、复杂信息的外部影响干扰。进行"内观",不仅面临多重或复杂问题考量自身能力,更要进行分析、比对、选择等必要梳理,在关键性和重要性问题上通过"内观"明确清晰后,再加以优化处理,一般可以得到良好的教育效果。

》》》影响孩子成长的因素

如上所述,家庭教育效能受到家长的教育背景、经济情况、兴趣爱好、文化视野、时间支配等影响,但每个家庭因情况不同,只产生适合自家的教育框架和内容。家庭教育和教育一样,没有统一的标准和范式要求。教育执业者不仅需要提供具体指导,让家长不断根据家庭结构、资源及孩子的性格特点,把他们储备的知识和实践经验内化成自家的教育理念,增加自身的内涵和认识,还要使家庭不断保持良好的氛围和浸润状态,有足够的能量和容量促使家庭教育发挥应有功效。

孩子的成长不仅受遗传因素影响,也受后期环境和家长的影响,还受孩子自身修复能力、成长目标及道德价值观的影响。这些影响只是相关性,不是造成各种问题结果的必然因素,借此提醒目前"孩子的问题就是家长的问题"的泛滥观点,不再误导孩子丧失自行反思、自我整合、自我驱使和自我调整的能力,从而破坏环境、格序和规则的作用。

第一,环境因素。我们知道,人在紧张、恐惧或愤怒的时候倾听性、理解力和反应速度都迅速下降,严重影响对事物和问题的认识判断。家庭教育的氛围过于严苛,孩子吸收效果也同样受到影响、遇阻或产生障碍。尤其在青春期叛逆的易激惹、激发时候,更敏感于环境的影响和反馈,情绪受刺激后反应激烈,因此,家庭教育需要一个可以轻松互动的环境。

在内、外部环境的各种形式压力下,父母与孩子处于长期全身绷紧状态,很容易发生冲突,激化矛盾的概率更大,有时还能造成父母和孩子处于崩溃的状态,严重影响孩子的性格和个性发展。我们常说,情绪上头就要交智商税,不仅容易做错事反噬自己,还有可能使智商瞬间为零、脑袋一片空白,超出极限导致严重的精神损伤。

不管是家长还是孩子,任何一方在压抑的环境中教育的输出和输入都会受阻,吸收效果减弱甚至全无,这时的教育大概率是无效的,无法解决排除当下或者未来存在隐患的各种可能。只有彼此尊重信任、亲密走心、彻底放松,才能让家庭生活越来越有温度和美好,家人间才能流动爱的能量。

家庭错误的观念和做法只会带来负效能，比如家长不断压缩自己的空间、全身心投入孩子的成长，当所有聚焦都放在孩子身上时，后果是可怕的。外部力量的聚集笼罩，可能让孩子天生的力量和智慧被边缘化、弱化或覆盖掉；还有可能造成大人和小孩在感受、情绪和意识等方面出现混乱而没有边界，以致孩子到了从"家庭一体化"分离独立时，都不能成功，无法具备独立的人格，自行处理问题；假如异性父母一方过度代入和干扰孩子的自然行为，更容易造成孩子潜意识里的自我身份认同和社会身份认同的角色冲突，还可能造成青春期性别意识的模糊和婚恋观的错位。

当孩子因此丧失体验痛苦、喜乐的真实成长过程，以及自省、纠正和自得感受的机会，包括抗挫性、自我修复和解决问题的能力锻炼等，孩子做事就会变得无感、无趣、无序，出现遇事逃避或懦弱"低能"无力感现象，他们下意识以为所有问题似乎都可由父母替代，或者应该由父母去面对解决，自己却没有勇气面对，甚至没有为此承担的意识。

第二，"格序"因素。家庭"格序"稳定，才有好的家庭状态、好的教育底色。父母是孩子的第一任老师，从孩子出生开始，父母的一举一动对孩子有着天然被模仿、表达和感知的影响力，在相对恒定的血缘关系中孕育出稳定、安全的情感依恋模式。核心家庭中，夫妻关系为主，亲子关系为次；父母和孩子不仅是生养、被生养的血缘关系，也在此基础上形成教化、被教化的亲代、子代关系。这里的关系，本质上父母为长、为"师者"、受尊重、有权威；孩子为幼、为"学习者"，需要爱护受教育。古训"长幼有序，尊卑有别"，是相对于当时家庭结构的稳定及养育关系的秩序而言，存在一定的必要性。

当然，在现代家庭关系中，传统观念已经有了翻天覆地的变化，但不管怎样，只要家庭繁衍生息和运转，就依然需要家庭"格序"来维持和保障，否则家庭就会渐趋混乱、无序、熵增并消亡。这不仅影响家庭和社会的稳定发展，也能导致人类生存和人口灭绝的危机。总之，对于家庭及家长的权威和要求，在"格"方面体现为侧重对孩子的爱护和约束；在"序"方面，体现为父母对孩子的管教。只有"格序"稳定，才有良好的家庭教育状态和氛围。

第三，爱的能量流动。当"爱"流动，家长和孩子才会轻松、放松。家长松弛了，才能聚焦觉察问题本身，从体验自己和孩子当下的状态中得到智慧和能量，才可以去承受、分解孩子的负能量，梳理调整自己。家长心情舒畅了，家庭氛围自然会改变，孩子也就放松起来，有更多的交流互动，家庭场域的磁场吸引和能量流动就会增强，形成良好的家庭循环体系。有"爱"的家庭教育走得更长远。

家长渐进式感受孩子，不断发现他们的优势特点及劣势不足，才能做到心中有数，面对孩子的勇气和信心就徒然大增，有更多的耐心去坚持引导，才可以更好地理解和接纳孩子的顽劣、不敬、对抗等行为，妥当处理矛盾冲突，逐步使他们理解遵循家庭教育框架设置的规则和要求。

不管是陪伴、引导，还是解决问题，只要家庭有了爱的"养料"和"磁场"，让每个人都有充分发挥的空间，家庭状态就会日趋温馨、富有生命力，生出更多的勇气和爱；家长和孩子就能从容面对更多问题，以稳定的情绪进行思考并坚定地行动起来，获得更多新的智慧和能量，教育效能自然会呈现出来。

第四，家庭教育的有效规则。家庭规则连接着家庭教育的维持机制、互动形式及关系模式，影响着孩子形成独特人格及社会化的整个成长过程。从不同时期来看，家庭规则是动态变化的，比如，孩子出现偏差、端倪问题时，家长同一时间不要有太多太杂的规则要求，一段时间只适合针对特定问题的一两点即可，这样就不会过多纠结原因、掰扯结果而形成多头压力或复杂局面。只要看到孩子有积极变化，哪怕当前做得不够，依然可以以坚持引导、逐渐形成家风为共同目标。

需要指出的是，规则可按照孩子的实际情况及成长节奏分阶段设立，但不能倒过来用规矩去框定孩子必须在某个时间节点长成家长想要的样子，这不现实，也违反自然生长规律。家长教育孩子常有种倾向，认为任何朝向自己当下价值观及社会体制、机制的，都是进步，反之，则是退步或有问题。不经梳理和谨慎思考，就用自己想象预设的条件和结果去设置规则要求,这反而阻碍孩子的身心成长和创新思维。教育要符合孩子生长的节奏和现代社会发展的总趋势。

第五,其他因素。一个家庭既有自己的特点,也有时代的特征,就像个小社会,其中涉及如何处理夫妻关系、亲子关系、代际关系、孩子之间的关系等,及应对周期性的发展和变化所采取的策略和方法。如果家庭不能顺应时代变化、适时调整其结构和观念,针对孩子的年龄特点采取一定的教育框架和措施,就会不断出现问题,积累成习,在后期发展中,特别是青春期时可能就会出现较大或严重的问题。

在孩子未成年时,家庭的生活状态及传统习性对他的情感、思维和认知的影响,都将逐渐进入使其人格化的精神层面,即道德价值观,成为孩子性格突出的一部分,比如,教养、毅力和善良等,通过家庭教育的影响而产生。家庭教育能否发挥效能、发挥到什么程度、如何发挥效能,都受到家庭结构、家庭文化和经济条件等主要因素的影响。因此,认识和了解这些因素是解构、重塑以及解决不利孩子成长问题的必要过程。

1. 家庭结构、家庭文化和家庭经济。家庭结构主要指家庭成员的组成特点、规模和角色关系,以及家庭运转的规则和协调机制等。通俗地说,就是有多少人,怎么组成,谁主谁辅,有什么规则,日常生活怎么互动联系,有什么样的沟通模式,如何稳定运转家庭模式、制定相应的框架等,直接或间接影响家庭成员的生理、心理和行为。

家庭文化是社会文化的组成部分,是家庭道德、观念和思想意识等形态的总和。它既有传统文化的沉淀,又有当代文化的交集创新,深深影响着家庭结构的发展和变化。它在家庭成员精神层面的默会知识与显性经验的交互作用下,成为影响家庭教育效能的核心因素,有自己独特的构成。这部分在第四章节中会专门阐述。

家庭经济条件是一个家庭的生活状态及其构建家庭文化的物质基础,也是家庭资源和环境的重要组成部分,直接影响家庭对孩子给予具体帮助的形式、内容和程度,以及整个家庭照应孩子提供的资源和渠道。经济条件的好坏,直接影响到孩子探索世界和见识世面的资源深度和广度。

2. 教育执业者。作为教育执业者,在分析和解决家庭教育问题时,应该认识到这是严肃严谨的问题,要公正客观,不能罔顾事实、抛弃人的良知和社会责任,尤其在网络公众媒体上发表对家长公然讥讽、咆哮、误导孩子的攻击性言论,更不可取,这本身就不是教育的涵养和意义了,还何来教育者的正影响呢? 有些过分侮辱家长智商和人格的言行表现,有待相关部门关注和重视。教育执业者在面对家庭问题时,既要顺应人的天性和社会性的发展规律,也要进行相应的教育原则和底线设置,更要符合一个教育者的内涵要求、品行素养和学识程度,不能让孩子精神失明、思想混乱、情感撕裂。

》》家庭教育规则的重要性

关于"规则"方面,我们不妨从以下几个角度来看看它的重要性,以及带给家庭教育效能的重要影响。

规则对于家庭教育的重要性。家庭教育主要是关于个性、情绪、智商以及社会道德等发展内容。社会道德和情绪的自我调控始终是行为塑造的目标,而规则是这些目标在将来得以实现的最初保障。如果在教育方法中融合规则的元素,把问题本身作为去教育引导孩子的通道和智慧的容器,行为塑造的过程就可以成为父母与孩子之间精神交流和心灵联系的过程。

家庭教育中,低龄儿童、青少年会不断模仿对其有重要关系和影响的人员言行、技能、处理问题方式等,尤其在父母身上,会更多地学习家庭角色、社会角色和行事思维的示范,浸润式吸收融于家庭文化的规则,沿着家庭"格序"的运转规律,内化其社会意识,渐渐获得表达、思想和行为能力,形成个体鲜明但又适应社会性规范的人格特质。

可以看出,对孩子影响之大,不仅是家长的学识、个性及对生活的态度,还有家长的观念、认知和原则,因为它们对家庭环境、家庭规则和家庭结构都将产生巨大影响。家庭规则是一个不断冲突、斗争、妥协、调整、修复的波浪式起伏的动态过程,是家庭教育框架的重要组成部分,并且是保证家庭"格序"发挥作用和保证教育效能的手段。没有规则,教育无从谈起、无从下手、无力可用,那怎么会有效果?

家庭教育规则存在的意义。家长设立家规常看不到藏在后面的自己,总把正确的大道理说得滴水不漏,可是说完了,孩子还是不理解或根本听不进去。孩子为了自我主权和宣泄,会采取手段破坏规则,达到自己更好奇或想要体验的结果;这时,家长不能光说着正确的话和标准,人却总躲在正确理由和标准的背后,让孩子感觉到只有冷冰冰的规则,产生不被信任或者被暗示不够好的意识。只关注结果的违反与否,没有交集和情感的流动过程,只会把孩子对规则的理解和遵循推得更远,并且使关系更为生疏。

遇到问题,不是马上拿规则惩戒,而是要敢于面对孩子的抱怨和怒火,让情绪彻底爆发出来正面碰撞,把那些冲击的力量和能量引入解决问题中;孩子感受到被理解和包容,自愿惩戒,才会意识到自己违反规则的本质问题,并通过合适的方式表达自己被规则限制的想法,这可以成为父母和孩子共同探讨去决定的人生成长机会。不管规则多好多有理,孩子天性中总有破坏和冲动,反抗意味着在成长。家长让孩子学会坦然接受和面对规则,以此不断建立沟通和理解的桥梁,积极引导和促进,规则才有存在的意义。

规则的有效措施。再合理的规则,如没有外力的约束,既不会被遵守,也不会被有效执行。所以在制定和运用规则框架时须有奖有罚,才能见效。奖励,是为了积极刺激孩子的行为和心理,导向有利于孩子的优势发展;责罚有多种形式,但不管是什么方式,第一原则应该用符合年龄段的语言表达,让不同年龄段的孩子理解自己为什么受到责罚,而不是让孩子的感受和注意力聚焦在受罚事件的挫败感及失败结果上,耿耿于怀。

家庭制定规则,有助于稳定和调节家庭的各个功能,维护家庭"格序",可以长久维持家庭的整体关系和情感,如此,教育才得以朝有序、有效的方向推进。良好的规则,往往是经历一家人协商、遵守、违反、奖罚、反复沟通和坚持的过程。一旦规则遭到破坏,家庭"格序"也会随之被扭曲变化,这将导致家庭的运转混乱、关系无序、伦理观冲突不断,失去稳定的内核,或将激发更多家庭问题,影响家庭持续发展的生态环境。

家规家风对孩子的影响。《朱子家训》《颜氏家训》曾经是中国古代私塾教育儿童的必读物,这些家训对孩子的影响深远,受此启蒙的孩子,即使长大后有了成就,还能记得小时候学过的这些内容。古代家风家训一般都是经过几代人的家族传承及不断融入新的元素才得以形成,尤其是士大夫名流中形成的古之遗风,虽然有些内容已不再适宜当前社会的发展,但其精神和风骨在当代仍然熠熠生辉,包括教育精神依然值得中国家庭去传承。

到目前为止,家规家风还是道德教育的重要内容。人类因为生物本能的自私、残忍、防御及群居属性都刻在生存基因里,进化演绎到今天,变成了如何利用规则来达成个人自由和集体要求的平衡,成为家庭道德教育的核心。社会道德与个体本真之间的平衡一直是中国古代社会发展的重要课题,也值得今天的我们去深入思考和研究,它对社会的稳定和发展起着极其重要的作用。

孩子只有通过家庭规则来"拉练"对抗、碰撞情绪的发泄,在抱怨和愤怒的过程中学会思考、自省和纠正,才能真正释放天性本能的负性表现,学习到人类文明所需的物质、道德和精神的基本素养。孩子一生成长的好坏,与家规家风有关,只有自己撞过规则这堵墙,真实体验被人约束和自我约束的意义,孩子才能明白规则,更好地自我管控。

人要站在规则的前面。家庭教育是父母与孩子深度连接、使孩子感受到并能内化的"爱的流淌",可以说是一种创造爱的过程,这对规则有什么作用呢? 有家长问我"人要站在规则的前面"是什么意思。对此我理解为,只有面对真实有情感的家长,才能让孩子的情绪在言语之间来回释放,规则才能行之有效;但是,如果把规则推在前面,孩子面对的就是没有任何情感色彩的抽象对象,没有实物对象的联结和信任,孩子天性中的一些情绪如果需要释放,就势必会用行动去破坏规则或者跨越规则,那可能得不偿失,规则不能发挥效果就失去了意义,就成了摆设。

规则给家庭教育设立了边界。如不给孩子明确的原则底线,孩子觉得一切行为都可以去擦边、踩线或突破,那样孩子将养成肆无忌惮、不断测试底线的任性恶习。当然,家长同时要有个清晰的拿捏"度"的原则框架,以免在教育过程中过于代入孩子的生活和学习,失去交流、表达和自我审视的机会;又或因冲突愤然抽离,对孩子漠不关心,造成疏离和隔阂,让孩子倍感压抑、信心收窄、胆怯懦弱,影响一生。

以上是根据个人的实践经验和理解分析,对家庭教育效能做出的相关阐述,希望有助于家长对家庭教育整体的理解和扩展运用,以便积极发挥家长在家庭教育中的效能。当然,其中有些新造的相关词语可能还有不太清晰或者描述不太准确的地方,希望读者能指正出来反馈给我。理性的真理知识永远是越辩越清晰,越辩越准确,在不断试错和改错的过程中获得的。

家庭具有内在结构系统和社会功能,是一个家族过去—现在—未来的有机整体的一部分,是在自有的"格序"中逐步发展起来的生态环境。任何当下的家庭教育经验都和过去及未来紧密相关,现代家庭教育也一样,不是凭空出现的纯粹的时间或者某一静态的概念,而是具有一定家族历史和文化内涵的继承、融合、扩展和不断完善创新,如此才能释放更多的效能,服务育人。

第四章　家庭文化对家庭教育的影响

　　十几年前,社区援助中心有几个做成人心理咨询口碑不错的义工,遇到青少年学习个案一两次就脱落的困境。我观察到心理咨询师用国外引进的沙盘给低龄儿童做咨询,其中对教堂、蛇、老鹰及罗马柱等沙具的使用,引起了我的注意。向咨询师了解且查证后,我发现这类沙具有西方文化的象征寓意,不禁有些疑惑,这些与中国文化象征寓意不同的沙具,直接用于中国儿童个案是否合适? 由此引发我对心理学的一连串困惑并重新审视。

　　我国现有教育理念和心理技术等大量从西方引进,使用的量表及心理技术都来源于不同国家文化的族群数据统计模型。由此,我开始思考东西方文化有何不同? 其根源是什么? 对家庭教育有什么影响和作用? 我与浙大陈亚军教授及其德国籍夫人、在浙大心理系任教的安娜副教授切磋交流时提到过这些问题。如今教育心理本土化的呼声越来越高,引起专家学者的高度重视和关注,对此,我也特地分享一些过去对东西方文化差异的思考和分析,供大家学习参考使用。

》》》东西方文化差异的广泛影响

　　首先,我们来了解中国家庭独特发展的"共生"文化。中国传统文化,在家庭方面有着独特的发展历史和渊源,形成独特的民族心理结构及运作机制。每个家族的血缘传承、精神传递在时空纵横交集下形成独特的"文化场域",将共同经历的历史、记忆等凝结成维系整个家族联结的情感纽带和精神力量,同时又发展出新的文化特质与信仰。传统家庭的共生文化是在此基础上构建起家庭认知体系和道德观的"共生"链条,各自发展为独立的小家庭,形成千丝万缕但又各具差异性的联系,影响着现代家庭教育的元生态环境和发展变化。

这种元生态环境影响下的大家庭关系,本质上是强调互依性、交集性及一体性的共生状态和共生价值。人的天性被传统真善美的社会价值观文化不断教化,从关系中教育塑造出人性的正义和善良,决定着个性和人格的表现;而对人性的思考则是"自我观"的取向,不同的自我观取向可由不同的路径达成。上述语境下的中国家庭,以集体系统思维协助个体的关系取向的自我观,与西方崇尚个体自由取向的自我观在本质上是不同的。

从文化传承的角度来说,教育具备部分承上启下的作用,传递着过去、现在和将来的文化脉络发展,配以语言、文字等多种图式,逐渐沉淀为现代文化的一部分,影响着人的意识形态和精神内核,即人性的发展。

儒家认为个体在某种意义上不属于个人,属于整个家庭,连接整个家族过去与将来之间的价值,维系"你中有我,我中有你"的共生关系,形成中国传统家庭"共生"的文化介质。学者张祥龙在《海德格尔与儒家哲理视野中的"家"》一文中,认为孟子所言"……身之本在家"的"身"字,应被看作具身化的家庭人格,即包括"我"和家庭成员所组成的家庭观念和文化引力,如家庭"格序"这类规律,正在不同程度上作用于家庭观念和文化引力对"具身化"家庭人格的塑造过程,也是文化对人性的塑造过程。

1. 中国传统家族文化深入影响生活的各个方面。在一个有着相似基因、相似背景、相似环境及血缘关系的家族共同体里,存在着家族文化的精神传承机制,可以让家族中每个人的命运都紧密相连,形成一个整体,这样可以把家族看成一个完整的"人"。

代表着宗亲共同信仰和祭拜祖先的宗祠文化,最能凸显中国传统文化,是连接家族成员过去、现在和未来的一种精神仪式;族谱则是宗族归属感、家庭凝聚力和子代孝德观延续的载体,联结着家族排序、缅怀先贤、维系情感、氏族长存的共同精神寄托;宗族文化基于长幼有别的差序和格序,表达对族人先辈至亲的敬畏仰望,赋予子孙后代丰富的精神财富,成为一部具有独特家族文化底蕴和深厚情感传承的家族心灵史。

传统大家族把年轻夫妇视为支撑家族的重要劳动力来源,养育孩子一般交给长辈或者家族其他成员,同宗叔伯至亲为左邻右舍,配以休闲的大庭院,形成家族经济交集、情感归属、相互扶持和家规家风的共同体环境,在经济、情感及文化"共生"中一起影响教化着孩子。

20世纪90年代以前的父母因为经济条件有限、生存温饱问题,虽没有教育概念、文化知识和陪伴时间,但正是这种具有丰富成长元素、不可缺少的家族"庭院生活"自然发挥着对孩子的教育引领作用。这种对孩子有着浸润意义的日常生活教育,包括过往父母同单位邻里共同生活的大院,也起到异曲同工的作用,我们还可以从过去各个地区的建筑结构及形式表现,发现这些传统家族文化的共同特征,比如客家围屋。

2. 家族伦理本位的"共生"意识在现代社会中影响着个性发展。自古以来,中国人重农惜田,对土地本源意识较为强烈,赋予很深的感情。在经济流通中,土地固着作物稳定不动形成的生存方式、文化习性等,有着几千年来的沉淀和传承。文化在这种农耕时代及生产方式的发展中,产生了以血亲关系为基础的宗法制度、宗祠文化及宗亲观念。按现代心理学来说,就构成深度联结、共生情感及强烈责任的家族本位意识,强调个人生存发展须同整个家庭的存在发展统一起来,形成了个人利益服从于家族利益的家庭观。

传统文化中,族群通过"共生"的聚合作用形成的教化力和凝聚力牢固而持久,对家庭影响巨大,逐渐发展成道德至上的中国伦理本位,成为传统家庭教育形态的核心。个人对守护家庭的重视,可促进个体责任意识、意志锻炼和群居生活的情感依恋,对家庭和睦及社会稳定有着积极的作用,营造出以家庭为目标、互助合作的集体环境,减少生存焦虑和心理隐患,养育环境相对轻松。但一体两面,强调家庭为本牺牲个人的传统,在一定程度上自然会影响个性和思想,削弱自我意识和自由边界,对人格发展和创造力可能产生局限性。

3. 中国传统家庭的生态体系和伦理表现与西方相距甚远。中国传统家庭既有垂直关系,又有水平关系。中国家庭的生命周期由反哺上一代开始,进入新生代家庭,再产生新一代依恋关系,逐渐在传统文化、观念和习俗中走向"共生化",新生代又反哺次生代,进入家庭新的生命周期,循环往复,早已形成具有中国家庭特色的传统生态体系。

孙隆基先生在《中国文化的深层次结构》中提到,西方人的成长方式是强调"断裂—分离—个体化",但未对中国人的成长方式做明确评判。本人认为中国人的成长方式是强调"反哺—依恋——体化"的模式。费孝通先生曾经指出,代际关系在西方是"甲代抚育乙代,乙代抚育丙代的接力模式",在中国则是"甲代抚育乙代,乙代赡养甲代,下一代对上一代或上上代都有反哺的反馈模式"。依靠子代解决老年人赡养问题的反馈模式,是中国传统在现实社会适应生存的独特发明,也因此使得国人比世界上任何民族都更加重视代际关系、家庭观念和孝道,使得中国传统家庭呈现出许多与西方家庭完全不同的伦理表现,包括评价体系和标准原则。

4. 中国儒家道德伦理观的核心是"人的良知"。影响中国几千年的儒家思想,是在应对解决西周"礼崩乐坏"重建社会秩序等迫切问题时产生,以善为人性的起点,主张在当下的真实世界中践行道德伦理,以现实救赎正己成仁。比如,格物致知的"知",外求客观世界的认识,内求通过反省发掘"仁",再强调德的关键在于行,道德在当下,即在"此岸"为源头,以完善与升华自身修为达到终极意义。

可以看出,中国人的本体论未提及人的恶,只因儒学在发展过程中大量吸收阴阳互根、孤阴不生、独阳不长以及阳中有阴、阴中有阳的阴阳学说和佛学经书,强调需要用和合的方式调节阴阳失调所导致的问题,维持社会功能、聚合力和结构的平衡,而不是纯粹由善去克服恶。

中国伦理实践强调良知,认为这是无师自通的天性,认为判断是非与善恶的是人先天就具备的内在觉知系统。良知系统,是儒家文化的核心结构,对社会讲究"天下大治",对个人通过"仁"的途径实现人性和发展,讲究行善、修身、配德,使其安身立命。

5. 中国家庭的变迁路径对个人的现实影响。人的生活方式、认知模式和思想意识在很大程度上取决于文化,而不是基因。现代人类学之父博厄斯认为,人类各个种族和民族之间的差异,并非由他们的生理构成决定,而是他们的文化。可见,文化对人类和个体的进化发展起着至关重要的作用,可以说人类族群的差异源于文化上的差异,家庭发展的生态化差异,很大程度上也因为文化的不同而不同。

中国家庭变迁路径与西方国家不完全相同,是被高度压缩的现代化转型过程,进程短变化快,传统和现代相互交融、碰撞。传统家庭观念和生活方式的影响尚未消除,现代乃至后现代的家庭观念和生活方式却已生长出来,个人身上呈现出既传统又现代的思维和行为方式,充满矛盾、冲击和曲折。因此,现代家庭在尊重儿童天性及阶段性发展特点的基础上,应适当汲取"共生"文化的依存关系、利他思想,在儿童未成年时期或遭遇不幸挫折时,提供帮助和支持,这是实现家庭功能得以延续的必要路径。

其次,我们还要大致了解西方文化的主要特点和构成。任何一种精神价值体系和意识形态,无论是本土的还是从外吸收而来的,都只是广义上的文化组成部分。相对于不断变动的文化"表层结构",具有静态意向性的文化"深层次结构",是精神文化中反映整个良知系统的决定性因素。

每个民族和地区都会有自己的伦理道德观念,并且很难用法律或文字进行清晰界定,尤其在东西方的信仰层面,虽有许多差异性,但涉及的传统、习俗和道德伦理,都大隐于社会文明构成要素对"人"的设计中,具体表现在家庭生活、社会活动和道德观。

1. 西方文化宗教伦理观的核心是"人的原罪"。西方基督教从"人的原罪"出发,强调人生而有罪,判定人性为恶,将爱归于"神性",是神的赐予,以对神的忏悔为个人救赎,视超越现实全知、全能、全善的上帝为道德的源头和世间秩序的制定者与审判者。而神赐予终极意义是到达"彼岸",从其理论的逻辑结构来说,神是人性的引领者,人类的原罪需要上帝之光救赎。

源自西方宗教的善恶斗争史,恰与儒家思想的人性本善论相反,从中可以理解,东西方信仰在如何向善除恶的方法论中有着本质差异。西方道德伦理观具有信仰性，信仰中的二元对抗观念深刻影响着在社会与个体意识中发展出的文化走向，塑造着社会的整体道德价值观。在西方的历史中，对立与抗争的意识形态自然渗透在家庭和个人的生命周期中，不断推动着社会的进步。

2. 西方家庭长期受宗教文化的渗透影响。长期以来，西方社会和政治深受宗教文化的渗透影响，这是社会福利制度与公益制度、社区家庭援助团体和教会等组织存在并不断发展的根本原因之一，也对生活在其中的西方家庭影响深远。西方家庭生命周期是从脱离依附上一代的状态开始，使个体得到独立和自我组织的发展。

个体离开上一代组织的家庭，进入自我组织的家庭，子代和亲代皆为水平式关系，没有中国的垂直关系。在西方，个体从一个分离到另一个分离，再习惯于从一种断裂到另一种断裂，干干脆脆，哪怕独自一人前行，最终在旷野中倒下，也认为是生命的意义。西方家庭在抚育下一代时，视自我个性解放为根本目的，强调超越世俗，认为个体价值来自他的自我发展，即"自我"突出、特立独行的能力。在西方，代际没有紧密联系，从文化、经济、养育责任上看，新生代家庭与上一代互不干涉，人我界限清晰，不存在反哺模式。

3. 西方价值观对世界各国的影响。西方价值观的推行，曾急速扩大了西方在现代化发展中的影响力，也间接促进了世界各国的现代化进程。但现今西方人口萎缩、凋敝，远落后于非西方人口数量，逐渐失去人口活力，这引起了诸多西方学者的思考和担忧。在中国近、现代发展过程中，受到西方文化的巨大影响，家庭更多通过尊重个体权利和分离作为引力，强调独立自由，导致家庭本位及其作用也越来越被边缘化，传统的"共生关系"日趋瓦解，亲情疏离、教育失序、代际冲突等现象频出，恐婚、恐生、恐育等社会问题迭起，影响到整个社会乃至国家的发展。

所以，在引进先进理念和技术方法时，需要根据本国历史文化及现代发展情况，重新审视家庭的社会功能、结构特点及其冲突矛盾，在平衡个体和家庭、自由和责任、个性和社会性等方面做出更多更细的研究和教育设计,既要促进融合,又要保持住独特性,更要关切人类持续繁衍、平衡发展的现实问题。人类最终目的还是要种群持续发展下去,如果某种文化导致人口剧减或者灭绝趋势,那就不是简单的个体自由与共同体发展之间的矛盾问题了,而是涉及人类生存发展的文明设计和导向问题。

第三,东西方文化比较。

1. 文化差异造成东西方观念、行为和评价体系的不同。中国占主导地位的儒家伦理观注重现世,主张修身成仁、凡事在己,信仰的是祖先宗族,更多是用族规家训来教化个人道德感,并规训个人的观念行为,家庭对个人的影响力非常大;而在西方,基督神学伦理以超现实对人进行教化,占据伦理的主导地位,主张道德救赎之路在于神,对己救赎,信仰上帝,主要用宗教的教规教义来规范个人的理念和言行,家庭对个人的影响力和约束力并不是很强。

西方文化起源于宗教信仰,美国《独立宣言》中提到上帝赋予生命权,奉行个人本位的价值观,自由主义思想渗透在生活各个方面;而中国传统文化的集体本位意识则截然不同,比如"良知系统""认知系统""道德系统"等都因不同文化产生不同评判和标准,包括信仰和观念,这自然渗透到家庭教育观及其适用方法,影响家庭心理、行为和道德观的塑造。

西方文化欣赏个性的特别和张扬,特立独行,害羞意味着弱势、懦弱,容易遭到歧视和欺凌;而东方文化注重集体文化,往往否定标新立异,害羞被认为是一种谦卑内敛、尊敬礼让的表现。显然,东西方文化在观念、行为和评价体系上存在很大差异。

不管是世界上哪个地区,家庭教育问题的出现都有各自的文化溯源,大到体制、经济和背景,小到家庭结构、本位意识、家庭环境。究其根源,都是因新旧文化因素融合、交替,从本质上形成了不同的文化塑造,从而影响到心理和认知上的变化走向。

2. 支持体系和承担的社会功能不同。西方现代发达国家社会福利制度完善,新生儿家庭能及时得到政府提供的育儿补助金,家庭援助机制也有着较高的保障水准,这在经济、信仰、结构功能和个体自由上组成了家庭成熟的支持体系,国家、社会和社区几乎承担起养育和教育孩子的大部分功能,这自然减轻了西方父母的经济负担、教育投入和责任。

中国人口基数大,国家在赡老育幼方面长期缺失,自古把养老托幼等责任交由个人和家庭承担,即使在当下,政府和社会提供给家庭的帮助也微乎其微,中国家庭父母承担的责任依然繁重,甚至超出成人极限。以往几世同堂的大家庭相互照应和扶持,相应减少弱势个体或小家庭单独养育的生存压力。但随着西方文化的引入,中国家庭结构发生了根本性的变化,正在逐渐蜕变,直接影响现代教育理念和方法,重塑家庭教育功能。

3. 以自然演化的角度解读东西方文化的本质区别。为了深入理解东西方文化的差异及关联性,我们可以从以下两点来解读它们的区别:

其一,集体主义、个人主义。西方人以自我为中心,个人主义思想盛行,东方人以"家"为中心,集体主义现象普遍,这是东西方文化差异的主要表现。而个人主义和集体主义不只是与文化背景有关,也与进化论中生物种群的演化有关。美国生物学家汉密尔顿提出"亲缘选择理论",认为那些具有利他行为的个体,因自我牺牲能换取种群的更大利益和生存空间,这些利他行为就会被自然选择并保留下来。

也有学者认为,生物种群为了适应外界环境,自发地演化出"利己"和"利他"的行为倾向,比如放哨的动物,为了其他成员逃脱,危险时高声呼叫以便暴露自己被天敌猎杀。实际上,利己和利他主义都不具备独立自主的意义,仅是个人或社会对价值的主观评价,其合理性和效用性都因共同体的生存和发展,以及特定环境而变化。因此,我们可以认为,个人主义和集体主义都与生物进化有关,与生物属性的自然选择有关。

其二,利己主义和利他主义本质上并无善恶之分。利己主义和利他主义是自然演化的行为倾向,是人类为了适应外部环境,在大自然条件下发展出的本能反应。在西方早期游牧文化中发展出家庭个人本位意识,是家庭关系表现出"个人自由"的利己主义思想根源。在中国农耕文化中发展出家庭集体本位意识,是中国家庭呈现出"共生文化"的利他主义思想源头。

农耕文化强调人的社会属性，即生命的文明性和理性，崇尚"文"来追求道德的完善并塑造社会，是一种以土地为自然"和合"生息的、有着显著地域性和可持续性特点的"静态"文化，注重集体利益；游牧文化则强调人的自然属性，即生命的野性和本真，崇尚"武"来追求生命的光辉并征服社会，是一种靠武力好战与自然"争斗"生存的、没有明显地域性和可持续性特征的"动态"文化，注重个人利益。

这是两种性质完全不同的"文化基因"，比如，古时劫掠在农耕民族的道德观中是一种恶行，可在游牧民族的眼中则是一种英雄壮举，自豪而不受良心谴责。一个好战、好掠夺，一个讲究社会和谐安定、和合而乐，由此产生不同的主观意识和信仰，包括利己主义和利他主义都是对所处环境中集体共同生存和发展经验的总结。

正如亚当·斯密的经济学观点，个人自由地追逐利润，是对个人利益的追求，但长远来看，是国民财富总增加的一部分，最终结果带来了社会的普遍福利；杜威从社会学角度提出"只有当所有社会成员都能尽量发挥其能力时，社会在变故面前才能强壮有力稳定"。两位学者都表明自己对"私利"和"共利"的理解，两者互通共存。

4. 不同的评判标准和观念匹配不同的教育方法。习性是个人的主观产物，在日积月累后形成持久特性，有一定的民族性、地域性及传承价值。每个人的习性都是独一无二的，有其族群历史文化与实践经验沉淀的特质。

我们习惯于按自己文化中主流的正确思维方式去做事、评价和思考，但不同文化中同一个概念的定义和评价体系是不同的，与各自生态环境有着紧密的联系性、渗透性和系统性，影响东西方家庭的各自教育观，形成家庭文化的一部分。关于"可接受或不可接受，合理或不合理，重要或不重要"的心理评判标准和观念，都受到文化信仰、习俗和个人习性的影响，这自然影响教育方法的适用。

中国家庭的文化习俗、心理机制及其道德观，所引发的儿童青少年教育问题和根源，与西方家庭有明显不同，因此所采用的教育心理学、心理咨询方法自然也不能全搬照抄,而应选择性地加以分析、归类和思考,融合本土文化后再使用。

第四,如何使用文化来影响教育。东西方的个人成长方式、家庭生命周期形式以及家庭功能是根本不同的,深层因素还是各自的文化建构影响。经年累月沉淀的习俗、信仰和思想,使得不同文化可相互渗透,但无法被替代。没有本国文化和丰富的历史积累,难以从根本上解决生根在传统文化、习俗中的意识形态和心理问题。

1. 东西方文化融合对现代家庭的冲击。具有深厚中国传统文化传承的宗祠祭祀文化,集体拜祭信仰祖先的习俗依然在乡村沿袭至今。因城市人口流动基数大,传统信仰仪式逐渐被其他形式替代,比如城中村的同宗"大盆菜"习俗和网上追思拜祭等,在一定时间和程度上保护和延续着中国家庭传统结构和文化模式的内核,即家庭文化的"共生关系"。

但要看到,现代化的快速进程中,传统文化和家庭关系都受到了强烈冲击,尤其在西方文化和教育的输入后,思想、观念和信仰上都有了不同程度的变化。传统文化对现代家庭的影响不可忽视,对家庭关系和代际情感维系仍然起着根本作用。

正如西方医学以点对点消除致病因素为目标,而中医则是强化人体自身的整体疗愈机制,同是助人,但两者实现的途径是不同的。家庭文化的根源也是如此,东西方有着本质上的不同,引进需要本土化融合而非全搬照抄。

2. 文化差异背景导致教育的不同心理表现。西方心理学一直强调对孩子无条件接纳、理解和爱等核心理念要求,这与西方家庭的亲情疏离现状、孩子独立成长方式及强调隐私权等有关,但也可能是感情上过分依赖他人的倾向者,或性格相对柔弱的西方人习惯于将问题藏在心中,不轻易告知家人和亲人,导致心理问题出现的概率大。日益增长的社会心理问题使得面临解决的需求也越来越多。

而中国家庭长期以来存在"共生文化",亲情依恋、联系紧密、互相依靠是常态化,家庭支持度较高。一般情况下,中国父母对孩子的照顾是无微不至的，尤其在未成年时给予足够爱护和温暖，这对未成年的子代生长和身心健康十分有利；子代成人后，又将成年的世界当作父母之延续，就可能出现因父母过度介入其生活等而造成独立性差或个性压缩等问题。不过，相较而言，中国家庭造成心理扭曲和变态现象的程度和概率要远远少于西方国家。

3. 人类生存方式进化对家庭结构和功能的影响。原始人家庭雏形的形成本质上是为了保证生存以及防御外部危险的本能需求。但随着人类智商的提高，种群优化繁衍意识的产生，逐渐分裂成更适合生存发展的血缘家庭形式，这是自然选择的结果。而到了以孩子为核心组成家庭时，目的已不再单纯，男人可狩猎捕鱼，女人可采集做饭，共同生养后代，共享生存资源并抵御生存风险，在心理、情感和精神上更有分享交流、互动表现、探索自我的需要，家庭逐渐成为共同生活、更新自我、教育后代的能量场域。

在农耕、狩猎、游牧等生活方式中，家庭进化出各种结构和功能，随着社会不断发展完善，成员的依恋情感和个体意识发生了巨大变化，又反过来影响家庭结构和文化发展。因此，家庭结构和功能改良是人类群居属性不断发展的需要，更是大时代中人类繁衍和社会人口结构发展的需要。

4. 家庭教育需要寻找精神成长的"新因子"。与任何文化交集都需经历冲突、交融和平衡的过程一样，教育也需要不断地实践和沉淀。如今，在外来文化和教育思想不断提供给孩子成长的富饶土壤时，我们也需要注意根部的吸收，不能让它们枯根烂根，影响整个生长及社会生态。90后、00后等新生代的生长，大多数受西方"先锋""新潮"个性化文化的影响，在自我组织探索的路上打开了丰富和自由的视野，极大地促进了个性解放及创造力的迸发。

但是，当下家庭各种问题频发，更需要在文化和教育的深层次结构中找到适合家庭精神成长的"新因子"；让家长和孩子普遍了解东西方文化的差异性，及代际的不同历史背景、构成和观念等，是文化理解、认知家庭的需要。只有客观认识和理解这些差异，才能清晰地看到我们独有的家庭特点和资源,重新重视以道德价值观为核心的家庭文化的构建,有效确保家庭教育理念和成果的一致性。

5. 创新使用西方心理学及咨询技术手段。目前,我国的心理学、心理咨询及其技术手段主要由西方引进。如果直接用在中国家庭教育上,完全忽略中国的文化传统背景,那会造成家庭结构、"格序"、心理机制、道德观的混乱无序,引发代际价值观的冲突和撕裂、情感依恋和归属感的断裂等。如孩子正处在心理调整治疗状态或处理学习教育问题时,稍有不当,容易导致反噬或逆反,出现"越解决越混乱"或"躺平"的局面。

因此,从事教育和心理咨询的专业人士需要更多了解领域的社会人文,即在主观判定、测试量表、分析描述症候症状时,不仅要考虑心理原型、族群特点、数据理论来源及来自西方的历史因素,更要考虑细化指标所涉及的文化心理元素,尤其是对原有家庭结构、社会传统及个体习性等与中国存在较大差异的影响因素分析,必须结合本国文化和家庭特征,不断在实践中交融改良,摸索出适用于本土的心理学理论、咨询工具和技术手段。

》》》教育发展对社会道德价值观的影响

首先,学制及其道德教育发展的历史概况。

1. 中国早期学制的形成与发展。中国最早在父系氏族末期出现学校的雏形,如乐师演奏、贵族子弟学习的地方"成均",储存公粮的氏族老者传授经验的地方"庠"。到了奴隶社会的夏朝才出现真正意义上的学校,设在王都为"序",设在地方为"校",但教授内容都与军事相关。到了商代,才有了针对不同年龄区别、具备沿用至今的"六艺"课程、有着相对丰富教育内容的学校;中国学制相对于西方国家起步较晚,借鉴了西方现代学校教育制度,直到今天还影响着我国教育体系和学校制度的"癸卯学制",就出现在清末。

学制形式顺应时代适时创新和不断改革,是近年来社会各方关切的教育改革问题的核心。在东西方学制形成的历史发展中,教育是从少数达官贵族的特权慢慢普及到全体公民的过程,这是人类教育史上的巨大进步。

中国古代以及近代早期民间教育形式，主要以书院讲学及私塾家教等为主，对文化传递、人才培养做出过一定贡献，家庭经济、情感及教化等责任主要由家庭个体承担，所以如何在学制外对家庭进行帮助，是当今社会和相关部门需要思考、实践创新的教育问题。

2. 实用主义思想教育在中国的应用。直到今天，现代教育的主要组成仍是学制教育，而家庭教育是对学校教育、社会教育的一定补充。学校教育是传授知识和应对未来生活的知识技能学习，也对学生进行思想道德建设，尤其是集体道德意识的培养，这涉及个体和集体的关系、个体价值和集体化社会价值之间的联系。

对此，杜威这样描述：个体总是植根于特定的群体中，获得作为该共同体之文化传统或者道德习俗的某些价值观。其实，学制教育也是把学生植根于学校群体中，从学校的各种教育活动中获得可供未来使用的知识技能、规范意识、集体经验及集体价值观。

体现意愿、冲动、理想、目标的个体价值，与较为普遍的集体化社会价值，都是主观形式上的价值观，两者并不对立，是统一发展的。教育为人类发展和生存的客观价值之间的联系寻找或创造新的意义和媒介。

正如杜威所言：一个共同体或社会群体通过不断的自我更新维持自我，这种更新的进行，依靠群体中未成熟成员的教育成长。正如中国传统家族文化里，家庭成员的个体价值共同组成家庭"共生关系"的集体价值，又在其中得以实现个人价值的发展。这正是以实践为导向的实用主义思想在中国教育领域的早期实际应用表现。

3. 学校道德教育如何引导学生的正向思维意识。通过学校教育，孩子可以提升知识储备和人际能力，在过程中体验个人主义和集体主义，进行个人道德和集体道德的认识训练、是非判断、现实联系，对塑造或重塑孩子的道德价值观起积极作用。

在普及学校道德教育时，要用辩证思维对个体和社会价值加以引导，深化孩子的道德感受和认识，进一步正向强化思维意识的发展。个人有超越集体的能力，能根据环境的变化反思身处其中的习俗传统，提出新的价值理念。当该价值理念被社会广泛传播和普遍接受时，个人价值便转化为社会价值了。

由于自然选择和人类演化都以共同体为单位，从严格意义上讲，社会高于个体，尽管社会须以个人为其组成单位，但在本质属性方面，人的社会性是最根本的，而个体性是附属的。道德教育，实际上就是如何处理个人与社会关系的态度和行为表现，以及如何理解个人和社会的统一性等问题。如果把个人和社会看做两个分离的东西，就会陷入一些对立悖论中，造成道德教育意识的混乱和冲突，孩子就无法理解个体生命与社会的关系和意义，无法发挥对道德教育的主观能动性和兴趣。

4. 道德教育认知错误所导致的影响和后果。为了满足孩子个性化教育与差异化发展需求，除了学校和社会教育外，还要通过家庭文化的不断调整、改良，以及对家庭内外部教育资源的梳理、分层补充，给予孩子认识、探索及自我体验的机会，才能提供给孩子未来的感知、想象和思考的空间，建立相对稳定的人生价值观。

对于认知和经验都还是一张白纸的孩子，有些家长和老师却在日常生活学习最需要管教引导时，不管、不说、不做，认为平等和尊重就是完全放手、凡事应允、任其恣生歪长。这种不顾孩子年龄、特性和现实情况的"甩手掌柜式"教育，主要还是对道德教育的认知不足或错误认识所致，结果是孩子在家庭和学校中越来越难管，混乱无序，以至于当青少年犯了罪、杀了人时，家长和老师都难以置信是自家孩子、自己学生所为。当这类孩子步入青春期后，性情骤变，家长难以接受，又事事指责代入，彼此冲突越来越多，彼此痛苦，意外事件频发的往往是这类孩子。

其次，传统文化是中国道德教育的"文化基因"。

1. 教育自带"文化因子"。在了解中国现代文化与传统文化的联系、冲突和发展之后，我们更能理解东西方差异化的根源，尤其在传统文化对教育的影响上有了更多更深的理解，我称之为教育的"文化基因"。教育本身自带传统文化因子，受到时代大环境的影响，也受到教育者和被教育者的经验、认知和文化构成的影响。因此，我们谈教育，必涉及传统文化。良好的家庭文化,能让孩子拥有归属和信任感,以及被支持和理解的温暖,使其深深体会与家人的亲密联系。

家庭文化所带来的是汩汩而动的心流,是一种从外部环境及体验家庭"格序"过程中获得的精神能量和精神秩序的内化过程。在这个过程中,孩子由自发到自主,再由自主到自得,最后到自明,是所有家庭文化熏陶下的家庭教育的终极目标,也是家庭教育赋能价值的最大化呈现,影响孩子一辈子。

2. 家庭教育本质上是一种不对等的关系。如果一个人在特定环境里的经济和权力占主要地位,那么对于依附于这个环境的其他人就存在不公平、不对等的现象,这是集体管理的必然后果。养育者与被养育者、付出者与受施予者、管理者与被管理者等三重性质都存在于父母与未成年孩子的中国家庭关系中,在时间差序、经济物质、经验知识上形成尊重与被尊重、权威与认同、支持与依赖等交互作用表现出来的权力支配和被支配,是孩子天性发展自我价值实现和被认同的人性需要。有付出、承担和管理的责任,那在权力支配及关系上,一定存在相对的不公平、不对等,尤其在养育、教化和经济基本都靠父母投入精力、时间和财力的中国家庭。

因此,在中国家庭,完全要求孩子和父母平等,既脱离现实,也不合理,并且在观念上造成更多的误区,完全靠父母投入精力和金钱养育的孩子,如何能与父母的付出对等? 家庭教育本质上就是一种教育者与被教育者不对等的关系,我们提倡要平视孩子以及讲究平等,这是在具备一定的规则和管教基础上,在一定的框架内,相对于孩子的人格和个体尊重的需求而言,而非泛指。同理,学校教育的师生关系也一样,否则会出现当下家庭母父子女不配其位,以及学校里师非师、生非生的乱象。

3. 家庭文化可以打开孩子的视野和气概。家庭教育并非深挖知识高地,通过不同的家庭文化模式,凝聚出家庭文化,产生家庭驱动力。在高度支持和温暖的家庭文化中,孩子的身心得以放松,大脑进入最佳认知状态,更容易聚焦自己感兴趣的事,也能生长关心他人的能力;那些表现欠佳,幼年经历了贫困、忽略或虐待,或误入歧途的孩子,帮助纠偏他们的现实问题格外重要;在储满活力、磁场吸引、温暖感知的氛围中,即使父母不够完美,孩子屡出差错,许多听不进去的大道理、大问题,可以在不知不觉中被带动、被引导、被消化,能够使孩子在青春期不教自化、不教自清、不教自明。

好的家庭教育能打开孩子的视野和格局,大到世界、社会和种族,小到宗亲、家庭和个体,达到对它们的理性认知和理解。孩子在认知世界和具体思维之间,以真实情感建立起抽象概念、自我思考和选择,形成独有广阔的文化视角和习性,在认知模式、语言构建和思维定势上表现不同的个性和气质。

再次,从大时代背景下东西方文化交融的趋势进一步分析理解家庭教育的主要影响表现。

1. 养育方式在时代变迁中面临巨大的考验和变革。随着西方文化和教育理念的引入,个人主义现象日趋增多,过去奉行家族传统相互支持的"共生关系"被否定、分裂,随着城市化的推进,上一代经历过的所谓地域"共生社会"也消失不见。比如过去几代同堂的大家族生活场面、父辈同单位大院邻里互助等。当下家庭既没有完善成熟的"个人主义"支持体系,也没有"大家族"集体主义的支撑系统,失去了过去所熟悉依赖的生存生活方式,在没有形成新的可依靠关系和支持系统时,孩子越发难教难管。后果正不断体现出来,以致许多人不敢生育。

时代发展也会不断带来各种新问题,而科技经济发展必然带来突破和变化,人们不再需要高度分工合作才能生存下去,更为独立和自由,可依存的环境变得越发冷寂和孤独,对人类群居属性和心理发展影响深远。因此,不能只顾追求新潮和先锋观念,也要正视其中不断剧变出现的社会系列问题。社会底层逻辑发生较大的改变,正撕裂着中国传统社会的基本面,出现因时代快速发展而经验传递不能完全应付日新月异的新状况,导致人们更多的焦虑、不安和不确定,养育方式及人口结构也面临着巨大的变革和考验。

2. 在大时代大趋势中东西方文化上的冲撞和交融。在经济全球化趋势的背后,有不同文化的冲撞、交集和融合,也存在不同思想的交替、激荡与摒弃,更有不同文明的竞争、交融和共存。因为文化上的差异性,借鉴西方教育思想和方法时,势必引发人文信仰上的冲突和观念上的激烈碰撞,这引起我们更多的重视,并积极寻找合适的解决思路和方案。

在城市化、市场化、国际化的现代化背后,传统文化和家庭关系受到剧烈冲击,教育也在剧烈地震荡。如何在吸收西方文化和教育思想过程中融合本土文化,在传统文化传承上,以新的视野、素质和文化,及新的形式和新的观念体现在家庭教育中,是值得全社会共同参与、思考、实践和辩证的可持续过程,需要更多学者专家关注青少年教育,积极做出更多贡献。

3. 东西方文化交融出现的一些教育问题。那些中小学就在国外读书的孩子,接触西方文化的机会较多,在思想观念上已经发生了质的变化,行为习惯抹去中国传统文化底色,个性上更是要求绝对的自由和独立,见识上有更多的理解和想法。

反观他们在物质经济和责任担当方面,却还没做好对自己要求和约束的准备,还是"等、拿、靠"的心态。尤其独生子女一代,我们在调研时发现有相当一部分孩子表达出家庭财富就该归己所有,父母应该给予自己支持和承担,极少对父母养老陪伴等问题表达关切、照应和回馈,没有羞愧和内疚,也没有对父母表达关心、照应和回馈。大概这是物质东方、心理西方的"内黄外白"香蕉状态。

自然,这导致了心理意识、物质意识和道德意识分裂发展,无法达到它们的一致性,变成权利上看齐东方、道德上看齐西方的"文化异形"。还有孩子被养成只讲权利不讲责任的"巨婴个性",从小到大,事无巨细需要父母承担和解决,没有完整的自我组织能力和解决问题能力,远远谈不上如西方孩子般真正独立。

作为生育、养育、给予者的父母,当孩子要求得不到满足被反问、讥讽,被怒怼"为何生下我""生下就要负责一辈子"等言论时,感到撕裂、愤怒、焦虑。这些话乍一听让人瞠目结舌、不可理喻,但若从破坏中国家庭"格序"、东西方文化渗透交融形成的观念差异和冲击等原因去看待问题,就能很好地理解造成孩子和家长冲突矛盾的主要原因。

在这种东西方文化交融和冲突的现状下，家长如不能联系生活实际，真正理解"个人和集体""个人价值和社会价值""利己和利他"等概念的含义，没有一定的道德意识，在家庭教育方向和理念上出现大问题的情况下，孩子的认知意识就可能呈现混乱、无序和极端，甚至失控丧智，家庭教育深陷泥潭，家长更加纠结、痛苦和无助。

因此，教育孩子，须在东西方文化有效融合、理解孩子们吸收程度的基础上，有边界地接纳、理解和疼爱，不是无原则无框架地任他们膨胀和索取，要建构家庭规则和责任意识，并赋予他们能量和锻炼的机会，才能正确地为他们的人格分离和个性独立发展做好充分准备，既有温润如雨的爱护，也有培养自信、责任、意志力的坚定原则。

第四，以哲学观点理解东西方文化的交集融合。

1. 东西方家庭文化和教育理念的不同表现。只要了解个人主义与集体主义、利己主义与利他主义、个人与社会的统一性，就比较容易面对和理解东西方文化的融合及差异，也更容易理解中国传统家庭"共生文化"和家庭教育塑造道德价值观的重要性了。

东方讲究"家庭"责任，养孩子是父母、祖父母、外祖父母甚至一个大家族的事，西方则讲究个人自由，养孩子更倾向于父母自己的责任，偶尔让长辈看管，也需付劳务费，界线分明。东西方有着不同的家庭文化和教育理念。

中国正处在国际化时代，东西方文化的交流、摩擦、融合是一种常态和趋势。观念受到冲击，"大家庭"概念逐渐向"核心家庭"概念转变，某种程度上出现新旧观念的断裂，新的没形成、旧的不适用，核心家庭父母独自承担起一切，内外压力巨大。

这不是缓缓发生，而是骤然来临，让父母焦虑不安、混乱无序，养育孩子衍生出许多问题。现在教育焦虑已是普遍存在的情绪，引发诸多恐婚恐育恐生现象，是所有年轻父母都可能出现的问题，需要全社会及相关部门积极关注和应对。

2. 个人和社会是统一发展的。家庭教育的核心是道德价值观的塑造,这涉及"共利"和"私利"的问题,但我们总在处理"利"的时候,抱着二元对立的观点来看待个人价值和社会价值,错误地曲解了个人和社会的统一性。

人类是以种群和集群的方式生存,不断扩大社会协作和合作,在此过程中发展出智慧和各种生活方式;以主观和私人形式出现的语言、文化、经验、知识、思想等,根本上来说都是社会性的,在群居生活人际联系、情感发展和组织中产生;人格、自我、主观性正是不断参与社会活动发生交互作用后的个体功能表现。

杜威说,人的本质是一切社会关系的总和,个人和社会是统一于作为人类演化基本单位的共同体,每一个共同体都以维护自己的生存与发展为价值的最终指向,而价值又以共同体的生存和发展为旨归。

价值观和共同体相互交叠和作用,形成了人类社会纷繁复杂的新价值观,呈现出新旧交替的冲突、对立、融合的动态形式,不断促进行为、心理和情感等人性的表现和发展。在塑造道德价值观的过程中,教育应该起到必要疏导、适当控制和长期引导的作用。

3. 社会道德需要利他主义和集体主义制衡利己主义。当利己主义发展超过一定限度时,就需要对它进行必要的限制,例如英国学者哈丁提出的"共地的悲剧"和美国学者赫尔曼·戴利提出的"看不见的脚"等概念,都是在指出私人的逐利行为会不自觉地把公共利益撕成碎片,因此社会道德更需要宣扬利他主义和集体主义来制衡利己主义。由事到人,由己到外,我们在教育孩子时也要适时兼顾此类概念在现实生活中的具体诠释和应用。

有些学者说,当一个社会发展到一个较为发达的稳定阶段,那些追求个人利益的人反而会促使该社会的整体繁荣;一群持有利己主义思想的人,在恰当的时候,并且在保证公平竞争和无外力强制的前提下,反而更有可能带动共同体的整体利益;相反,如果每个人都毫不利己、专门利人,却可能造成社会的停滞不前甚至混乱倒退。

每个人在不受约束的天性中,贪婪自私的利己动机往往大于利他动机,但因受到社会文化教育的整体影响,就会出现心理上关于价值观念的冲突碰撞,从而影响道德倾向和价值表现。我们既要看到两者的统一性,也要看到两者的矛盾性,只有这样,才能更好地平衡"共利"和"私利"问题,相互制衡和发展。

第五,家庭文化自成一套意义体系影响着整个家庭教育。

每个家庭形成的文化自有一套意义体系,影响指引着家庭成员的行为、语言及思想方向,甚至整个家族。自有意义,意味着成长期间受到家庭文化影响,有效激活自有决断、承担和自主选择的意识。人因习性、道德观、童年创伤及各种教育影响因素,可能往良性正向发展,也可能往恶性负向发展,这时家庭文化的浸润对道德观的塑造就起到关键性的作用。

教育作为人类特有的文化现象,是基于孩子发展的实际情况,多层次多思维促进其本质由内而外的社会化活动;在增进孩子的知识和技能,适应环境的生存和发展的同时,将一定的社会性由外而内地吸收、内化于自己的过程,由此影响整个生活和学习的思想观念、价值观和信仰。

家庭如果没有文化这个内核,往往使孩子缺乏活力和创造力,整个家庭也趋于"空心化"。文化分派给家庭的角色是塑造心灵和升华思想,结合具体的感官体验及实用功效,保持对精神目标的尊重和生活向往,有助于把人生整理成理想和现实一致的终极意义。

〉〉〉中国家庭文化发展对家庭教育的影响

传统结构"大家庭小社会"的文化功能表现。走进苏州的名园故居,可以看到古时在传统大家庭中各个小家庭的偏房和庭院设计都围绕着地位较高的"长者"正房来进行,几代同堂都井然有序。在这样的建筑氛围中,人们可以感受到"中国式大家长制"的家庭传统结构特点及其权威感,彰显着家族本位和人伦道德的秩序。

"大家庭小社会"可以促进儿童的社交和情感等社会化功能的雏形发展,满足儿童成长的人际、情绪需求,使得儿童在较为温暖、持续、稳定的环境里健康成长;家庭关系趋于稳定,分工互助,对于大家庭中弱势个体、小家庭的生存发展起着一定的支持和保障作用,能减少或消除许多社会隐患;在传统家庭"情感共生"的影响下,家庭成员关系联结紧密,情感自然亲近,增强了家庭的归属感和安全感,营造着现代心理学所强调的低龄儿童需要的良好依恋关系和家庭环境氛围。

不过,对于日趋独立或已经成人的个体来说,自体边界感和力量感可能有点弱化,部分人需要在成人生活中再训练和强化调整。其中,束缚女子三从四德、男尊女卑等观念对于现代文明发展是极不可取的,与当代社会的现实需求更是格格不入,是迫切需要剔除的糟粕。

现代家庭文化的大构成对教育影响至深。新生事物都是在过去的基础上发展、裂变或突变而来,任何历史文化都有它存在的现实意义,影响着教育的思想、方式。正如钱穆先生所言:仅为一种凭空抽象之理想,蛮干强为,求其实现,鲁莽灭裂,于现状有破坏无改进;凡对于已往历史抱一种革命的蔑视者,此皆一切真正进步之劲敌也。

西方价值之所以可贵,正是在于它自身的独特性,而不是在于它的普遍适用性。中国传统文化亦自有独特的风格和魅力,可贵的正是在于它的道德体系和良知系统,是在社会现实践履产生的价值。对"正己""修仁"的设计,直接影响着几千年的传统和质朴民风,包括整个家族的认知、道德和信仰,在过去贯穿着每个家族的历史,在今天也渗透在方方面面,是中国现代家庭文化的大构成。在此基础上发展起来的教育,更是与过去、现在和将来的文化有着紧密的联系、延展、创新,对现代家庭教育产生重要影响。

警惕破坏传统文化造成家庭教育断层的"虚无主义"。对于传统文化教育,先贤志士一直在不断反思,去糟粕、取精华,构建出新的东西,但也出现过脱离现实、激进理想化的虚无主义,对整个社会造成危害,需要引起警惕。

比如,"文革"期间,家庭伦理、社会道德、社会秩序以及经济乱象丛生。教育也是一片荒芜,大量学生无书可读、无校可去、无学可上,或好斗残忍,或偏执使恶,或愚钝未开,造成无法弥补的教育断层。在今天,仍留有影响伦理道德的戾气残留,代价有目共睹。

家庭文化的构建及其作用。构建家庭文化,自然而然孕育出家庭内部的力量。这种力量所带动的影响,好比一个家庭的动力泵,源源不断,生生不息,跨越时间和空间,流向每个家庭成员的基因和精神,可以说是家庭文化的小构成。

当家庭交集运动、音乐、书香、艺术等,或者美食、旅游等,闲暇时光就成了生活教育,增长见识和情感思想,日积月累,成为"家"的温度和磁场引力,人们就能看到不同的"文化"浸润对小家庭起到不同的作用。如一个家庭所有层面都渗入了文化,必然影响孩子的情绪、精神和行为。

现代科技发达、物质丰富,这些有助于扩大家庭文化资源,更好地促进孩子的玩耍、美育、学习和心智功能。大构成有其历史发展的渊源和背景,取精髓、去糟粕;小构成有其现实的多元化和灵活性,平衡完善着现代家庭的各个功能。不管是大构成还是小构成,既与传统文化相关,也与现代文化紧密联系,整体促进着现代家庭教育的发展。

家庭文化犹如一座灯塔。家庭文化对家庭教育的构成、质量、效果起到重要的影响作用。一次温暖的晨曦陪跑,一次耐心的逆境鼓励,一次瞩目的才艺欣赏,一次欢乐的游戏交流……都可能像阳光洒在孩子的身上,金光闪闪。孤独、挫折、悲伤都会在潜移默化的文化氛围中慢慢消散。这正是家庭让孩子的能力和意识自发生长的力量。

孩子在吸收时尚先锋的特定文化时,自发认识到社会规范和道德价值的意义,感受到我们传统文化的独特历史和魅力,具备个人规划目标和自我组织的能力,就不会陷入观念的交替和冲突中。家庭教育不在于父母的高知、高视、高感、高能,在于相处时营造家庭文化细微浸润。对于每一个成长的孩子,家庭文化如一座灯塔,常照着远行跋涉的背影;有时,回过头来汲取一点光亮,瞬间心暖如春,生命力更加顽强而旺盛。

第五章 现代家庭教育是个性化教育

从古至今，随着生产资料的日益丰富，人类的整体进化得到高速发展。教育也在文化、精神、物质及技术的高度发展下演绎实现了物质生存教育、贵族精英教育、大众普及教育等三次革命。如今，正面临第四次教育革命的人工智能时代，技术创新进入了前所未有的活跃期，逐渐改变了人们学习知识、思考和交流的模式，也直接改变着教育领域的传统观念、渠道、资源、形式及工具。

教育者和被教育者的关系不再局限于师生，不论国内国外，千里之外的陌生人都可通过网络辅助成为知识输出者、教育者、授道者，不分年龄大小，能者为师；教育方式也不再局限于课堂及家庭面对面，在虚拟现实和增强现实的技术支持下，孩子在学习上有了更多的渠道和展示形式，也有了当代背景下的更多教育需求和平台，教育内容百花齐放，可以轻松获得各种所需。

在这种情况下，家庭教育的引导和帮助更为重要，需要不断提高孩子自行甄别和选择的能力，增加他们在众多信息中筛选有利于自己成长的老师、渠道、内容，成为有个性、学识、担当的现代社会人。

>>> 第四次教育革命是个性化教育时代

个性化教育，主要指孩子在个体化过程中如何去保护、激发并利用环境和孩子自身优势进行的教育。从宏观到微观、自由到训导，整合可用资源、兴趣动机、价值倾向等，逐渐形成孩子的个性特质、思想意识、优势能力。

　　"个性化教育"的提出已有十几年,大家对它耳熟能详,但大多数家长以为这是学校的责任,或是国家教育体制改革需要考虑的事项,而不关家庭教育的事。有的家长认为,每个孩子只要有自己的选择课程、兴趣与支配时间,打破传统统一授课的固定班级、教室,就能形成个性化教育,这是以字面解读"个性化教育"的狭隘意识。

　　以人工智能为时代背景的第四次教育革命,是在第三次普及大众的教育革命基础上,借助高科技不断迭代变革进行的个性化教育时代。为了解放和发展人类日益增长的需求,实现更多创新和操作可能,现代家庭将作为个性化教育发展的主要场域和路径,进行科学的环境梳理、资源统筹、方法整合等来增强现代家庭教育的作用。

　　我们正经历着第四次教育革命,需要根据这个时代的背景和发展趋势,对个体差异成长进行观察分析和引导塑造,客观判断现代孩子的心理特征、普遍能力,并利用人工智能,提供给孩子不同需求的实现路径和方法,达到既有个性又守规则的教育目的。

　　新生时代家庭教育是个性化教育。科技的高速发展和广泛应用,早已进入生活的方方面面,获得各种知识信息的便捷、迭代辅助工具的智能化以及多功能创新等使个性化学习的普遍实现成为可能,这将是"个性化教育"新生时代的主要趋势。

　　对此,学校教育和社会教育需要进行相应的变革,而家庭除了成为培养孩子情怀、产生毅力、激发欲望、产生动力的教育主场外,还成为影响孩子如何利用新生代资源解决现实问题、创造生活的重要因素。

　　个性化意味着一定的自由,社会化代表着一定的规范,新生时代更需要孩子发展出两者的整合统一,平衡虚拟世界和现实生活。通过家庭教育培养、训练及保护孩子天性中的自我意识、自我优化、自我创造的综合能力,应对现在和将来的社会发展,使个体生命鲜活、充满激情而生机勃勃。

　　从哲学角度理解"个性化"的本质问题。在个性化教育中,家长可以从哲学角度理解"个性化"的两个本质问题。家庭教育个性化原理及有效手段渗透在生活学习中,能够通透洞察、判断问题的发生及其根源,使教育理念、思维和方法更为清晰有效。

1. 个性化是个体特性和社会性整合平衡的问题。人类集体生活取决于承载着创新、关联、自愿而平等的个体化日常交往形式的集合倾向和目的。不管在什么情况下,从社会历史角度来说,人类社会演化都是以共同体为单位,个体融入共同体才能获得较为永恒的意义。因此,个体价值只有实际上是服务于种群或共同体的更基本、更底层的价值时,才得以实现自身的价值。

正如杜威所说:每一个个体,作为群体生活经验载体的每一个单位,总有一天会消逝,但是群体生活将继续下去;共同体追求生存和发展的客观价值是自然演化的结果,个人遵循自己的本性和潜能而行动、奋斗、思维,并设定理想,正是种群适应外界环境而开展的自然进程,同宇宙、自然、生命等世界基本要素及运作融为一体。

个体是群体方式的表现载体,群体是个体生存和发展的共同目的,它们本质上是一体的。个性化教育实际上是一种介于孩子天性保护与其社会化进程相互产生矛盾又协调发展的动态过程,是个体特性和社会性如何融于一体的平衡发展问题。

2. 个性化与社会规范是相互促进、统一发展的问题。在个性化成为目的之前,需要实现适应社会规范所必需的最小限度的教育目的。从教育动机的唯一目的性来说,它不可能是个性化。因为个性化意味着需要从一般性中脱离和分化出来,建立一种特殊性,这种特殊性原本就根植在个体的心理构成中,天然存在,由天性决定,无须刻意追求。只有当个体方式上升为一种规范,成为极端个人主义实现目的时,才可能显出它与社会规范的实际冲突,这便是我们习惯性认为个性化与社会规范似乎是相对立的原因。

人类群居需要适应大多数个体方式,又能够保障集体共同发展的生存目的,只有这样,集体才得到整体发展,个体才得到基本保护,才能在种群生存、关系维持及欲望生发的社会有序性的需求中应运而生规范。社会规范的普遍性、正当性和有益性是依个体方式的存在、交互及其定向需要而产生,有效性是相对的。因此,没有绝对的个性化,也不存在独立的社会规范,从目的、条件和功能来说,只要家庭教育做好了,孩子的个性化及其社会规范就能相互促进、统一发展。

现代家庭教育既是社会导向又是自然导向。在家庭教育中,婴幼儿在语言、行为、表情等方面,不断向父母及身边重要影响人物进行模仿、学习和联结,由此形成婴幼儿早期的社会交互雏形、情感表达。这些联结能力的刺激动机和兴致,往往在于父母的关注程度、陪伴机会和训练方式一定程度上影响成人后的个性表达和社会联结。父母在早期观察、尊重和社会教化中对孩子未来个性化发展有导向作用,但不同性格的孩子会有不同的自然表现,这是孩子天性中本能的生长导向。

因此,现代家庭教育既是个体适应社会未来需要的社会导向,更是人类发展保护幼儿本能需求的自然导向。个性化教育需要从孩子的特征及培养其适应社会规范的能力出发,不仅需要有理解和保护孩子天性的意识,还需要有不断激发孩子社会化发展的技能、思维和塑造符合社会规范的道德价值观等,促使孩子能够自发、自得、自信地达到心灵满足、视窗打开、生活技能提高,轻松适应社会规范的新发展状态。

好的家庭教育蕴含个性化教育意识。学校和社会提供给孩子家庭达不到的"社会交互"作用,由此获得社会知识、集体意识和规则感受,这对分化完善孩子的社会化功能有非常重要的意义,是个性化的必要组成部分。然而,家庭教育对于个性化教育来说,就像"房子"的地基、"河流"的发源地,影响着孩子整个人生成长过程。

好的家庭教育必会蕴含个性化教育意识,以尊重孩子的个性发展和需求为原则,注重规则、参与、合作意识的培养,通过家庭结构和文化的不断构建、优化组合等方式,并以家庭内外部环境资源的梳理、分层、补充,组成核心优势,给予孩子自然认识、探索及自我体验的过程。只有这样,才能建立相对稳定持续的教育观和框架,提供给孩子必要的感知、想象和思考空间,满足个性化成长的必要条件。

学校并不是真正适合孩子个性化教育的场所,它一般是为了满足社会政治文化利益最大化的极致需求。当前学制教育仍然以工业集群化发展所需要的产业知识、技能以及大量工业集约化所需人才为目的，进行社会化规范训练，个性相应受到制约。

内化实践经验、融合个性化教育达到实操方式。 有的家长面对"别人家的孩子"优秀时，不自觉地想去了解和学习；有的遇到了教育问题，会参加各类教育课程及学习各种心理技巧；还有的自家孩子各方面表现不错，但怕错过优势或者拉后腿，也拼命学习各种教育知识。可学来学去，理论和方法一大堆，用到自家教育时却发现，要么不适用，要么不太实用，要么用不到。

各种养育信息、心理技巧、教育方法多如牛毛，家长却视这些为养育的通用方式，既没识别其内涵，也没意识到实操经验的重要性。随着年龄增长，不同个性的孩子必让家长经历不同的养育感受和信念，由此沉淀出教育经验和方法。父母需要放弃标准化的养育执念，多观察孩子特征及梳理环境，内化实践经验、融合个性化教育的实操方式，才能在家庭教育中实实在在支持帮助到自己和孩子。

>>> 个性化教育实践的心得体会

当我们对时代背景、个性化本质及个性化教育了解之后，接下来就是如何践行个性化教育的理念和意义。以下几点是本人实践个性化教育的经历体会，可供大家参考。

个性化教育不能成为"空头支票"的宣传噱头。 早在 2008 年我准备创办 1600 多平方米的校外机构时，就以"个性化教育"为核心理念。我在言语表达、行为方式及规则意识等方面细化辅导流程和观察统计要求，作为老师的日常实操；再根据观察和统计的数据分析，作为设计"心智课"的量化指标和考核要求；又经大量个案面询经验汇总，推断出影响人体机能、神经系统运作及教育效能方面的诸多因素，为此我详读 150 多本专业书籍、做了 50000 多条笔记后，产生一套系统性阐释个性化教育及实现途径、方法的五大模块理论，即"统合教育"。

"个性化教育"经历了 15 年之久摸着石头过河的尴尬和茫然。通过实践摸索、学习、量化、实证,我不断修正和调整实践经验的方法和理论,以严谨的态度去深耕、实践,获得最后的理论沉淀,形成自己的研究方法、知识系统和模型,为的是个性化教育不能成为"空头支票"的宣传噱头。自然,对家庭教育有关个性化部分,我更是着迷般反复实践可操作性,希望更简单、有效地被家长、老师理解和应用。

践行个性化教育由来已久。伴随着思考大一统的现实教育体制中个性化教育到底是什么、真正的个性化教育要如何设计实现路径等问题。我对孩子各种表现和反馈进行统计,如个性化特殊动作的比较,辅导前后各种表现和效果的对比,包括学业水平。把学习当成一种引导孩子心理、行为及刺激认知的有效媒介和手段,融入符合孩子个性特点的调整技巧。我侧重于辅导后提高自我学习、解决问题的能力,不再是成绩多少分的结果。

我根据一些原理进行各种刺激源的设置尝试,对孩子辅导效果从单课转变为联动全科。经过临床试验发现,学科迁移能达到比较明显的能力提升、注意力聚焦、情绪调整和建立学习机制等效果。后来我发现"个性化教育"被喊得泛滥,并没有多少可实操的内容,认为"心智课"更加有别于其他机构且符合孩子社会功能发展。实践了很长一段时间,却发现存在不现实的问题,最后才从三个"统合"层次中,确定为"统合教育"。

"统合理论"的个性化教育实践。早期根据自己孩子的不同性格,我采用"统合教育"不同方法,激发孩子各自的学习兴趣并协助他们建立学习机制。他们基本靠自我学习和良好习惯,没有校外机构补习的经历,考入自己的理想大学。孩子从小热爱生活,一般在家时包揽做饭洗碗等家务,与父母无话不说。

对于那些恢复健康生活、回归学校的厌学和休学学生,我从各自性格特征出发,重点考虑个性化过程中存在或缺失部分。我利用"统合教育"高频率带动正向发展、覆盖阻断负向发展的理论,对青春期叛逆、注意力分散、情感障碍、网瘾甚至低智商、精神轻微分裂等症状进行综合调整,依据孩子的年龄段、心智程度、认知水平及环境资源进行日常疏导,结合个性化方法指导家长，打开孩子的学习"任督二脉"，使之能够有效自学与社交。

由此，在辅导青少年学科偏差、调整行为偏差以及纠正心理偏差等临床经验上，经过家庭访谈、沟通和反馈，在梳理家庭、解决问题等具体专业技术和方法上，我进行了大量情境细分和数据比对，整理出统合教育是个性化教育的理论脉络、底层框架和实现途径，对"心智"也有了更多的认知和理解。

个性化教育与心智发展的关系和影响。"心智课"实践个性化教育理念，我走了许多弯路和岔道。直到看了国外学术界有关心智方面的探讨和分享，再结合自己的实践思考，我才意识到心智原本是人类长期活动进化后自然积累下来的结果，涉及人的各种功能发展过程和完善程度，包括思维定势、情感意识和基因遗传等，由感知系统的先验素材积累，形成想象经验应用到现实情境，再由感知系统获得实践经验。因此，心智与认知系统、实践经验、地域人文和知识构建有关。

心智不是上几节课或仅靠外部力量在短时间内就可以改变或局部影响的，是学术研究关于人的智能机制进行外部化的概念性表征。以目前的科学技术和能力，还不能分解和量化分析指标，更不能设置有关教育课程和心理咨询辅导，只能看成一个整体发展来比对教育效果。因此，作为课程内容或者实操技术，心智课并无太多意义，充其量只是吸睛效果。

所以说，心智只能作为孩子个体化进程中的整体表现和内在功能分化呈现的综合指标，即人类心理活动和智力表现的总称，这是我常对家长说"教育不能太细节化"的原因之一。在独立自我意识形成的过程中，如何有效保护并利用孩子自身心智的优势差异，进行启蒙、激发、想象、超越的个性化教育，主要通过家庭来实现，而相对学校和社会教育而言，实操个性化教育有一定的局限性。

守住原则尊重个性。多数家长希望自己的孩子与众不同，但在教育孩子时，又常常沿袭众人路线来实施和实现。似乎普通家庭孩子的成长路径很难走出与众不同的轨迹来，但并不意味有觉悟有智慧的家长，就能让孩子获得相对个性化的人生。有些孩子出现严重情况，恰恰家境良好，家长是重视教育的高知。究其原因，有家长自身因素，更是不断变化的现实环境和一成不变的教育学制模式不协调和冲突造成的。

家长过往所受的教育时代背景下形成的教育观，与现代教育背景下成长的孩子的观念和理解不同导致冲突发生。在家庭教育适当设置框架时，既要有原则也要相应放手，尊重孩子个性，也要给予适时约束。家长尽可能在微观方面发现孩子值得欣赏的表现或天赋，才不容易陷入被社会统一标准限制住的意识巢穴，做出冲动的批评、"以点概面"有失偏颇的否定。

家庭教育应当允许孩子有个性，可以与父母做事的风格背道而驰，但须有底线，不可站在人性或道德甚至法律的对立面，做出反人类、反社会、坑人害人、扭曲心灵的事情。

以"爱"滋养心灵并以"生活"培养责任。个性化教育需要家长对孩子进行观察、分析和判断，关注他们当下或未来的发展趋势、优势特征、价值观及其社会性目标要求；特别要注意孩子的受教育能力、心理倾向、个人趋向、行为动机及需求的差异化；同时要加强孩子的自主学习能力和认知程度，利用现代科技工具及平台提供各种学习路径，激发孩子的好奇、探究、创新和想象力；最终形成热爱生活、自我教育、终身学习、尊重生命等核心价值和社会道德，让个体独立而有责任，有能力和毅力接纳社会现实的不确定性，从中找出确定性。

寻找确定性是生命安全感和归属感的本能需求，从不确定性到可以确定，是生活感受、学习知识、实践受教育的过程，从而塑造个性和价值，赋予生活的意义。根据孩子差异化发展与个性化教育需求，孩子除了学科学习，更需要在家庭教育中以"爱"滋养心灵、以"生活"培养责任，再以责任收获幸福。

〉〉 解构个性化教育

通过个性化含义、原理及实践的阐述分析，我们可以尝试探讨以"个体历史"为媒介解构个性化教育的理念及作用，以便联系历史整体理解现代教育的个性化特点。

　　统合教育是个性化教育的应用和方法论。每个人或群体都有各自的特点、不同的局限性，随着时间的推移，通过一破一立、再破再立、不断破立的循环过程，形成各自生动、丰富的"历史情节"，成为探究和认知世界过程中的"先验素材"。因此，"统合教育"是包括社会、学校、家庭在内的整体教育观，在不同时间和环境、不同状态和形势、不同事件和情境下形成的生理、心理、行为和精神层面的全教育应用和方法论。

　　教育是文化不断内化成意识、思想和行为表现，是"个体历史"与环境交互作用及创造自我价值发展的过程。被教育者需要不断收集各类知识、情感、图式等素材，在实践体验中进行比对、辨别和判断，形成确定性的自我经验和主见，成为将来对不确定事项进行分析判断的"先验素材"。这些"先验素材"是教育者和被教育者"个体历史"的联系、交集和影响，是形成批判性思维及教育内容的动态储备。

　　个体发展就是一部"生活"历史。有的人自读书开始就特别珍惜每次飞翔、每个脚印和声誉，且喜欢收藏自己的成长见证，想象未来。这类人的特质中总会有一些对自己的信仰和个人的拓展，就是坚信自己在功成名就之时，这些非常个性化的先验材料和记忆能够成为自己的"个体历史"。其实，这是个体化过程形成价值外显交互、独立自我意识的结果，是普遍实现个性化教育必要的条件和路径。

　　中国家庭"共生文化"发展中，"格序"规律作用于家庭及每个人，反过来默会隐含的运作规律也受到家族历史和文化的作用。家庭教育也不例外，受"格序"及其他因素的影响，尤其是受家族共同体的历史发展影响。例如，某些农村地区沿袭至今的宗室宗祠文化正是由传统文化中的祭祀仪式发展而来，它既是一个家族精神的传承，也是一部家族共同发展的"生活历史浓缩版"，在风俗、习惯和思想意识上都影响着子嗣后代。

　　有感"历史三段论"来解构个性化教育。从实用主义的教育哲学角度来看，客观世界即是我们的"生活世界"。教育需要从"生活"中进行，而"生活"无处不在、精彩纷呈，纵观"生活"间流淌过的世间万物，无不打上历史、时间、空间的"烙印轨迹"，它们是鲜活、具体、可视的，是事物本质存在发展的"历史轨迹"。这个轨迹不是直线静止，而是曲线动态发展的。

教育应当联系历史并在它的基础上不断发展，当然，联系历史不是为了读史，是为了从中汲取经验和教训，萃取精华和营养，结合生活和学习，在实践中摸索出真理，反复沉淀、思辨、创新，建构新的教育思想和教育理念。为了相对清晰地理解个性化教育理念的形成和作用，我以三个不同的关注侧重点"构建""态势""情境"，分别对应家庭教育"长""中""短"三个层次的纵深时间，尝试深层次解构分析。

这是有感于法国历史学家布罗代尔的"历史三段论"，他认为审视人类历史需要融合多学科、跨学科的方法论，才能得到整体史观。这恰好与我经过多年实践、重新审视现代及后现代个性化教育涉及多学科跨学科融通而得到的相应的全教育观何其相似，启发我解构个性化教育的全面思考。

"个体历史"的三个层次。现在我们借助布罗代尔的视角来分解家庭教育中"个体历史"的三个层次，进一步理解个性化教育：长时段大背景下的时代和历史文化联系、中时段内形成周期性的影响作用、短时间内的当下情境投射。

第一个层次是"长时段"，主要是为了了解和观察个体背景沉淀和趋势，构成"个体历史"的深层次结构。侧重于关注世纪、朝代、祖辈长期不变的共性现象或者相关联系，是构建个性化教育整体发展观的基础。比如，民族文化、区域性大环境、儒家思想，以及家族系统、家族荣誉、几代家庭延续的祖训家规等，这是"个体历史"的"地理时间"，对个性化教育的主体"构建"及其根本组成起到决定性的作用。

第二个层次是"中时段"，主要为了参考和比较一段时期内个体的"态势"，是"个体历史"发展进程中个体化结构组成的重要部分。侧重于关注较短时期内起伏兴衰、形成周期和一定节律的现象，是个性化教育比对适应当前现实和形势采用方法原则的依据。比如，当下的道德秩序、法律规则、教育生态，及家庭人口消长、经济增减、新生和解体现象等较短时间内发生的"态势"，这是"个体历史"呈现的"社会时间"，对个性化教育框架及其效果起着直接和重要的影响作用。

第三个层次是"短时段",主要为了观察个体感知和体验"情境"事件的反馈,是"个体历史"发展进程的表面层次,就如转瞬即逝的"闪光尘埃",侧重于关注现实发展中的一些突发性事件的即时情境,是个性化教育即时采用丰富性、灵活性素材的过程。比如,意外事件、打架斗殴、社交活动、学习考试、家庭生活等,是"个体历史"的"个体时间",对个性化教育的发展进程只起到微小的作用,但对具体认知能力的形成和完善却起到显著的促进作用,对全教育观的成效巩固有着不断增强和保障的功用。

通过这三个层次的构建,我们可以理解个性化教育形成的路径和原理,明白家庭教育为什么需要注意个体的性格特质及环境,为什么要关注现实社会的文化、经济、政治、环境等人文因素对个性发展和观念的影响。当我们对个性化教育的不同层次构建、内容和过程有了相应的认识和新的解构后,在家庭教育过程中就会慢慢渗透这些理念和方法的应用,从而提高家庭教育的作用和效果。

通过不断完善"个性化教育"的技术手段和方法,逐步在家庭教育方面深入实践,进行以教育学为主,结合社会学、语言学、脑科学、认知科学、心理学等跨学科知识的融通模式,引发孩子对自身成长形成概念化的思考,联结家族家庭—个体的历史,构建具有生命意义和精神层次的个性化内涵。在比对一定的临床经验和理想效果后,才开始适用到青少年儿童的教育个案面询,融合教育指导并赋能家长和家庭,积极学习实践。这是不断构建、塑造、重建个体认知和价值观的过程,是统合教育实现系统性条件、操作途径和方法论的核心理念。

》》》做好个性化教育的几个"需要"

需要适当培养孩子的竞争意识。人天性就有不断与环境斗争、适应、征服的欲望,一味地逃避和顺应并不符合儿童具象感知和自我评价体系,削弱生存的竞争能力和动力,成人后出现退缩、佛系、避世、厌世等可能倾向,不能促进儿童自我力量的支配感及承受对抗外部带来的冲击、伤害,是日后成长中造成许多社会问题的根源。在个性化教育中,适当培养孩子的竞争意识是必要的,是儿童在连接社会及他人有效情境启蒙的途径之一,是儿童自我发现、自我挖掘、自省修复的原初动力。

培养竞争意识,首先让儿童在简单比较中感知环境的差异性,形成自己与他人既有联系又有区别的整体认识;其次让儿童在差异化发展中慢慢体会各种荣誉或挫败,形成自我纠偏、调整疗愈的能力;最后使儿童在模糊竞争意识中逐渐聚焦自我能量,在确定性中感知自身方向和位置,以超越过去的自己为成长目标。根据不同个性和生长环境取舍教育方法,培养健康的竞争心态,是青少年叛逆期一剂可用来化解冲突并扭转意识的良药。

需要关注和解决现实问题。许多中国父母溺爱孩子,包揽一切,生怕碰着磕着,把自己当成孩子的"软包",防止日常生活中的碰撞摔倒及情绪生发。过度保护只会让孩子失去体验想象和感受觉察交互环境的能力,导致长大后"以我为中心"的自私意识越发膨胀,与周边关系不协调、不和谐、起冲突,出现问题也喜欢找理由抱怨环境而非解决。孩子的成长是渐进过程,在生活的安全感中发展出与人相处的自信、平衡和稳定,热爱生活,珍惜生命,不断形成与主观认知环境发生的总和关系。

有些父母对孩子有爱和关心,却不懂得如何去爱,这是中国家庭教育常见的现象。比如,当前孩子不管是在生活还是学习上喜欢以"对等交换"的思维面对当下,做班干部要考虑是否有好处,做难的作业要求家长给予奖励,煲个饭要家长买份喜欢的饮品……这些看似问题不大的小事,家长常喜而应允,有时还觉得孩子精明、长大后不会吃亏,殊不知这把认知和探索世界的自主性慢慢削弱了,将他们的满足感聚焦在"交换价值",而非事物本身的理解和接受上。当生活和学习没有"直接利益"时就缺乏兴致和动力,渐渐失去影响意趣和心智的"生活滋养",毫无乐趣可言,这些是需要关注和解决的现实问题。

需要理解边界、自我和能力的含义。在个性化教育中,家长和孩子都需要培养一定的边界感。大多数人都以自己的经验和期待对待周边人,并更多以"我的身份和认知标准"权威要求他人,其中隐藏强调"我"的意识,而非他人。家长的思想和能力受制于自身条件和局限性,也受主观意识、知识背景、生活经验及功能发展程度的影响。家长以自己的思维处理方式代入孩子,或以自己的标准要求孩子,或做孩子能力范围的事,或孩子以别人的评价、建议对自己定义,都是没有边界感的表现。

家长的"自我"总会给世事归类,做出毫无边界的定义和标签,一小部分基于孩子的行为,更大一部分基于孩子带给我们的感觉刺激。当内在的自我价值被削弱变得更小时,导致的羞耻感立刻让人感到熟悉和聚焦,倾向于不假思索地吸收负能量,这时边界感很容易被侵入或者忽略,造成次生伤害。

简单的事件或标签并不能定义孩子独特的性情和品质,许多孩子事实上并没有那么任性或叛逆,他们的精神力量强大到与家长观念发生冲突,突破家长的理解和接受边界,是家长无法面对失控和不确定的感觉而已。每个孩子都有自己的潜能,潜能的效力不是与未来有关,而是孩子已经拥有的能力要被看见、被挖掘、被拓宽,被积极影响和激活。

只有当家长没代入或弱化这些潜能,基于孩子自身富足充盈的"先验材料"和品质,而不是成人强灌给他们的东西,孩子才能活出当下和未来的能力:不管"过去怎样"和"未来怎样",可以无视那些世俗认为可怕的"如果怎样",能够具备面对现实的勇气、意志和魄力,让自己"想怎么样"。

需要在关系变化中不断摸索获得。孩子的个性化成长是在变化的关系中不断挑战、突破以及修复受损的过程,通过摸索、体验和总结获得自我成长。一般情况下,家长尽可能在孩子合理的挑战前止步、示弱,真心实意地认识到大多数困在自己信仰里的一些文化习俗和观念,包括意识到自己和孩子之间的边界,加深彼此的关系,在变化中不断摸索,远离"好"与"坏"的二元论标签,这样才能让孩子得到个性化成长。

亲子关系不是顺从、服从或否定的关系,不是孩子让我们看起来如何或是感觉如何的问题,而是要把理解和相互尊重作为关系的底线;想建立真实走心的关系,要重视教育孩子学会倾听他人的声音,可以不害羞、不害怕地说真话,大方自信地表达自己的意愿和客观性。如果家长在孩子面前把权力都赋予自己假定为全知的一方,而孩子成为被标签、惩罚、服从的一方,对孩子的期望要求总比对自己、配偶或朋友的还高,那么家长更要注意这些要求是否合理或投射了什么。

总之,家庭教育个性化的目的是让孩子敢于试错,且能找到修正错误的方法,在考虑尊重当下现实条件及合理需求后,不受外界影响,大胆追求自己内心的渴望,摸索实现自己想要的生活方式。而家长要做的是在这些过程中进行教育并塑造出孩子的个性来。

需要注重培养孩子的自我意识。关注孩子本真个性时,我们发现孩子其实拥有不止一种品质或能力。在条件成熟之际个性能激发更多的社会能力,是伴随孩子自我意识觉醒的"发电机"。孩子的能力表现不断变化,各有千秋,有天赋异禀、古怪精灵、平庸入场或临时爆发,都与自我意识有关。

个性化教育注重培养孩子的自我意识、自我关注、自我价值。当家长与孩子的"自我"发生冲撞时,告诫自己先冷静下来,不要急于强迫孩子认同或服从。先让孩子学会觉知当下感受,激发他无限可能和活力;再提醒孩子面对难以达到的情形,衡量和比较外部标准,在了解规则和自然规律中拥有自己的思考发言权;最后让孩子意识到从外部控制到内部控制的转变,才能思考甄别和选择决定,形成有利的自我意识。

评判"好"孩子时,感觉一切都在掌控中,对于"坏"孩子则失去控制感,增加了不确定性,扰乱做事的秩序感和判断。当家长自身存在匮乏感或者熵增时,心理则更需要孩子被贴上高人一等的标签,满足自我需要,却不是孩子的需要。因此,有效区别家长的自我需要及边界,是培养孩子自我意识的重要因素。

随着大时代信息多元化及科技等辅助手段高速发展、教育环境的变化以及现代家庭的需求,个性化教育正在成为这个时代生命力和创造力的来源,成为第四次教育革命的核心理念。那么,作为家长,我们是否做好准备去应对这个充满智能科技感却又叠加各种问题的个性化教育时代呢? 现代教育是让人成为有价值的人,让生活成为有意义的生活,而个性化的家庭教育就是一切意义形成的源头。

第六章　教育要注重人的功能协调发展

任何实验和理论方法都是为了解决现实生活中的问题,提高人们的认识水平和适应技能,否则就毫无意义。"统合教育"也一样,是为了帮助解决儿童成长的现实问题,提高教育认识水平和理念方法。但该理论水平的提高和普及还需要一个漫长的过程。任何教育,既要注重人的"硬件",即身体要素,如大小肌肉群的发展;也要关注人的"软件",即感觉知觉和信息加工等功能,如无意识动作;更要关注促进自己进步的知识、技术和方法等,逐步达到家庭教育理念和具体实操模式的融通。

对于身体机能的发展,作为家长无须一一了解,但对教育功效有着重要影响的基础功能和附属功能、无意识动作的影响及语言表达等方面,需要大概了解,以便帮助我们更多理解孩子身体功能发展的规律和变化特点,从而找到匹配孩子的教育方法。对此,我根据人类的进化功能、环境发展及自己的实践经验等,尝试以天性、个性、环境、智商作为四要素围绕着孩子的教育进行设计,打造统合教育理论的基础总模型。接下来,我们来学习了解几个与家庭教育功能普遍存在紧密联系的知识内容。

》》》平衡发展基础功能和附属功能

美国教育心理学家斯坦利·霍尔指出,一般情况下,人的低级功能优先得到发展,如果发展得不健全,紧随其后发展的高级功能就面临着被妨碍、干扰、扭曲的危险。在人体及遗传研究的科学实验中发现,人的遗传天性和本能主要决定人类的基础行为,即低级功能由大肌肉群的功能发育完成,而附属行为则由后天的教育所影响,即高级功能是由小肌肉群的功能发展完成;只有在基础功能和附属功能都完整发育的前提下,才能让所有的肌肉正常生长,获得充分永久的成熟,才能完成要求更高、更精细准确的动作协调,达到身体功能发展的长期平衡。如在青春期,孩子动作木讷、举止笨拙,则标志着他们在这两者的发育上暂时或永久失去了一定的平衡。

从某种意义上说,青春期是一个全新的重新认识生命的阶段,人类更高级也更加全面的特性特质,在这个时期开始萌发并得以迅速生长,身体素质和功能趋于成熟。这个阶段取得的发展不再由遗传特性决定,更多取决于外部环境。身体与精神所显现的品质,在对付环境的变化和适应方面,远比此前所显现出来的遗传特性更占优势。

大肌肉群到小肌肉群动作的转换进化过程。有关身体功能的研究表明,大肌肉到小肌肉动作的转换适应过程,是从基础功能发展出附属功能的过程,必须经历持续的阶段和一定的时间才能完成,通常持续到青春期阶段。有过相关研究的科学家都普遍认为,测量肌肉结构及其功能的正常发育情况,最好的方法可能就存在于从基础功能到附属功能发展的过程中。

基础功能主要负责躯干及大型关节、颈部、背部、胯部、肩部、膝部、肘部的大肌肉群及其运动,也称为"核心功能",是人类早期进化出来较为简单粗糙的低级功能,却是生命的基本功能。这些肌肉群的活动量相对较少,绝大部分是同时发生、有节奏地交替进行,例如在行走状态时的双腿、摆动的双臂等,这些方面与体型更大的动物是相通的,具有遗传特征。附属功能则是在前者基础上产生与一系列复杂化、多样化的行为有联系的活动,比如与手、指头、舌头有关的写字谈话等活动,最为典型的是那些小型数量众多的肌肉群,它们的功能在个体发展进程的晚些时候出现,是一种更高起点的进化结果。

大、小肌肉群进化发展出不同的功能。大型肌肉具备双向或者同时有节奏运动的能力,在人类进化的最后阶段,它们的活动才变得更加精确细致,准确完成各种复杂特殊的动作。如人类的抓握力量一部分是由动物前肢移动功能进化而来,一部分是在此基础上发展出的新功能来支持实现。

另外,有些无目的的自发跳动、手指和手部缓慢有节奏地弯曲、伸展活动,或许是远古时期遗留下来的树上生活方式,还可能从更久远的水生时期残存而来,这些活动在人类身上不断地进化和整合,逐步分化出精细活动。

这些小肌肉被大多数学者称为"思想的器官",在意识层面哪怕发生最微小的变化,也能让这些肌肉的紧张随之变化,包括不能灵活地动手指、不能有意识地蹙额皱眉、语调平板不能富于变化,都与这些行为相关的附属肌肉系统控制、在发展过程中受到抑制或遭遇功能衰退所致,也可能是彻底失去了完成这些精细准确动作的能力导致。

一般情况下,在青春期,大肌肉群的基础活动及小肌肉群的附属活动等练习和训练都已基本达到成熟,它们的发展协调而有力。大肌肉群的基础活动,是人类功能发展相对较早的成熟部分,虽是低级功能,简单粗糙,却是不可或缺的核心功能;只有强壮的肌肉才能作为表达意志力的器官,才能有健康的意志力;组成意志力的忍耐力和自控力,与其他发展出的功能一样,都依赖于大肌肉的习惯和意识。

因此,如何通过肌肉训练使孩子变得更有力量感、有序感以及规则感,是自孩子出生以后家长首要考虑的尝试目标。小肌肉群是为了进行更加细致精巧的动作而准备的,它们的功能成熟得相对较晚,主要是在大肌肉群功能发展良好的基础上发展出来的高级功能,与一些心理活动相关;称小肌肉群为"思想的器官",即指心理行为反作用于肌肉群的具体表现,是持续不断地通过指令对它们施加影响,这种影响即使不能引发实际运动,也能逐步改变肌肉的紧张强度,以及人的思想、情绪感受性。所以在养育孩子的过程中,需要提供匹配的情境去刺激促进小肌肉群的发展程度,对于孩子的灵敏度、感受性以及快速统合的能力有着重要的作用。

大、小肌肉群功能出现不平衡发展的问题。在大工业化的人工智能时代,人类大脑高度发达,已经无所不尽其用,但在我们充满各种刺激因素的生活及令人焦躁、遍布挑战的环境中,日常活动总的分布于大小肌肉的影响,已与身体发展特定阶段的重要性严重不成比例,甚至导致了失序、失衡、不和谐的扭曲。

过早开发孩子小肌肉群的精细化运动和支配,忽略大肌肉群基础性的粗糙运动和训练,会导致那些更大型的肌肉及更基础的功能发育不全,造成某些方面甚至所有方面都过早成熟。当发展到更高层面且这些肌肉群崩溃时,通常意义上的瘫痪就发生了。例如在相关书籍实验资料中实证我多年不赞同幼儿园时期握笔写字的原理,就是在大肌肉群功能发展尚未完成时期,要求学龄前儿童进行大量需要写字、计算等有细致度和精确度要求的活动。这在功能和发育不协调时通常导致许多问题的出现,尤其在学龄儿童身上发现一些不自觉的动作及舞蹈症的抽搐症状,如不加以关注和调整,则可能出现手抖、多动或注意力不集中等问题,或将刺激影响源自心理活动的障碍发生,导致青春期出现更多身体机能发展上的不平衡和情绪障碍状态。

丰富的基础活动是孩子成长中保持良好状态的源泉。强调丰富的基础活动,是为了提醒家长在家庭教育"预防阶段",需要重视孩子身体机能的全面发育,在青春期要安排更多运动锻炼和郊野活动,这是孩子成长中保持良好状态的源泉。它不仅是对一些现状调和的有力补充,还有疗愈附属系统因发展不平衡而导致各种障碍的价值,比如对一些心理行为的辅助调整,同时,还是防治各种烦躁紧张状态的最好手段,能刺激分泌有利于身心健康发展的各种激素,如慢跑或游泳过后分泌的有助于睡眠的褪黑素、有利于心情愉悦的多巴胺等。丰富基础活动,能够培养自信心、自控力、心理和生理发展的平衡感等。

在孩子发展的不同时期,基础活动和附属活动因所占主导地位的不同,对孩子的身体机能影响也不同。家长在评估孩子的活动状态时,可以把身体的各种活动状态当做一个整体来考虑观察,不需要把各大肢体的基础活动及各种精细的附属活动加以区分。例如幼童的运动总体包括各种活动的数量、重复频率、多样性及活动之间的融合程度,若孩子行为非常协调且有规律地结合在一起,对引发他兴趣的活动跃跃欲试,似乎有使不完的劲,这类孩子的身体机能发育就会非常健康有力。直观感受孩子的整体状态就可以了,没有特殊情况无须做特别细致区分。

"精细"和"粗糙"动作发展不平衡导致的问题。学校和幼儿园的教育，往往过于强调对那些附属肌肉完成精细动作的训练，这些类型各异、精确度相似的活动通常是不协调的，给孩子带来的压力导致各种情况频出。如让幼童不断地用小舌头说话、小肌肉奋笔疾书、持续训练精准动作的完成等，都是功能不成比例的训练方式，造成说话含糊不清、握笔姿势不准、兴趣骤减等现象；这些附属肌肉加在一起也就只有一点点分量，那么长时间进行精确度要求高的活动会让低龄儿童感觉无比厌烦，承受更多压力，还会带来风险，最主要的风险就是大型肌肉群发展停滞、小肌肉群的控制能力出现问题。

与此相反，在我国很多体育运动项目及运动形式主要强调基础大肌肉群的训练，却忽略了那些需要更精细活动的运动项目或形式，包括现代生活中各种需要较高精确度的活动，这就容易造成各种训练将运动反应磨炼得"粗糙"起来，活动能力变得不精准、粗重，失去对细微、精细刺激的反应能力，似乎大肌肉群变得发育过度，而小肌肉群却遭遇了冷落、生长迟滞，也就出现过去说体育生"四肢发达，头脑简单"的误解言论。社会、学校和家庭都应关注孩子在这两个不同方面的训练和协调发展，尤其在低龄"预防阶段"更是重中之重。

》》》无意识动作促进生理、心理功能的发展

在孩子身体的成长期间，肌肉迸发出大量的能量，期待着得到充分展示与生长的机会。尤其在青春期进行必要的活动训练及体育锻炼，对心理、性机能及身体素质等各方面的指标影响远远大于人生中的任何其他阶段。从本质上看，肌肉的强度及短时间内呈现出来的生理素质，是一种本能，也是一种生命的需要。

在农耕文化中，人类的身体机能得到良好进化，但在城市化过程中逐渐缺失了不断使身体带来能量和力量的日常活动。工业和信息化的进程让许多原本依靠身体力量的劳动让机器所代替，就会出现如美国心理学家费斯廷格指出的"偏重技巧而频发意志力阵发性失调"的现象，更会伴随一

些肌肉无意识动作的出现。

人的意志力和思想一样,与所依赖的文化和环境有关,更与身体的强壮有力有关,长时间的大脑运作机制形成的强度,忽视了长期的、持续的、间歇性的身体力量和意志力的训练需求,肌肉直接参与的机会非常少,就可能造成后期心理机制的问题发生,也将存在于大肌肉或小肌肉中的一些无意识动作转化为病态的表现。

低幼阶段大量无意识动作对身体发育的影响。一些生物及神经脑科学家在实验中发现,大量轻微的身体无意识动作,近乎自发性地释放着信息,这些信息会在意识层面被识别出来,并被转化为一系列复杂又精细的意志力活动。无意识动作往往是任务难度大的一个标志或者处于临界状态,那些必须集中注意力但随着活动性质不断变换意志力的任务,会使孩子在完成这些任务时显著增加上述无意识动作。

在幼儿园阶段,这些无意识动作会随着年龄的增长而逐渐增多,到了小学阶段,则会迅速减少,从事那些更需要精细准确度的活动时会增加,而进行大型粗糙活动时则会减少,不过出现的频率通常会随着个体身体机能的日渐成熟而下降。

手指和足部的无意识动作会随着年龄的增长有所减少,而眼睛及前额的无意识动作则会增加,这些无意识动作和注意力的发展有显著关系。一般女孩的晃动动作要比男孩多很多,主要发生在她们手指的无意识动作多于男孩,男孩则在舌头、足部及手部胜过女孩,所以这也是男女身体发育时间和程度有所不同的原因之一。一般情况下女生生理和心理发展早熟于男生 2—3 年,因此在低龄阶段,女生在接受、控制和专注能力上明显好过男生。

对于低幼儿童而言,种类繁多、数目巨大且充满能量的无意识动作既是必需之物,也是必然之变。假期返校的烦躁不安、运动会上过度笨拙木讷或用力过度、过于兴奋或疲惫不堪等附带出现的无意识动作,在一定程度上都是好现象。它们有部分来自先祖的智力、情感,尤其是意志方面的"原始材料",为的是在现代情境下进行防御、预警或是避免某些疾病带来的衰退,这些都是人类身上遗传动力自发的表现形式。

经过大量资料查阅及观察低龄儿童所知,各式各样在种类和数量非常丰富的无意识动作,每一部分在出现的最初阶段就应得到全方位展现和完善,让所有的可能性得以原始释放,不受其他部分的影响或其他功能的阻碍。如果每种无意识动作都能得到正当其时的蓬勃发展和鲜活表现,那这些动作的功能发展就越完整、繁茂且独立,结果会越好。有些无意识活动对成年后的体型起着决定性作用,对青春期情绪稳定也有着重要影响,是后期任何有意识活动都不可比拟的。

病态的无意识动作可能给青春期留下隐患。生物学及神经脑科学家还发现,所有的无意识动作都是来自神经细胞或者神经中心的自发性活动,由中枢神经系统和肌肉来控制。这些动作的出现有一定的原始遗传及应对环境进化目的,但常以一种不易察觉的方式逐渐转变为病态无意识动作。

比如,衰退症病患者的手指会无目的地刮擦及拉拽,更高能力发展停滞的智障者会表现出某些过度的无意识动作,部分失明的人本能推动手指不断去揉眼睛,不断拍打自己脑部的低能儿童试图让大脑运转起来,还有不断地摇摆身体、伸展身体、摇头晃脑的患者以及不断咬指甲的患者等。

无意识动作通常会转变为肢体或躯干的固定姿势和体位,打乱屈肌和伸肌之间正常的平衡状态,这种平衡状态正是衡量大脑是处于常态还是紧张状态的神经信号,或者可以说是一个衡量指数。由高级神经中心控制的早熟现象、那些被刻意协调组合而成的习惯性行为及整齐有序的活动,都是一种压抑和浪费,这可能给青春期留下强迫、抑郁及惊悸状况发生等隐患,因此在早期教育预防中,要特别注意无意识动作的原始释放,而非呵斥惊吓、否定控制。

无意识动作解放出的动力促进孩子的成长。在孩子的观念里,习以为常的东西就是对的好的,越被简单化的东西,他们越感觉熟悉亲切。我们所用的教育方法就是使表征复杂的规律和问题形成的根源趋于简单化,让孩子能够理解和吸收,并内化成自己成长的方式和信念。

当孩子被社会习惯化、机械化的心理过程越多，越早越充分，就越能在各种无意识动作中释放出巨大的动力和能量，对抗那些原始野蛮邪恶的冲动和恐惧，进行更高级的心理活动，形成意识层面的意志和智慧，提高适应和应急能力。这样，到了心智逐步成熟的青春期，以往无意识动作逐渐消失，就能自发形成自己的价值信仰，即生命信仰、生存信仰、理想信仰，能够把意志、精神和批判性思维联系成整体，作为他们个性、社会性、道德感的有机组成。

相关试验表明，人类原始层面的习惯性一定程度上决定着我们最深层的信仰，但这种信仰用现在的科学还无法解释，如出现自相矛盾、混乱无序、临时兴起的无目标欲望、行为和反应等，大多数没有在意识层面出现过，而是反映在大量无意识动作的意志力上。这就需要有意识察觉并正向释放，以前可能是意志性行为，是有目的性的意识行为，但后来退化成条件反射，退化痕迹布满了未知的精神边缘领域，成为将来意识层面的意志控制强有力的潜在执行工具，这些都可利用教育媒介有效激活，促进激发孩子的原始动机和成长。

无意识动作构成的成熟意志力对青春期的帮助。那些与生俱来的、或多或少充满野性的本能和力量，应该给它们一些发展和自发修正的空间和时间，让孩子发展的每个阶段都没有遭到不适当的减少或缩短，能够尽情享受当下阶段天性释放的野性不羁和能量释放，不因环境改变和绑架而丧失所需要经历的原始生长动力，以及对其原理在教育中的利用，比如现今强调对孩子的慢养育便是这个道理。

这样，无意识动作所构成的成熟意志力，就是说限制、约束它们发展的意志力会更加完善而强大有力，这样成长起来的孩子的意志将更为坚强和确定，匹配更多路径和辅助手段便能开拓他们的视野和知识的吸收，能够使他们自如应对青春期的各种变化。

比如，可以让孩子通过文学、历史、艺术以及习俗等替代性方式，去了解人类童稚时期那些充满原始野性而简单粗犷的生命张力，再辅以生动的视觉想象和语言，让孩子感知到过去祖先留给我们的精神价值，逐渐理解自己先天所具有的各种无意识动作的倾向和延续,有意识地正向利用它们促进帮助自己。

那些来源于大自然的演绎进化、最具潜力和珍贵的更高级遗传特性及其构成,不仅可以让我们免于迷失消亡,还能促进我们心灵的进一步成长。只有当最原始的意志力被先天本能或后天训练扭曲时,才需要采取某种形式的强化重建,否则就技巧性地利用它们朝孩子需要的方向带动。

所有孩子都有顽劣或堕落的可能,教育中的忧惧和痛楚是必不可少的元素,如果因孩子的错误具有普遍性就降低其严重程度,这是错误的认知,会使教育失去预防的机会,更会弱化孩子意志力的正向转化发展。

》》语言功能是教育的工具及艺术手段

沟通的主要类型及其参考。语言是教育的工具及其意义延展的艺术手段。当家长对孩子身体主要功能的表现原理有所了解后,就要在如何表达语言上下点功夫,使自己在"教"中所学助益于孩子和家庭。在解决家庭个案时,我了解到面对沟通始终是许多家庭的硬伤和阻碍。因此,对夫妻、亲子之间的对话方式,我经过整理,大致归类出以下一些主要类型,可供家长和老师参考:

1. 句号式,即对话终结者,让话说不下去;2. 质问式,存在怀疑、不信任;3. 责问式,责备否定的意味;4. 打断式,缺乏尊重,引发不快;5. 沉默式,倍感冷漠和压抑;6. 讥讽式,嘲笑轻蔑带有否定;7. 温和式,十分平静稳定,给足情绪价值;7. 爆发式,喜怒无常,急躁多变;8. 机智式,灵活切入话题,引发对方交流的欲望。

家长根据实际情况判断自己是哪类沟通,再想想如何转换成适合自己改变的沟通类型。当然,除了这些还有其他的表达类型。关乎人的沟通能力和表达效果往往是语言发生的作用,而方式正是如何利用语言、沟通和表达的结合。在"预防阶段"需要带动引导的问题,对孩子的语言模仿、事物处理、学习自信和社交等,或多或少都带来影响。

哈维尔"对话原则"。在联系和对应家庭教育常用的对话方式上,我对

哈维尔"对话原则"情有独钟,并对 8 个方面做了"家庭教育版"特别的解读和释义,可供家长、孩子和老师参照:

1. 对话的目的是寻求真理,不是为了斗争。家庭教育解读:夫妻之间、亲子之间的对话不是必须争个我赢你输,而是达到事实得到梳理,彼此能够理性聚焦问题,以解决问题为目的,心态趋于平和,双方才能有效理解彼此,简单概括就是"沟通不争胜负"。

2. 不做人身攻击。家庭教育解读:在生活中经常出现质问、责问、反问的沟通方式,无形中使对方感受到含有否定的人身攻击的意味和语境,怒火可能"蹭"一下被点燃,情绪自然失控,问题陷入死胡同,自然就不好解决了。所以对话是为了分析事情原因、了解真相,而非特别针对人的好坏,简单概括就是"对话要就事论事"。

3. 保持主题。家庭教育解读:沟通时最忌东拉西扯,造成多线头,让人不明所以,摸不着头脑,失去耐心;表达要厘清意图,既让自己说得清,也让别人听得懂,而非强词夺理,牵强附会,让人听得云里雾里,不知在说什么。理性讨论,就是"有的放矢"。

4. 辩论要用证据。家庭教育解读:有辩论就会存在不同意见和看法,空洞争辩毫无意义,顺口拈来、胡乱否定、加以指责更是下下策;真理越辩越清晰,只有实事求是地呈现,有理有据的分析,才能让他人信服和理解自己的观点。切记辩论要分清是问题本身还是自己的感受和情绪,做到"言之有据"。

5. 不要坚持错误不改。家庭教育解读:沟通为了达到共识或者求同存异,需要坦诚的态度和坦荡的胸怀;任何人做事不能保证百分之百不犯错,只要认识到错误并改正,最低限度减少损害和影响,才可能得到对方的谅解和支持,"知错就改"才能消弭隐患。

6. 要分清对话与只准自己讲话的区别。家庭教育解读:既然是对话,就会涉及双方相同或不同的观点和意见,各抒己见,只有允许别人合理表达自己的观点和感受,才有资格表达自己的看法和建议,尊重别人就是尊重自己,这是对话的基本原则,对话需要"平等空间"。

7. 对话要有记录。家庭教育解读：每一次重要对话都是给予彼此双方联结的机会，要用心倾听、记录和梳理，以表重视，尤其是重要问题的梳理和解决，更需要有纸质记录，以备用时之需，或最后总结时使用，显得更有条理和准备充分，即是"用心梳理"。

8. 尽量理解对方。家庭教育解读：遇到问题时，每个人只有在了解对方性格和个性的基础上，去理解弄懂对方的意图，才能作进一步沟通，站在理解对方的角度上去沟通，效果不言而喻，以开放的心态汲取对方表达的善意，作为双方对话的养分，也表达出自己的善意和包容，达到这种沟通效果，是心理学所指"共情接纳"。

哈维尔"对话原则"是日常遵循的沟通原则。每个人的对话可以有各自的风格和方式，但家庭教育本身的言传身教更体现在语言功能上。以哈维尔"对话原则"解读家庭教育的沟通内涵和所需原则，并非法律意义上的强制准则，而是需要自觉意识到日常遵循的道德律，这是大多数家庭关系中最需要的沟通原则。

每个家庭的对话应遵循家庭的基本伦理和"格序"，这是孩子自我认同根植于自己对家庭和个人生活的尊重而保持的重要部分，是培养其学习与人沟通表达时做到克制、理解和反思的持续过程。

理解对话是一种理性的态度，每个人可以根据自己的感受和家庭情境进行各自解读，形成一个对话框架并借鉴扩展或简化成若干条，并不需要标准化的统一解读。家庭教育中，只要加强对话目的、情境、方法的练习，形成主题内容，孩子耳濡目染得到熏陶、启示和理解，基于对沟通的认知和尊重就开始了，表达和倾听会深入家庭生活，成为家庭共同遵循的规则和信念。

》》》教育总模型及其四要素

综上所述，教育能够形成有效促进孩子心智化和社会化的发展路径，但依然需要遵循人类个体在环境进化中的变化发展规律，涉及人的天性、智商、个性及所处环境等四要素，我们从以下几个方面作进一步的探讨理解。

认知结构的动态发展与环境的相互促进。认知结构是某个时期内相对稳定因素之间出现的联系组合,大脑由此产生联动机制,在一定时间可以说是"不变的因素",但不是"深层规律",从长期来说,它还是动态变化的。每个人的认知都因成长环境和体验感受的不同存在局限性,有其鲜明的个性特征。通常我们从他人的感受、评价和反馈等途径,来增强或消除自己正向或负向的认知定势,改变认知的部分或全部结构,从而在体验感和觉察能力上不断聚焦自己的力量。

只有与环境交互时,才能检视教育的积极因素或瑕疵不足,认知自己、孩子和家庭,按下教育迷途的暂停键,从中判断是因为自己认知还是设置框架或调整方向的把控造成的,重新思考家庭教育中自己能做、可做的部分。当经过调整、结合、重组成更复杂的认知结构时,才能与环境发生更深层的交互作用,这个时候才能让大脑的联动机制和识别系统重新阻断负性认知和覆盖伤害阴影,而家长就可以顺势采取应对措施,帮助孩子掐断危害个体、家庭和社会的苗头。

教育总模型图示及其应用。如教育总模型图示所示,围绕着现代个性化教育趋势,我们更需要把人性美好的联结带到孩子正在完善的人格发展中,去激活、唤醒那些活跃旺盛却被忽略的未被整合的或者未被觉察的生命温度、智慧和力量,这需要我们多了解人类最原始的本能进化模式,以及它们的自然发展路径和规律,在理解四要素之间的关系、特性和联系等基础上,理解教育与它们的关联性、紧密性及相互作用。

教育总模型图示

现在,我们来看看用这个总模型图示,能否作为参考比较和推理,应用到众多跨界学术理论中,实证关于理性价值观、功利价值观、权力价值观、利他价值观、信念价值观的底层逻辑,从人的本位"天性"出发,去研究教育背后的原理及其影响因素。

教育总模型及四要素的诠释。图示内框架双箭头指向四要素,围绕教育形成一个相互作用下的矩形闭环。这是从微观角度来分析影响教育的人和环境要素,呈现四要素之间的逻辑关系和交互影响。教育不是简单的元素组合或者信息输入输出的问题,更重要的是要理解教育本身的意义及从中影响人类发展的要素。

教育对人具有文化内涵及思想延展性的精神设定,是从人的天性出发,为了教化生物性的野蛮和残忍,发展出人性的慈悲和温度;教育方式可通过生活劳动、知识吸收、技能训练及其他信息的输入,不断刺激大脑形成原始脉冲反应,进化人的意识和情感,从而影响人的心智发展和社会功能,促进人的整体能量流动和信息整合;教育不断增加大脑知识记忆的储存,丰富图式材料,以便结合社会体验去提高生存技能和意识,增强认知和统合能力,达到思想精神进阶的突破;在教育形成规则性框架时,才能赋能、不断积累知识、扩大视野、适应环境,提升对环境的认识和有利改造,进一步促进心智化功能完善,延展拓宽智商阈值和精神世界,达到或超越应对环境的能力。

从家庭教育内容来讲,不仅要兼顾教育的宏观性,更要从具体可操作的微观局部着手,不能脱离人的天性、个性、智商和所处环境等要素。只有充分考虑并利用这四要素,去认识教育及进行教育创新,才能达到想要的教育理念、方法和效果。

从进化路径去理解教育四要素的相互作用。从图示中我们可以得到提示和启发:教育不仅要考虑儿童的心理发展特点,更需要考虑人的生物属性、进化影响、自然发展、社会形态等综合跨界知识的融通和影响作用;从人类发展的历史角度去理解,教育在促进人类文明进程中获得能量化、心智化、社会性、规则性等有着非凡的意义,这对于策略选择用于家庭教育发展的框架,有重要的指导和辅助作用。比如,对孩子天性的了解,是其个性发展及人格塑造的基础环节,由此可以采用匹配的方法和内容,进行生动的教育和引导,这对促进和保证家庭教育"预防阶段"的效能影响重大,作用深远。

图示外框架单向箭头,最终指向环境。从宏观上讲这代表着教化人类文明路径的简约轮廓,即以人的天性为本位,在环境进化中,通过文化、道德、法律等自发或强制约束,不断形成个体融入集体生活共同遵守的规则性,从而促进适应环境变化的个性发展,又不断在环境中完善其社会性;另外,通过吸收知识、技能和思辨等"先验材料",蓄足马力,达到实践和学习能量化的聚变和突破,不断促进发展人的智商,从而又改造或创新所处的环境。总之,人的进化发展既受其独特的天性遗传影响,也深受后天的生存环境影响,在此过程中,四要素的相互作用和影响无处不在。

四要素如何与人的普遍性发展规律相联系。根据大量案例的统计和数据分析,建立这个教育总模型图示,是尝试把教育与人的进化发展要素联系起来。教育首先是符合人类自然进化发展规律的情况下,对个体及其发展施加影响,并利用四要素之间的渗透关系和相互作用等特点,对家庭现实情况和孩子的表现进行必要的连接和分析,从而去理解人的内在运作机制和人的普遍性发展规律,以及整体环境的运行机制和规律。

家庭教育是家长融通自己所学习的知识和方法的内化适用,以更贴近实际操作和孩子个性化的发展规律,融入孩子的生活和学习,产生较好的家庭教育效能。天性是人本能的生物属性,在个性发展和智商的进化中,既能提供生理能量,也能提供心理能量,还决定着个性和智商的发展倾向和特点;而智商作出识别、选择、思考和处理等机制运行,对天性的本能释放及适应环境功能的完善起到"催化剂"的作用,也影响个性的舒展及其内在需求的满足程度,是家庭教育的量化指标。

教育"催化"四要素又受其影响。从教育总模型图示中可了解天性、个性与智商的进化关系,以及个性与智商、环境的发展联系,而教育在其中起到"催化"的推动作用,但反过来也受四要素的影响。教育在不断的文明积累、历史变革、时代科技中发展起来,以文化的特殊形式,促进浸润人的天性发展,影响个性的塑造和智商的发挥,产生对环境适应和改造的能力。

人的个性发展是对天性既进行教化、修剪、塑造,又保存本真的结果;智商是在天性遗传的基础上,通过教育吸收知识和技能得到改造的部分;环境是通过自然和社会影响天性进化和本能发展的主要因素;教育是个性发展的手段,是智商发展的"提速器",更是适应和改造环境的"主推手",它影响着天性的教化程度和能量释放。

每个人身上都隐含着社会化人格的统一性,但也会自行通过环境的影响对自我人格进行个性化加工,这是在天性和智商等自然基础上进行的修剪、伸缩和固化的结果,也是个体自我组织、选择、发展出既有统一性又有独特性的稳定性格的形成过程。在这个过程中,人格特质就会逐步凸显出来,是个性的鲜明表现。可见,除了遗传,环境对人格的塑造有着不可替代的重要作用。

因此,教育只有充分照应人的天性、智商和个性化发展,并对环境进行梳理利用,才能积极发挥效能。

在个性、环境、认知及梳理等方面的应用。教育总模型图示虽然只是简单呈现教育与人、环境的关系,是相互作用和影响的总模型,但同样适用于家庭教育中,便于家长理解和记忆,并对教育适用原理有个轮廓认识,以期灵活应用到预防和解决问题的方法上。无论在学校还是家庭,教育孩子时需要遵循上述发展的一些规律和路径,结合实际情况,从以下几个方面进行操作:

首先,应从孩子的整体状态出发,即以孩子的性格为"原位",去观察或发现日常行为中较为个性化的一面和人格气质部分。这需要遵循孩子的天性发展规律和特点进行,即所有孩子在各个阶段自然成长表现出来的共性部分,如随着年龄段表现出来的性征变化以及心理发展区的不同需求等。

其次,对孩子所处环境需要多加注意和了解,尤其当它发生变化对孩子产生重大影响时要积极关注和重视。这需要大致评估在适应环境中发展出来的社会化功能是否健全完善,据此对其天性和成长中产生社会负面反馈或个体家庭不适的部分,制定相关规则进行约束和帮助,提前预防。

再者,我们还需要加强对孩子个性形成及其环境影响的认知,充分了解孩子天性中的优劣势表现,合理顺应其自然属性中的"势",塑造发展其个性,积极促进孩子以"优势"改变"劣势",蓄足能量和能力,在解决和处理具体问题中使之变现练习,保障孩子的身心一致性发展,这是设置教育框架时较重要的依据。

最后,针对孩子的个性化发展,从环境梳理出对孩子有利的资源和影响因素,使之收敛集中发挥作用。这更有利于孩子的问题预防和解决,不断打开孩子的认知层面和精神视野,全面有效促进孩子的心智发展,使其身体机能和心理机能充分生长,完善发展出各种能力,并长期发挥更多优势,保持兴趣和沉淀自信。

如何利用四要素的相互作用及其影响。当然,对家庭教育的理解,不但要从形式和方法上看其适用性,兼顾个性和智商的发展,还要深入理解教育是如何利用四要素之间的相互作用及其影响。对此,我们可以从以下几点切入并进行了解。

个性原有的可塑性,大部分通过"预防阶段"的早期教育,把儿童未成熟状态看做生长的常态,对他们本能或先天的特征加以正向增强或负向转化;个性是情感、欲望、思维等与社会交互作用下的主要性格表现,既有天性的部分又有后天教化的部分。塑造个性过程中,教育赋予它丰富人性的表现,包括联结、同情和思考。

随着环境的变化,教育不但满足儿童智商的发展需求,也在环境中相应发展出自己的社会化高需求和现实路径;教育儿童需要遵循他们的天性发展规律,用知识来武装它,用生活来丰富它,阻止或消除生物性的野蛮、冲动和破坏,使其内在意识逐步有序化和社会化,增加"先验素材",以此提高他们的智商。

随着内在意识和能量的有序化和社会化,儿童由内而外地开始探索外部世界,模仿语言、行为和思想,发展出自我意识,逐步内化社会意识和环境影响,组成人性的复杂性和多样性,影响教育效果;反过来,教育又通过常识、文化、知识等内容和途径，影响儿童天性伸展和元能量，从外到内逐步完成外部认同和自我认同的一致性。

教育在儿童适应、融合环境过程中，使他们不断发展出社会性功能，比如社交和合作的反应模式，是利用和有效影响环境自身的运作机制，影响儿童的心智化程度，促进孩子的社会化发展；教育利用外部规则等约束、教化、引导儿童，使其逐渐形成鲜明的人格特质和个性，突显人性的内涵，即具备善良、正义、公平的社会道德价值观。

教育通过家庭和学校提供的环境体验、交互作用、参与活动等历程，促使儿童的心智日趋稳定和成熟，更好地整合平衡内在与现实的联系，聚合资源来促进和改造环境。良好的环境能保护和完善儿童个性的发展，获得能量和意志力，正向影响其社会性，并对个性进行再加工；而较差的环境可能负向影响并反噬其个性的发展。

总模型是家庭教育系统性的实操模型原理。现在，我们尝试提出关于教育与环境等进化联系的总模型图示，与家长、同行、好友进行切磋交流，最终目的是整理出一个关于家庭教育的系统性实操模型。迄今为止，所有的个案面询、线下工作坊，以及今后可能启动的线上线下课程和今后系列出书的理念普及，无一不涉及与此模型相关联的要素、逻辑和因变量，比如家庭教育预防模型、解决问题模型、建立学习机制模型等，它们与总模型既有联系也有各自的不同特点，这些将在未来《统合教育》一书中详细阐述。

》》理论在实践案例中的运用和分析

一切理论必须经过大量的科学实验和实践检验，才能沉淀出精华。我在案例中常使用上述知识和原理来进行分析和判断，搜集相应的线索加以实证。教育需要重视孩子的身体功能协调发展，并以此来设置教育框架和合适的教育方法。下面我们从工作坊的案例进行展开、分析和理解这些理论的运用。

开展家庭教育工作坊的个案讨论。我在线下开办"家庭教育妈妈工作坊"期间，工作坊的组员时常把生活中遇到的一些现实问题带过来，现场模拟家人无效沟通的场景,共同讨论、表达。比如,一位妈妈描述,她的5岁儿子早上穿衣穿袜时动作拖拉、急躁哭闹。因担心迟到,妈妈厉声催促责备他,孩子大声哭闹跺脚。一拖延,妈妈上班常迟到。妈妈提醒多次都无效,不知道怎么做才好。另外,妈妈叫孩子一起去超市,孩子必须要先买自己的玩具,否则就不陪妈妈逛。妈妈觉得孩子很自私,多次讲道理,但孩子除了发脾气,还是没改变,妈妈非常苦恼。

组员现场对此充分表达了建议:孩子小,多关注,拖延、自私都需要慢慢引导;多理解孩子,晚上要早睡,能少起床气;稳定情绪,先不答应,看看反应再做处理……这些观点和建议,对家长多少都有启发和帮助,我作为团体带领者也对此进行了点评,针对孩子的年龄特点、生长规律、意识特点及出现问题的根源等对应做了分析。

案例中妈妈始终带着预设结论去评判。经统计工作坊其他家长的反馈信息,我发现"预防阶段"的问题主要集中在低龄孩子的拖延、社交胆小及哭闹上,这些是新生代生育家庭普遍存在的现象。我特意举出实案,是要家长学会具体问题要具体情境分析和解决,以此理解在家庭教育中出现问题时需要运用"不带预判结果"的沟通原则,找到根源。

从组员提出"关注、理解、稳定"等建议,可看出她们对教育具有一定的认知水平,这非常好。但当我让这位妈妈给出不带评判的中性评价时,她立马说儿子"脾性大,一点意识不到给妈妈造成麻烦",然后又说儿子"做事目标明确坚定,但啥事都以自己的想法优先"。虽然我强调要求中性评价,可妈妈还是带着评判。稍加分析,不难看出她潜意识里对孩子的认知隐含固化着"预设的结果",比如孩子"做事目标明确坚定"这本是优点,可是"给别人造成麻烦""以自己优先"等,是妈妈对孩子已经前置的评判,也由此产生"孩子比较自私"的评价结果。

案例中矛盾冲突点的根源。在我看来,这位妈妈的焦虑在情理之中。管还是不管、该怎么教育,这是同类问题的家长十分纠结矛盾的事,自然引发今后的担忧。其实在"拖延"和"自私"这两个问题中,妈妈的逻辑和语言都隐含着"对长辈的服从性""做事要顾及家人"的固着念头,就是我们常说的"传统孝道"及"对家人无私谦让的品德"要求,这是妈妈所受的教育认知留有优先排序和交换意识的痕迹,并以此来评价衡量 5 岁儿童的表现。但是妈妈并不了解 5 岁孩子的心理活动和表现特征,比如对穿衣吃饭时无意识晃动身体的动作不理解,则会加大家长的焦虑和愤怒的可能性,失去情绪的稳定。

那么,接下来在妈妈的潜意识中,必会想方设法去改变她认为导致这些"结果表现"的行为,在达不到预期结果时她肯定加重情绪而无法客观看待教育本身,更多的会对孩子讲大道理、怒吼或指责否定。孩子除了感受到"自己不好""不被妈妈认可""委屈害怕"外,对"为什么会这样"并无适合他这个年龄的情境理解,那么自然也不可能达到教育纠正言行和习惯的效果。

试想,5 岁男孩本能的反应,是不带条件直接满足自己的需求,有大量无意识动作,这是天性使然。这个年龄不可能有"要配合妈妈上班时间""要先陪妈妈逛街"等传统观念和排序意识,造成孩子的本能表现与妈妈潜意识里的需求起了矛盾冲突,这是根本原因。如果家长因自己的感受不好产生情绪,为此对孩子进行指责或批评,而非客观引导,从根源下功夫,就不可能理性观察微观中的"势",更不可能找到情境合适的切入点"顺势而为"去教育影响孩子。

案例中的突出表现、特点及可能出现问题的端倪。从描述中,我们可以感觉到 5 岁男孩的掌控欲和力量感比较强,相当有个性。当遇到被批评或需求得不到满足时,他的对抗性也就越发激烈,情绪波动大而失控。这种情况下,如果不加以合适的管教和引导,久而久之,孩子的情绪控制、表达意识和规则性等方面可能就会越来越差,正常健康的无意识动作可能成为家长的心病,家长以为孩子出现了问题。实际上,日常教育的机会往往就在这些时候,这正是利用一些身体原理和知识转化情绪、启发意识和寻找线索的情境之一。

例如,在遭遇拖延时,妈妈说"哇,宝贝衣服都穿好了,今天摇头晃脑很可爱呀,这么快进步好大!如果再快一点,你觉得会发生什么?是不是老师会表扬，××同学，今天你很准时哦！给你贴个小红花……"遇到比较自私的时候，妈妈可以先说"哇哦，原来宝贝喜欢这个呀，妈妈看着也挺喜欢的，但我说不出它好在什么地方，你能说出来吗?"后面看孩子的焦点转移后，再引导他帮家里或者妈妈参考一下必须选购的东西……喜欢"被夸赞奖励""引起关注""帮助大人"等特点恰好是 3—6 岁儿童的认同需求和情绪反应的特征，诸如此类的带动和转化，不仅对 5 岁男孩是有效沟通的方式，还可以逐步提高他的认知程度、参与意识和正向表现，这就会让他的原始动力、无意识动作的原始释放及意志力等方面得到良好的发展，并不知不觉培养了孩子的爱心和责任。

男孩所处的年龄段，正是"预防阶段"培养习惯的最佳教育时期，如果家长和老师对这个年龄的身体生长特点及需求有所了解和认识，就能理解孩子的表现，采用适合这个年龄的教育语境、原理和方法，设置教育框架，坚持就会得到改变。否则，家长和老师很难主动观察到具体情境的"势"，也就找不到线索痕迹，发现不了问题背后的根源，就不可能有相应的预防措施，导致后期更多问题。因此，看到问题的端倪要及时掐断，但更要根据情境应用合适的教育方法。

第七章　家庭教育框架及其作用

　　想做好家庭教育，不仅需要对孩子的身体主要功能及其特征有所了解，还要理解孩子的生长特点及各年龄段表现的背后原理，只有这样才能更好地尊重个性引导发展，有方向、针对性地做好每个阶段的家庭教育框架的知识储备和计划。只有了解孩子，才可能有合适的方法，才能做好家庭教育。

》》各个年龄段的家庭教育特点

　　说起家庭教育，社会上很多人忽视了婴幼儿期，误以为家庭教育始于儿童接受教育。其实，孩子从出生开始，生理和心理就具备了可以进行相应教育的条件，能够对熟悉的客体进行气味、声音、动作等简单归类并认知；随着孩子年龄的增长，不同发展阶段应有不同的教育侧重点，采用的方法也有所不同。所以说，家庭教育贯穿着从婴幼儿期到成年期前的不同年龄段，每个阶段发展区的教育需求都有不同的特点。以下分几个内容来理解这些年龄段的教育特点。

　　家庭教育从婴幼儿出生时开始。婴幼儿通过身边亲密关系者的语言、行为和反馈的刺激和模仿，形成初步的感知、辨别和认识能力，尤其是父母对婴幼儿的对视、抚摸、回应和交替对话等积极方式的关注，都能给予婴幼儿情绪营养和稳定的状态，能更好地促进婴幼儿的社会情感、知觉感受及对环境的观察能力。早期家庭教育能够刺激促发婴幼儿的敏感性、互动性、依恋性。

　　婴幼儿的早期家庭教育，能够依照情感线"亲情—友情—爱情"发展出第一阶段"亲情"互动模式,为今后儿童时期的伙伴关系、情感稳定和社交意识的发展,即"友情"阶段打下良好的基础。这种"打地基"的作用,能使情感功能完整发展于每个过程,并充分表现、正常变化、完善成熟,使孩子更容易适应青春期及未来生活、学习和职场,并为形成有序性、社会性、审美性的高级认知和逻辑思维提供了丰富滋养的能量场域。所以婴幼儿期是一个特别注重陪伴的重要时期。

不同年龄阶段的突出特点及教育重点。家长对孩子在不同阶段的本能反应机制、生长特征、思维模式等,最好进行一定的了解和比较,以便在出现家庭教育问题时适时做出反应和使用有效方法。为了便于家长了解和掌握,我从"统合教育"理论出发,摘取婴幼儿、儿童不同年龄阶段的一些主要特点,具体有如下表现:

早期阶段,2岁前长期处于被忽视状态,得不到人的回应,会激活压力应激系统,影响大脑发育;2—4岁时处于第一次潜意识分离、独立掌控阶段,喜乱涂乱画"搞破坏";5岁前只会从自己的感受和想法出发,得不到满足或被拒就发脾气哭闹,大多是语言表达、理解和情绪受限而致,是训练语言能力的最佳时期;5—8岁是培养行为习惯、适应规则的最佳教育时期。

9—24岁为青春期的四个阶段。初期9—12岁,进入青春期前的迅速生长、开始萌发性别意识;早期13—15岁,较为叛逆,关切同伴和小团体;中期16—18岁,特立独行、对抗性最强;晚期18—24岁,步入青年行列,约会热恋,正式成为成年人。这些阶段更多的是关于青春期的教育,特别是性教育方面需要科学性、技巧化健康引导,具体在第十章有关性教育内容中详述。

塑造行为和道德要注意所处年龄段特质。家庭教育中,作为父母,注意力常会关注在某个确定的结果上,而非某些行为习惯形成的过程。犹如学习成绩与综合素质,前者看短期,是一个结果,后者看长远,是一个过程。在现实中,往往是短期遏制长远,家长为此可能忽略掉价值观的强化、坚持和引导时机。

孩子天性中存在可能伤害他人或产生破坏性倾向,这需要适当地塑造行为和重塑道德,即基于孩子现在已知的、将来未知的一些价值观的方向把控,在没有明文规定的社会规范中把握尺度,促进孩子自我约束和管控的意识增强。因此,涉及行为、道德因素时,还需要注意孩子所处的年龄段及其特质。

比如,小学前侧重身体素质的锻炼,且在道德浸润、玩耍中适当培养理解规则的意识;而一至三年级侧重规则性强制适应,即家务、作业等任务的必要完成,同时考量孩子的个性和裁量权;四至六年级侧重独立思考和认知判断的能力,需要对逻辑思维进行大量训练,且让孩子深入实践进行思考及处理问题;初高中侧重青春期教育、性教育,以及自我学习能力的不断完善、批判性思维的形成和自我学习机制建立发展。

》》设置家庭教育框架的相关因素

对孩子每个年龄段的特点有所了解后,我们还需要从更多的背景、意识、形式及内容等方面,学习了解设置家庭教育框架的相关因素。

认识影响现代家庭教育的新因素。在科技发达、物质丰富、个性突出的现代教育中,吃饱穿暖的保障需求和生存策略,早已不是影响家庭养育孩子的主要因素了。在教育案例中,家长把注意力和心思基本集中在孩子的学习上,教育评判变成了以"成绩为中心"的现状,作业和成绩成为引发众多家庭冲突矛盾的新因素,实际上这是传统和现代各种影响集合于家庭呈现的结果。究其根本,还是因为家长不清楚家庭教育的功用和意义,这是当前家庭普遍存在的问题。

传统文化下的养育模式、观念与现代教育中的巨大差异,带给家长前所未有的不确定性,由此产生的焦虑,这将影响现代家庭教育的效能。费孝通先生曾提出,家长成为父母本是"自我"的产物,孩子则是"超我"的延续,倾心爱护抚育一个既像自己但又完全不是自己的人,他们有关系也有边界,是互相合作、认知成长、自我疗愈的过程。因此,家长的生活状态和教育模式,以及建立的家庭关系,影响着孩子的情感、认知和思想,逐步深入孩子人格化时期的精神层面,成为他们性格中的重要组成。

对于孩子的成长,家庭影响深远。认识家庭结构、家庭互动模式、影响因素,是重构和解决不利于孩子成长环境的关键一步。只有提高认知水平,才能把思路打开,发现原理,分析事实,识错纠偏,理顺角色。能否对孩子产生正面影响,取决于家长是否有较好的家庭教育认知水平和视野。

框架的核心设置是道德教育观的构建。不同年龄段的发展需求不同,直接影响着家庭教育策略的调整和变化,框架内容也随之而变。家庭教育能够使儿童主宰其心灵王国,实现自我组织,这是在得到家长助推及家庭滋养过程中形成的高级功能,是父母和孩子相向而行,达到一定理解和认知水平时才得以实现道德观的共同构建。

当孩子出现与其他孩子的步伐不一致,或与家长想要的结果不一致时,家长要保持什么心态,如何发现问题,接下来要做什么……都是通过对家庭的全面梳理和分析,提高对家庭和孩子的了解认识后,才能根据各自的特点和资源,灵活组合出当前最佳的教育方案,由此产生框架内容。框架的核心设置就是道德教育观的构建,包括信念、规则、价值观和适用方法,以及在实践中不断进行调整、学习、内化的变化过程。

理想的家庭教育状态,用现今教育界倡导"不应限于家长的认知围墙之内"来说,就是家庭对每个孩子虽有相对规则且灵活的教育框架,但家长不能因自己的意识局限,影响孩子自如做出判断和选择。孩子探索、认识世界的视野和勇气是广大而浩瀚的,有他们自己的价值判断和感受,我们需要尊重和珍惜,去激发、唤醒,而非限制、控制。

家庭成员的各自角色影响及其作用。教育孩子不是某个人的责任,而是家庭的共同目标,相互配合,发挥各自优势,最大程度避免、减少冲突和负向影响,才能达到家庭教育最优效果。当下认为教育孩子更多的是妈妈的责任,这是狭隘的认知陷阱。对于带孩子,父母各自都有优势,包括其他家庭成员。

爸爸粗犷,相对大局观强、有力量感,可以把控教育的大方向和管教孩子的顽劣调皮,还能带动孩子热爱运动或探险,培养坚强、有毅力的品格,对男孩影响较大;妈妈比较细腻,关注细节,更能理解、贴心陪伴、聊心里话,更合适做情绪安抚角色,对女孩影响较大;老人带孩子,时间多,又较耐心,真心疼爱孩子,可以照顾孩子的饮食起居或接送,帮家庭节省开支,更重要的是老人尽享天伦之乐,心情舒畅了,病也消停,减少家庭的后顾之忧,这不是简单协助家务的保姆能做到的。确定主导者,各尽其职,就可以达到省心、放心、安心的多赢局面,是教育框架必不可少的一环。

父母最适合作为家庭教育的主导者。家庭教育中,主次之分就是父母角色之分,也就是家庭教育需要确定一位主导者。只有全家相互商议沟通好,达成一致意见,其他家庭成员才能有序做好辅助配合,这个环节非常重要。经过对家庭内外部环境的梳理,家长对自家现有资源、特点以及孩子当前的状态和发展区的需求等,有个相应的了解和认识,就能较为合理并有依据做出角色的适当调整。

前面强调对家庭成员各种因素进行梳理和比对,其主要目的是要家庭讨论确定谁为教育主导者,以及分析家庭成员情况,针对家庭教育环节的疏漏补缺,调配家庭资源,发挥各自优势。如果夫妻间、代际因为孩子教育起冲突或出现问题,多半也是这方面没做好。主导者最好是孩子的父母一方,因为老人无论是身体条件、心理状况、体能精力还是教育观念等都不太适合当主导者,而保姆从学识和所能承担的责任来讲则更加不合适,他们只能作为协助者。

家庭教育"主导者"的定位和作用。社会上,有些家长以为,当自己被确定为家庭教育"主导者"后,对孩子教育上的事情样样都要亲力亲为,孤军奋战,直至精疲力竭。在"家庭教育妈妈工作坊"上课的家长不约而同也提出同样的问题。

我们知道,集体作战肯定比单打独斗效果要好、力度要大、组合优势更强,但是没有领军人就是一盘散沙,家庭教育也是如此。作为主导者,就是要统筹协调家庭成员,负责教育孩子过程中的分工配合、互通商议、合理调整,共同厘清思路、调偏纠错等。不是凡事要主导者独自去完成。

如果没有梳理家庭成员情况,也没协调家庭成员之间不同观点或摩擦矛盾,只站在自己的角度去片面看待问题,觉得我是"主导者",就得按我的想法去做,否则就亲自去管。这种想法要不得,不仅失去设置框架的意义、自己累得够呛,还会推诿推卸责任、激化矛盾,造成家庭教育无序混乱。许多失败的教育案例就是这些原因所致。

主导者需要注意的沟通模式和方法。家长一方在教育中占主导地位时,除了需要注意与其他成员共同商议事项以及相互协助,也需要注意与孩子之间的沟通模式和方法,这直接影响到框架的设置方法和执行效果。

首先,要注意与孩子之间的沟通语气语调,把否定反问式语句"你怎会有这种想法?"之类改成"我想听听你的具体想法,可以吗?"等,以此达到沟通平视、尊重、理解的效果。

其次,面对问题的出现,要梳理清楚到底是孩子的自身问题,还是家长或家庭成员自身认知局限导致,这一点对于如何迅速找到解决方向和方法很重要。

最后,要注意自己与孩子的关系状态,包括走心度、信任感、亲密度等是否在正常层面,这会对以相同方式处理的结果产生不同影响。比如,如关系不亲近或者不信任,那么某次责罚就会让孩子存在阴影或出现较大情绪波动;而关系到位的话,孩子会自我消化,没太大反应,还可能因为谅解家长,反促反省自己修正成长。

》》》设置框架前的内外部环境梳理

设置框架前,需要梳理内外部环境及其对家庭教育的影响因素。

内部环境梳理。内部环境,这里主要指家庭结构、家庭成员、家庭文化等家庭内部构成、特点和资源。"梳理"是指:第一,在家庭结构上,要看到人口要素的特点、组成及整体经济条件;第二,在家庭成员中,要捋清教育程度、兴趣爱好、工作性质及其性格特点等;第三,家庭文化构建方面,要在原有的基础上或没有的情况下,进行家风家史的调整、重塑或建立。

从这三个方面着手,进行比较、筛选和整合,对家庭成员的性格脾气、成长背景、处理模式、时间分配等进行汇总、分析、组合,理出有利于陪伴、沟通、引导、管教、辅导等主次之分的导图,让所有成员深入理解家庭教育功能及其作用,清楚文化构建和辅助力量对它的重要性,多角度了解各自价值发挥的可能性,以及认知能力上的局限性,使每个成员得到相应的能力变现和匹配的支持,共同形成教育发展的合力,呈现心悦之流、家庭之美。具体可以从以下几个方面来理解:

1. 从三个方面入手进行内部环境的梳理。进行家庭内部环境梳理,是设置家庭教育框架的必经环节,是共同提高家庭成员认知能力和增加彼此理解的过程。针对内部环境梳理,具体来讲就是以当下的家庭教育状态和效果进行正负向评估,从而为各自的家庭教育定向、定框、定内容,做好策略和方案的优选可能。

第一,从孩子学科作业、自学、辅导等方面,以量化打分来综合评估孩子当下的学习状态和能力;第二,对孩子当下的年龄特点和发展区的需求状态进行了解和观察,逐一罗列出来,结合孩子的个性,检视亲子关系和沟通效果;第三,结合自家内部资源,以性格匹配、能力相当、知识储备、时间惯性等来组合调配成员及 AB 角互换的可能,为保全框架落地执行做好准备。

只有家长对于孩子的整体认知是立体而非扁平化时,帮助才有贴近孩子本身需求和能力的现实考量,特别是青春期包括性教育等,在沟通内容和方法上更容易被孩子接受认同,达到教育目的。

2. 达到优化高效是内部梳理的目的。对于内部环境的梳理,其实就是去梳理家庭中能协助我们达成目标的所有可调用资源,了解各自家庭的文化构成和"格序"运作机制,采取相应的方法和措施,为教育所用。在相应的梳理基础上,厘清各自的优劣势,务必让孩子参与其中,充分了解自己现阶段的年龄特点、情绪状态、学业成长等综合情况,一家人良好地探讨商议,达成或基本达成一致意见。

除了上述内容,梳理时还需要结合孩子的实际情况,分析当前阶段的家庭教育的侧重内容和主要方向,以及孩子当下最需要什么样的帮助和支持,一家人只有充分了解和理解教育孩子的共同目标和各自责任,才知道怎么做、如何做才能更加优化和高效。

　　为避免今后教育角色和执行发生冲突,对家庭教育内部环境进行初步评估,既要做到对孩子当前状态的清晰梳理,也要做到合理切换父母主导和协助角色的明确定位,还要打通家庭教育的沟通模式和互动形式,为发挥家庭场域的"磁场"作用做好充分有效的准备。

　　3. 梳理好内部环境是为梳理外部环境打基础。家长双方有各自的生长环境、特点及可利用资源,承担家庭教育的功用也各有所不同,只有进一步对内部环境的梳理分析,才能促进相互了解,达成家庭有效沟通,有序甄选和适用,促进家庭资源利用和整合,赋能教育。

　　根据家庭个案治疗效果及数据统计,设定以正负向打分来大概反映当下家庭教育程度和状态的分值表,有待梳理评估和诊断家庭教育环境时使用,再配合适当的访谈,可以成为家庭教育面询的初级诊断工具。这些是从 20 多年实践汇总而成的"统合教育"理论中摘取的,只供家长简单参考使用,不做细述。

　　通过内部梳理后,对于目前家庭教育以谁为主、谁为辅,当下阶段是侧重学科辅导还是管教引导抑或是情绪疏导为主,以及孩子目前所处的状况和教育效果等就一目了然,然后逐步量化、有序利用家庭结构和资源等进行家庭文化的构建,为进一步梳理外部环境打下良好基础。

　　外部环境梳理。了解外部环境梳理,是建立家庭教育正确认知和框架的第二步。这里所指的外部环境梳理,从广义上说,是指除家庭以外,能够对孩子提供帮助和支持的资源、平台、环境等进行梳理。在外部环境中,除了家人,在学业、心理或者教育等方面,只要对孩子有过帮助或产生任何正向影响的人,或是孩子特别喜欢和信任的可靠人,包括校内校外的老师、同学、亲友等,都是孩子自身成长的周边资源。

　　大多数家长以为家庭教育的外部环境只是指学校。确实,学校是外部环境中最重要的组成,但不是全部。每个孩子会受所处环境中的人和事影响,但我们往往会忽略这些影响,或者不太清楚哪些资源能助力孩子成长,甚至不知道正在产生或者已经产生负向影响,因此,需要父母通过外部环境梳理,去不断打通联结内部环境对孩子有利的因素和资源,以便更多掌握影响孩子教育的整体情况。比如,及时掌握现今网络社交渠道及预判同学以外社会人员对孩子可能造成伤害的诱骗方法等。

1. 加强对外部资源的理解和认识的必要性。为了加强家长对外部资源的理解和认识,在这里简单举个熟人的例子。20世纪80年代,他是个留守儿童,就读于乡镇小学一年级。班主任是位语文老师,对他特别关注,觉得他语言表达能力特别强,赞美并鼓励他一定要考大学,将来做个电视主持人或记者什么的,并希望他不能浪费自己的才华。于是,他像被打了鸡血一样,学习特别有劲、有力、有兴趣,也坚定地产生要考上大学的念头,以至于后来遇到大的挫折,只要想到班主任,他都能坚持下去。当时他父母考虑到经济条件、就业难等因素,让他早点就业、减轻家庭负担,故要求他读中专,被他拒绝了。

可见,这位老师不仅在学习上教授知识,大力培养他,还给他播下了梦想和信念,以及赋予他向往远方飞翔的力量和指引,对他的影响之大,远超过父母。这就是他人生中遇到的"贵人",树立了他人生的方向,即是他成长的宝贵资源。

但是,也有一些孩子很不幸,在我的教育面询个案中,原本家庭情况非常不错、对孩子也非常疼爱的父母,由于疏忽了外部环境的了解,未能及时发现孩子被一些不法分子利用、诱导、伤害,对孩子造成了巨大的创伤,甚至造成终身难以消除的阴影。所以,在当今环境复杂、诱惑众多、孩子还不具备辨别能力的现实中,父母有必要了解和认识外部环境对孩子的重要影响。

2. 对学校软、硬件环境的具体梳理。全面梳理外部环境,特别是学校环境,就要对它的硬件条件和软件环境进行梳理。硬件条件主要指学校整体外环境,教室、运动及活动设施场所等;软件环境主要指学校教学特点、教育特色、办学理念、师资水平、生源情况等;还有对学校及孩子在校的大致情况进行必要的梳理和了解,尤其对孩子所在班级的老师和要好同学需要一定的了解并保持相应联系。

孩子在学校获得的集体感和意识觉醒,对激发学习兴趣和保持后劲起着关键性的作用。以往有家长在帮孩子择校时,关注学校过去的升学率如何、班主任严厉还是亲切、重要任课老师是否有学科经验及是否带过重点班等。更多的是从孩子的学业角度去考虑所择学校,而孩子的性格、偏好及其适应性、同伴关系、集体归属感等却被忽略。其实,孩子进入学校后,家长更应关注的是孩子对新环境的感受反应、适应情况和情绪变化等,包括与周边人的关系现状。

3. 梳理判断孩子在学校的现状及问题。家长梳理孩子在校与同学相处情况,大致可以从谈话中了解到相关信息。我建议家长可以询问孩子喜欢科目的老师名字,或者关系较好同学的名字,看能否各记住至少一个以上的名字。如孩子能说出两个以上关系密切的名字,或者眉飞色舞调侃老师的名字,那说明孩子在学校适应得不错。而家长如果能记住孩子两三个较要好的同学名字,一般来说,亲子关系都算不错。

如孩子在家几乎不提同学,一个名字都记不住,对老师也没什么反应,父母就要警觉孩子的社交或者学业问题,多留意在学校的整体适应状态;如孩子只提及某个同学玩得较好,但考试第一、第二是谁都说不清楚或爱理不理,那学业方面可能要操心一下;如孩子突然变得沉默,问什么都闪烁其词或直接躲进卧房,更要多留意孩子是否受到排挤、欺凌以及存在心理问题等情况,如有必要及时联系老师,了解情况。充分梳理外部环境,结合内部环境,完善教育框架,基本可以做到教育有的放矢、精准引导、助推到位。

4. 建立最佳关系需要了解在校情况。学校是个侧重集体性和标准化管教的"小社会",家长如对学校环境有一定的梳理和了解,就能以孩子熟悉的内容随意聊天和沟通,比如,与同学相处的情况,一起玩或参加社团活动的原因、兴趣、内容等。孩子觉得家长能记住小伙伴,交谈的内容感到亲切和自在,心情就不一样,双方就拉近了距离,沟通就能走心,信任度和亲密感自然能建立,这是家庭教育亲子关系最需要的状态。

面询个案中,很多家长一开始与孩子无话可说,但进行一段时间相关学校的话题之后,不仅觉得有丰富沟通的内容,还能帮助孩子进行话题引导的选择和延展,提高孩子对学校的认可度、适应性和归属感。很多家长认为,孩子入学后交给学校就好了,自己不用理不用管。说到底,这是当甩手掌柜,未能担起教育责任,对一些易感、敏感、内倾的孩子,可能会因家长的这种忽略而各种状况频发。

家庭与学校是相互影响的,学校教育是集体性、规范性、大一统、理性的,而家庭教育则遵循框架原则,比较个性、生活性、特别感性的,这就需要结合学校的实际情况,对孩子进行及时的补缺补位,以便引导孩子更容易联结、融入环境,充分体验学校生活和人际交往,稳定促进社会化功能的发展完善,为其将来踏上社会做好准备。

梳理内、外部环境的小结。无论是内部环境梳理分工,还是外部环境梳理摸底,都是围绕教育的最终目的而服务,都是为了更好地促进家长对教育及其环境的认知度和利用度。教育的目的是培养孩子未来适应环境和生存能力的良好状态,包括健全的身心、完好的社会化功能,建立学习机制、学习观及道德价值观等。教育本质上是一种特殊的生活,涉及方方面面的因素。因此,梳理环境是促进家庭生活协调、提高教育效能的最有效方法。

内部环境梳理,主要侧重家庭成员通过主导、辅助及合力作用,对孩子的学习、生活及未来等方面产生影响和帮助,在此过程逐步厘清和有效整合孩子成长的环境资源。外部环境梳理,主要在于学校,一般每个学期应与各科老师有一两次深入沟通,了解孩子日常状态、课堂表现及老师的看法,由此可以得知孩子学业上及情绪的总体状态与变化,为家庭教育针对性助推提供参考。

需要特别注意的是,如果家长发现孩子学业遇挫、上课常打瞌睡或情绪波动比较大,就要多和班主任保持定期沟通,及时了解孩子在校情况,巧妙与孩子沟通,这样才能在家里有效平复孩子的情绪和思想,采取必要的措施,调整学习或心理,及早止损,预防发生意外。

>>> 设立家庭教育框架

梳理环境的最终目的是设立家庭教育框架,对孩子进行持续有效的助推。如何达到这个目的,需要了解并做到以下几点。

家长需要提高认知水平。设置家庭教育框架,需要家长提高对自己、孩子和环境的整体认知水平。首先,对自己的性格特点、观念习惯以及面对问题能承担的范畴进行梳理;其次,对孩子的个性特点、年龄特征及发展区需求等有所了解和观察,深入分析和体会,进行教育方法的筛选尝试;最后,全面梳理当下现实环境后,对特点具体汇总和比对,不断统合适用资源,突出重点优势,形成对家庭教育有效支持的生态系统环境。

家长主要在梳理过程中识别各自家庭和孩子的优劣势,观察到细节和问题所在,知道如何"顺势而为"。在"势"中觉察自己、观察孩子,积极助推孩子发现当下优势和潜在可能,确保关键能力的发展和持续方向,形成优势带动或转化劣势的思维方式,不断提高认知水平。全面梳理过程中,要合理安排家庭角色的分工及配合事项,多实践一些经验、知识、科学方法,为家庭教育做到资源有料、组合有效、框架有序。

在迅速发展、信息多元、特定背景下的大时代,每个人非常渺小,都可能被大浪吞没或冲击得不留痕迹,造成现实存在大量不确定性的因素,时常困扰家长处于盲目应对未知的惶恐中。如果家长长期承压积累,随着较大事件的发生和影响,会导致情绪的爆发和崩溃,影响认知水平及教育能力。因此,家长设置家庭教育框架时,需要利用家庭合力为孩子赋能,在教育孩子的过程中,学习和成长自己,提高认知水平。

做好框架设置的关键性环节。在框架设置前,要做到:第一,全家人多次一起讨论商议,让各个成员清楚了解自家的整体情况,以及当下迫切需要面对考虑的事项,包括家庭的发展计划;第二,梳理家庭内外环境和资源,排序择优而用,使价值发挥实现最大化;第三,为了推进操作事项和保证效果,长期持续,一般需要根据实际情况共同推选出家庭教育主导者,使家庭教育框架行之有效。

框架设置是家庭教育中关键性环节,可以有效帮助家庭和孩子。这个环节不仅训练家长全面梳理、充分利用和巧搭资源的统合能力,也锻炼孩子的表达、胆识、理解和合作能力,还决定着家庭教育的内容和方向能否持续保证,是否能积极发挥更大的作用。

其中,推选家庭教育主导者需要关注其素质和沟通能力,主要包括两个方面:

1. 设定家庭教育主导者及其基本素质要求。在选择家庭教育主导者时,要全盘考虑角色的基本素质要求,这关系到框架执行的效能程度,以及在此基础上给予孩子自行安排、发挥和决定兴趣喜好等裁量权是否合理充分。主导角色要系统性考虑问题,不是点状、线性或者单面的,而是立体、综合、整体影响家庭教育发展变化的主要因素;处理关键性问题时不拘小节,抓大放小,始终坚持以整体的成效性为目的,并为这个目的实现整合统筹所有资源,计划实施;客观理性地权衡家庭各方的需求和局限性,有一定的分析和协调能力,以及应急变通能力。

实际上,我们可以看出主导者有一定的整合思维和统筹能力,具有对家庭整体性、全局性、前瞻性、系统性和风险性的把握,在事情的组织、计划、控制、协调和沟通方面有必要的认识或经验。当然,这并不是说主导者必须具备高学历或高文化背景,而是在用心、耐心、承受力和态度上能够与家人孩子产生联结、信任和能量流动。

2. 主导者沟通需要注意的方式及观念。即便是家庭教育主导者,也要注意与家人孩子之间的沟通方式,比如:"你怎么能够这样想……"和"哦,你的想法挺特别,我可以听一听吗……"两种语气,明显后面一句让人感受到尊重和舒服,有意愿倾听和说出自己的真实想法。许多家长在教育孩子时,习惯性使用儿时习得的一些传统标准和观念,但其中可能存在偏见、偏差和谬误的部分,却把它们当成神圣的法律一样来比较、参照和标准化要求孩子,自然会框住局限自己与孩子平视和沟通的机会。

只有家长丢掉不适合时代发展和个性化教育的糟粕,尤其当孩子出现与同伴步伐、与自己想要的结果不一致时,更需要及时觉察自身的心态、投射和目的，理顺在家庭中的关系和定位，这样才能达到沟通和商议的效果。只有这样，框架实操上涉及的人员才可能有较好的互助表现，在协调商议时更为顺畅和有序，框架执行更为有效，对及时解决问题、帮助孩子提供了较好的系统支撑。

设置框架需要考虑四个因素。当商议家庭成员分工时，还需要注意家庭成员的教育背景、个性和时间上的分配，对各个事项的配合须以"重要、频次、难度"等维度进行过滤，剩下的就是关键的事项和责任，可以让大家清晰看到自己能胜任、照应的部分及共同配合的目标。对于分工，各自认领、负责，协商协助，逐一解决。

做好前期准备后，可以根据当下梳理出来的主要事项、环境资源及人员配合，进行框架设置。这时需要考虑四个因素：一是孩子的个性和喜好偏重；二是教育需要引导侧重的道德方向；三是框架的把控及其方法的灵活性；四是大框架和小框架的关系。家庭教育框架不是具体范式，是根据父母、孩子及环境资源的特点优势来解决当下问题，防范今后孩子可能出现的情况。激发孩子发挥优势、塑造道德价值观为目标的执行大框架，是家庭成员基本认同、保持一致的教育大方向和原则。

框架的设立。当环境梳理、主导者确定、主要事项商议后，就可以设立家庭教育框架了。设立框架，是为了集中焦点、精力、时间在日常细节上，围绕着框架的方向和问题的根源，不断消除或调整一些行为表现出来的端倪，持续保证家庭教育效能及方向的护航，这是统合教育理论的重要内容。

根据家庭教育的大方向、时间及作用，把框架分为大框架和小框架，它们既有联系又有不同。大框架是根据父母、孩子及环境的文化特点来解决当下问题，防范今后孩子可能出现的问题，以便在执行、灵活变通调整的过程中，增强整体环境的正向作用或减少消除负向作用的影响。

而小框架是根据问题的主次性质、形成固化时间、解决时间长短等因素，阶段性针对某些特殊问题的解决需求，融合长期问题、阶段侧重点、短期调整方向、日常行为表现等，在不同时间和需求下短时间内计划设置。无论大、小框架，设置都须考虑孩子发展区的需求及变化，比如社交、学习、情感等，再根据当下的安全性、规则性和学业要求等方面进行框架设立。

大、小框架的联系和不同。 大框架的设置确定根据孩子的个性、道德价值观、动机图式及整体家庭资源等进行，是家庭教育执行前的最后一个环节，关系着后期家庭教育的效能实现和孩子的可持续成长，减少或者杜绝教育过程中受外部因素影响出现差错、误解、推诿、延迟和混乱等现象。随着大框架的设定和不断落地实操，家长关于教育理念的深入内化及孩子关于自我价值的深化意识，都会不断得到促进和变化发展，并且也会围绕着大框架的定位和方向，出现阶段性或临时性发挥作用的小框架。

这些小框架的设置，主要是针对孩子的具体表现、反应模式、规则性以及道德力量等教育情况的阶段性反馈，对未考虑但在后期引发变动的影响因素，特别是最近发展区的变化需求，比如在安全、作息规则、作业完成等方面临时出现变化和问题，可以先行尝试与孩子沟通，在大框架的基础上适当进行点对点的阶段性小框架的引导、纠偏和调整，一般会临时商议对大框架有所补充的相应内容。

框架的形式及设置后的充实微调。 框架形式，可以是书面契约式或家庭集体口头约定，也可以是家庭成员清楚各自的简单配合，不用具体形式。一般来说，最后这种情况发生在"预防阶段"，孩子整体表现不错，已建立家风、习惯和学习机制，基本不需要家长具体操心。当然不设置框架也可以，只是有粗线条的框架，才能更有效地保证家长的坚持性和方向性，不受短暂情绪、环境、事件影响，可以长期让家庭教育得到良好的发展和支持。

大框架和小框架的作用目的明显不同，是指导和补充的关系。操作落地的环境和资源瞬息万变，家长也在"教"中学习成长，孩子也在"学"中成长变化。因此，家长在设置家庭教育框架之后，如有需要，可以根据自己想要了解的主要方面，参考后面章节中设计的计分法，评估孩子的兴趣程度、自己陪伴质量或者沟通效果，通过简单了解和比对，得以对框架设置和落地进行更为丰富的充实或微调。

框架的模糊策略及操作底线。 大多数人都希望自己的孩子与众不同，但对孩子的管教又是一成不变地沿袭众人的路线来实施，这导致孩子在成长中很难走出不同的路径来。这里面有家长的原因,更多的是社会环境和教育体制的导向问题。当然,这并不意味着我们什么都做不了,去做躺平或抱怨的父母。在大框架下,每个有觉醒和智慧的家长依然可以努力让孩子获得相对个性化的人生,发展出丰盈的社会化功能和智慧。

由于教育是面对人的心灵和觉知,是文化的不断塑造和发展,是不可量化的,所以很多时候教育孩子需要一定的模糊策略,而非时时观察、事事关注、处处盯紧,那是非常可怕、令人紧张窒息、不可取的坏教育,是过度越界、代入、侵入孩子自我成长意识和空间的行为,把自己当成了看管孩子无处不在的"恶劣监工"。

比如一些无伤大雅的行为或偶尔出格的小事件,可以不鼓励但要不动声色地引导,一般不要直接评判或批评。有些事情看见了也可以当做没看见,等发现频率渐高或者预估可能影响孩子的成长,或者已经出现了让孩子产生反应的结果时,再积蓄好这些情境里的"教育素材",像发生故事一样就问题本身作为教育的引子和内容,与孩子讨论分析,进行渐进式教育,多尝试第八章提到的"四步复盘法"。

太过于细节化、事无巨细的教育,很容易陷入被社会统一标准限制的窠臼里,裹挟住我们的观念和包容的心,不由自主地会对孩子的一言一行大讲特讲、不断"指错纠偏",那不但会造成自主性和自得性空间的压缩逼仄,而且让孩子深受干扰、失去亲自感受和体验认识的自明性机会。这也是教育不适合直接用心理学方法的主要原因,因为心理学需要对症下药,针对已经出现心理健康问题的各个细节进行分析。教育只是针对孩子整体的情况"突优化劣",从而使精神和心灵更为丰盈有意义。

人无完人,总会犯错。教育在做人的工作,只有不戴上"完美主义"的眼镜,以模糊策略引导教育孩子,才能给予孩子成长留白,保障孩子个性发展的空间。不过,有一个底线必须坚守,就是个性可以和父母做事风格背道而驰,可以对父母说"不",但不可以站在社会道德甚至法律的对立面,践踏人性的底线,这是所有教育框架的底线。成长是不断好奇、探索和发现创造世界的不确定过程,但确定性是人的本能所需,在不确定性中寻找可以确定的东西,本身就是试错、冲突和认知的框架化过程,父母只有对此有所认识和理解,才能开放包容地看待孩子的犯错。

》》》设立框架的作用和目的

框架的设立,最终目的是配合家庭教育,促进孩子的个性化成长和社会性发展,提供给孩子稳定发展和健康成长的保障。对此,准备工作越充分越好,框架设置则是越简单越好。我们可以从以下几个作用看到设立框架的目的和意义。

框架可以提供支持、隔离影响、呈现客观。设立框架,可以在"预防阶段"促进孩子身体机能的发展及心智化功能的完善,为成长打下良好的基础;在"解决阶段"也可以促进孩子的理性思维发展和综合能力的提高,提供必要的支持和帮助。设立框架后,可以在父母自身选择困难、情绪不稳或认知不能达到理解水平时,与孩子保持一定距离,实施模糊策略;还可以在框架内多设计让孩子单独完成"够得着的任务",不断促进孩子投入专注度、情绪表达和自我独立的能力,而不会受到父母负面情绪的影响。

不管是大框架还是小框架的落地操作,主体都是孩子,家长为辅助者和推动者。有了框架,才可以让孩子在自己的裁量权里恣意放飞、想象和感受,其个性发展才不会轻易受到父母的影响,家长也能在合适的距离看到孩子充分的玩耍性和体验性表现;在框架中,可以不断添加文化、规则和道德元素,渗透提高孩子精神性的审美意识,从而使孩子在积累经验中能够自发形成早期意识的有序性、表达的自如性和自我的是非观,建立积极的正向反馈;有了框架,才有比较真实完整的呈现,能够让家长与孩子之间保持恰当必要的教育距离之美。

设置框架可以提高教育效能。有框架的设置,才能不断确保由不确定性到确定性的过程得以坚持和实现,让孩子的认知体系和精神世界能够得到源源不断的补充和满足,这样可以最大限度地提高家庭教育资源的效能。家庭需要去探索更高的价值空间和管理效能,更好地激发内部的资源效能水平,在关键时刻推动家庭认知和思维的整体变化,以优化资源配置和资源构成,来实现资源有效匹配和创新家庭教育的支撑框架。

家庭教育资源效能进行结构化调整,需克服一定阻力,因为家庭可能是上升、下降或陷于泥潭沼泽的波动阶段。对于出现各种状况的家庭,激发家庭教育效能的技巧、方法及方向是大不相同的。有些家庭激发困难,整个家庭似乎失去了对环境的防御能量和主动进取精神。对这种家庭而言,改变家庭状态,发展父母自身"二次曲线"是关键,同时把有限的资源压缩在合理范围,才能让家庭教育整体和局部资源效能整合起来发挥更大价值。框架的设定能够使家庭教育实操目的明确、方向稳定、有度可捏、有效可得,而非瞎子摸象或者病急乱投医,达到长期沟通有效、管教有力、学习自得、助推成长的效果。

设置教育框架在"势"中赋能且改变。家庭教育大框架怎么设置、如何有效、怎样推进,主要在于家长对家庭及其教育的整体框架梳理,从现实的梳理分析中获得相对客观的教育知识,从而对家庭的结构、成员及文化构建等内部环境,以及对家庭以外的、以学校为主的外部环境,有了较为全面的了解和认知,可以不断获得家庭教育应用的知识、理念和方法,并据此再确定小框架的组成。

框架的设定操作势必影响应对家庭教育的心境、策略、方法及效果,在对孩子道德价值观及规则意识引导过程中,家长可以主动留意观察具体情境中的"势",与所处环境有个清晰的联系和理解,在充分判断客观过程及其结果比较后,结合孩子的实际情况,在"势"中赋能;把自己来源于早先习得的知识、社会习俗和文化传统,及后天的学习和实践经验等,不断加以改良、组合、筛选、融合和内化,注入"自我"的认知体系里,从而应对教育现实,顺势而为。

各自家庭教育的"共性素材"储备。看到这里,许多家长以为,一个家庭教育要学习梳理这么多,比如认知、观察、主导者、教育框架等,听了头都大,像搞学术研究似的,想想都叫人发怵,难度太大。乍一看好像是这么回事,不过,这本书适用于各种不同人群,除了不同背景和学识的家长外,还包括学校老师、心理咨询师以及感兴趣的学生等,因此,内容涉及广泛,且不能略过学术研究的内容。

家庭教育执业者不同于家长，需要面对各种各样的家庭、家长和孩子，对影响孩子成长及其学习的各种因素，进行统计分析、经验比对、临床实证。研究和学习涉及面广，需要非常广泛的知识体系来支撑，配以各类资源判断解决方案，才能构建有助于不同家庭的教育思想体系及技术。所以才需要不断从临床个案、生活现实中寻找适合各个家庭教育框架的"共性素材"及影响因素。只有这样，不同的人群才能从中受到启发，找到适合自己的理念和方法。家长只需了解与自己相关部分即可，其他可以忽略。

〉〉〉 早期实践发现设置框架的意义

在早期实践中，我从众多家庭咨询及学生教育面询案例中就发现了设置框架的作用及其意义，现在回忆起来犹如昨日梦境，依然有它的价值存在。

实践中帮助了家长比较关注的问题。早期创办教育机构时，我并没有多少完整的个案沉淀，但对学生有过大量的一次性梳理诊断及每学期有上百个家长约谈。我根据学生的个性及其家庭资源，以及在机构的一些表现和安排，指导不少家长一起商议设置了家庭教育框架，指导他们在家里如何根据孩子的个性分析及表现做好家庭教育。效果反馈不错，获得了学生的喜爱和家长的信赖。

后来我又发现家长喜欢参与机构讲座，私底下探讨关注最多的，还是现场了解孩子在机构的主要表现及对他们的分析。家长联系孩子在家的具体情况，自己梳理出孩子的特点、优点、不足及家庭结构特征、较大影响因素等。然后通过多种渠道了解孩子的在校情况，一起分析存在或潜在的优劣势，再微调家庭教育框架内容。每次讲座，家长百分之百到场，而且讲座中途极少有人离席，看得出家长非常需要这方面的支持和帮助。

在老师和家长的共同努力下，大多数学生一个学期后，除了生活和学习习惯方面发生了改变得到提升，个人整体气质和心胸都有了较大变化。即使是高风险环境下长大的个别特殊孩子，也重新得到了家人和老师的关心、尊重和认可,突破了困局,有了积极向上的变化。家长也普遍意识到自己的认知、梳理环境、设置框架,对做好家庭教育非常重要。梳理既可以舒缓家长内卷环境下的攀比焦虑和盲目情绪,又能帮家长全面客观了解孩子、自身家庭及学校的立体实况,帮助家长在建立良好的教育观、理念及沟通模式方面打下坚实的基础。

大框架是家庭教育资源组合的"脑库"。自涉足教育领域以来,我从科目辅导培优,到偏科提升,再到叛逆厌学,以及各种情绪障碍造成的休学停学个案等,一直在不断实践、不断思考家庭教育方向和实现的种种可能性。如果父母越学越多,情况越来越复杂,感觉越来越累,那一定是不合适的方法。好方法就是好教育的开始,是减轻父母经济、时间和精力等负担,减少减缓家庭教育焦虑、纠结和冲突摩擦等,从而使家长放松,且孩子轻松、自信、自主努力学习、身心健康地成长。

认知和利用在不确定的动态情境中,采取不同的应对模式和方法,进行道德观的塑造和价值最大化。在多变复杂的现实环境中学会如何做好教育策略及框架的应用目标是非常必要的。这是统合教育理念中关于家庭教育促进孩子个性化成长的大框架的核心内容和方向,也是为了现代家庭教育的苏醒,花那么多心思和时间写本书的目的和意义。

大框架就是给各个家庭教育建立资源组合的"脑库",以备选择和适用,每个家庭根据自身阶段性特点和需求,选择调用一两项,不需要面面俱到。就像去超市购物一样,货架上的商品琳琅满目,但不是一个人的需求,而是大家按需所选,有用就好。面对各类家庭、家长和孩子,必须提供多层次的资源及聚合、收敛思维,希望本书具有一点这样的功能,给予家长参考并实践。

从问题看到根源是实践调整方向的原理。有位家长在第一次面询时就反馈了刚上二年级的女儿课堂反应慢的问题。据家长说,他们都有及时引导孩子强化优点、积极转化竞争意识,这是非常棒的。但是,看了家长发过来的孩子朗诵和舞蹈的视频后,我把她吐字气息、流畅顿挫、舞蹈动作等表现与其母所描述的日常生活进行比对,明显感受到女孩"小大人"模样,表演什么都到位，就是缺乏自身的灵气、活力和天真可爱。再联想家长所说孩子有些早熟压抑的表现后，我才明白孩子所谓反应慢的根源。

一般情况下，二年级孩子不太可能清晰说出"课堂反应我比其他同学慢太多"之类的自评话语，达不到这种觉察程度和抽象逻辑表达。因此，我综合判断女孩是受外部环境语言强化暗示的可能性较大。后教家长用我们商议的相关方法去调整这个女孩，收到较好的效果，也实证了判断的准确性。这个案例是加强家长如何甄别"内、外部环境影响孩子的认知表现"及年龄段言行特征的意识表现。只有找到并消除真正的根源，才能设置出符合孩子年龄身份的家庭教育框架，这是调整方向的根本原理。

总之，家庭教育通过第一步梳理内部环境，第二步梳理外部环境，逐步提升对教育和家庭教育、自己与孩子的认知；再进行家庭结构、成员、资源及相关信息的量化、比对、分析，逐步厘清家庭特点、优劣势、文化构建，以及整合对孩子过去、当下及将来产生或可能产生影响的内外部因素；最后，让家庭成员在梳理过程中共同感受，舒缓焦虑，清晰认知，共商利弊，配合执行，调整目前不当方向，主导成员或不匹配资源重新组合等，设置长期有效的家庭教育框架，即明确主导的主次角色、资源调配、组合机制。

框架不是一个具体的范式，是对孩子教育、引导、预防、调整的动态把控，大方向不变，但随孩子年龄发展区需求及家长的认知理念变化而变化。在梳理并设立框架过程中，还需要充分考虑家庭背景、经济、文化的整体资源，不断拓展家庭和个人优势，包括发现挖掘家长和孩子的个体优势、能力优势以及能支持他们的资源优势，从而让生活和学习都变得更有意义和丰富。

第八章　家庭教育的前端：预防阶段

前面提到家庭教育可以起到预防作用，对防止家庭问题频发有着至关重要的影响。案例中家长等孩子大量问题出现后再去关注，带来无止境的牵扯和羁绊，非但大量消耗精力、财力和时间，还有可能面对无法承担的后果，这是一直强调家庭教育"预防"的重要原因。"预防阶段"是父母高质量陪伴低龄儿童的重要时刻，决定着整个家庭教育质量及孩子统合能力程度等，涉及预防性家庭教育框架系统和方法论的应用。下面从它的作用、特点及具体应对措施来看如何做好"预防阶段"的家庭教育。

>>> "预防阶段"的作用、特点及其表现

在第三章关于教育效能部分，对"预防阶段"的概念做了阐述，主要指在孩子早期养育、陪伴和引导过程中，对于未来学习、社交、生活方面可能产生的行为、心理或认知等各类偏差，以及将来对孩子、家庭和社会可能产生伤害或危害的隐患问题等，尽量提前进行预防。也就是从问题发生的前端，去思考未来有可能会发生什么，结合孩子当下的状况，我们可以怎么做的问题。

现实生活中，大多数家长较为关切和担忧的是如何解决孩子长期存在的、突发的或者正在发生的生活和学习问题。其实，也就是遇到问题后才做出被动反应，即各类问题发生的后端"解决阶段"。"预防阶段"做好了，能够普惠每个家庭。家长只要重视和行动起来，基本能做到。

"预防"要适当了解人性的弱点。筹办"妈妈工作坊"初期，朋友、伙伴和大多数家长一样，只想在工作坊多学习一些解决现存问题的具体理论和

应用，即立马见效的措施和方法，来应对孩子当下的现状。这好比"吃烂苹果"的故事，总会下意识地注意吃有点烂的或者快要烂的，最后总吃不到好苹果。我想，这可能是心理学所指的人类原始防御意识在作怪，人们对危险或者负面的东西更敏感而引发人的先行处理。

因此，在教育过程中，要适当对人性的弱点加以了解，这样更容易理解现实与我们所想的不同之处，或者意识不到的地方，才更容易找到坚持正确信念的方法，解决问题，帮助他人。比如，在理解工作坊家长的基础上，我之所以坚持并实施自己的理念，是因为知道作为家长的防御本能，以及低龄儿童的表现特点，需要把日常的家庭教育转向"预防"比"解决"问题更重要的意识层面，这样工作坊课程才有更多普及意义。

当我们对人的天性和弱点有一定认知时，对自己和孩子的本能反应就有更多理解，就会增加对自己和孩子的包容力量，家庭会少些焦虑烦躁，问题处理起来才能得心应手。

"预防"普惠家庭的意义。"预防"对于普通家庭都能做到，操作简单，它让每个孩子和家庭都能获益。等问题发生后再去关注，所耗时间长不说，更不能保证那些日积月累的沉瘀负荷可以一下子被清理殆尽。这就好比病入膏肓的状态，病人不仅要承受当时疾病的疼痛，还有可能受到治疗副作用引发的其他后遗症、并发症，更有可能时刻遭受性命不保的威胁，深陷痛苦。但是，如果在营养、运动、养生等方面适当下功夫，做好防护并持之以恒，相当于对"健康"有个提前预防作用，那自然是身健康、病少得、心愉悦了。

对于家庭教育"预防阶段"的意义，也正是如此，它是"统合教育"中非常重要的概念。每一个家庭想得到自有系统的支持和帮助，首先就要充分了解认识"预防"的必要性和重要性，然后才是策略和选择，并利用资源及个体特点孵化家庭教育框架，达到"统合教育"理念和方法的影响，最后才能在生活和学习中实践操作"如何预防问题的发生"，正向引导孩子。

"预防"有效防止小问题变成大问题。在众多案例统计及家长访谈中，我发现被家庭和社会称为"问题少年"的厌学、网瘾、休学、混社会或躺平等孩子,有的个性鲜明、优势突出,甚至低龄学段曾名列前茅,智商和能力都不低;有的家庭关系、经济条件和成长环境都不差,父母的文化背景和陪伴程度也较高;还有的只是学习偏科、注意力不集中、习惯行为等略有偏差等。但是,由于父母的认知影响或对外部环境的疏忽,以及周遭的偏见、歧视、不良诱导等原因,造成孩子认知、道德及身心的扭曲,甚至出现伤害生命或精神分裂等现象,由小问题变成了大问题。

因此,"预防阶段"是否得到足够的关注和重视,面对孩子的成长,能否以正确的教育观和方法保驾护航,对导致问题的环境因素是否具备辨识和改变能力,包括家庭关系、校园霸凌、意外创伤等,这些都直接关系到"预防"的效果。另外,孩子的性格和个性更是影响"预防"的重要因素,但凡出现问题的,一般会在性格和个性中"露"出相应的缺陷、倾向或端倪,这在"预防"时可作为观察"主轴"来寻找各类"微线索"。

"预防阶段"彰显家庭教育的魅力。当家长重视"预防阶段"并采取相应措施,早期教育就能呈现较好的效果,为未来的行为、能力和关系发展打下良好的基础。当孩子在"预防阶段"具备了一定的认知和品性时,他们自身就有了能够抵制周遭事物对自己产生负面或不利的能力,在未来能把生活不幸的部分很好地转化,调整心态,生存、生活能力及责任感逐渐强大。只有这样,才能不断提高孩子的辨别力、思考力和修复力,完善心智功能的整合,激发孩子对过去、现在和未来世界充满好奇、探究的心灵,以及具备直面困难的意志和解决问题的综合能力。

如果"预防阶段"能让孩子具备统合能力,那么未来孩子的可塑性强,不仅对外界的欣赏、理解和联结有很好的自我辨识能力,也懂得充分滋养和发展自己的独特性,享受美好的东西。教育从来没有一个明确的定义和答案,只有当家长把握了大的方向和框架,做好预防,才能逐步把所学所思内化成自己的东西使用出来,在实践中再提炼出属于自己的、与孩子交流的家庭教育的合适方法。美好轻松的家庭教育,在"预防阶段"才能彰显出它的魅力和长远效能。

"预防"一般发生在孩子的低龄时期。在提供多层面、多元化及多视角的介质刺激源等情境中,"预防阶段"可以不断训练孩子"思辨、学习、认知、联结"的个性化思维和表达模式,丰富其性格和个性的发展,更多关注的不是物质生活的丰富或者考试分数的高低,而是孩子有序、有机、有质地成长,自我认同意识以及道德价值观的逐步建立等。预防,就像播种子,耐心浇水、施肥、除草,就会向阳而生,而不能拔苗助长。

从出生开始,经历婴幼儿期、学前班、小学,直到青春期前,儿童都处在低龄时期。早期教育是家庭教育的第一阶段,能应用新手家长或低龄儿童所适用的预防性框架方法,是做好"预防"的关键时期,尤其从出生到小学三年级这个阶段。对于第六章的总模型及四要素要有个初步认识,即我们在认识问题、判断问题、解决问题时所需要考虑的影响因素、原理和联系,沿着四个要素去一一观察、认知、理解、转化,这样才能教育孩子防患于未然。家庭教育"预防"和"助推"主要集中在0—3岁、3—12岁两个阶段。

0—3岁孩子主要通过父母的对视、握举等动作带动他们的模仿和感知觉的刺激,增进亲子感情,这是最初始的无声教育模式,对婴幼儿身体机能的完善有较大帮助,尤其是多爬动、翻滚对这个时期的大、小肌肉的训练能起到良好的促进作用;3—12岁孩子主要通过强化规则、道德、生命等意识,为儿童与父母的意识分离、抽象思维能力的形成、步入青春期并形成健全的人格等打好底子。

首先是婴幼儿期。婴幼儿的教育,主要是动作、感知和语言的训练,利用具象化的情境,培养孩子互动、听说、简单分享等活动能力。在孩子牙牙学语、还不能完整表达称呼或句子时,家长一般采用儿向语,用其音调、节奏、神态等与孩子自顾自说话、抚摸、对望,并协助婴幼儿握拳、抓取、翻身、爬行、抬头等多元化活动,加大环境对婴幼儿听觉、视觉、触觉、动觉等敏感度的刺激,训练身体机能和感官功能,以轻松、逗乐、亲密的方式,让婴幼儿感受到与父母互动的快乐、信任和安全感。

家长强化婴幼儿对环境的好奇、参与及探索能力,从中观察各种反应,寻找或制造情境,让婴幼儿逐步萌发"专注—探索—想象"的自得性意识,这是儿童未来受教育和学习动力的"引擎",影响儿童早期交往模式和自我意识等，需要家长给予重视关注、积极呵护。即将为人父母的夫妻应当具备一定的育儿知识，了解和掌握该阶段的一些特点，对后期的分离焦虑、学习专注、人格分离和习惯养成都会产生较大的影响。

婴幼儿期，是自我意识发展无序的阶段，缺乏有效沟通的语言和理解能力，主要以"哭"来代替语言和表达情绪。家长在理解这个特点的基础上回应孩子的需求，利用与孩子互动、运动及玩耍的机会，多关注儿童的表情和注意力变化。比如用儿童喜欢的夸张表情、熟悉动作及味道等及时反馈，使其感受到关注、喜爱和重视。

这个时期正是大、小肌肉通过持续活动不断促进身体平衡及控制身体学习走路的阶段，是大肌肉群粗大运动不容错过练习的最佳时期。我一直提倡不要让幼儿期儿童过早写字，是因为这个阶段儿童的小肌肉群还没有足够控制手和手指力量平衡的能力，达不到精确性活动，整个手臂肌肉力量，特别是手指的握笔力量、控制稳定性远远不够，这也是如今孩子容易造成握笔姿势问题、屡屡被父母纠正因而信心受打击的根本原因。

其次是学前班时期。儿童步入学前班，能够充分体验与同伴的交往玩耍、听故事、动手游戏等乐趣。这个时候，儿童的大脑前额叶发育较为完全，对外部具体的信息刺激基本能做出反应，但思维还处于具象化早期阶段，对抽象事物还不能理解并做出反应。这个时期经历各种体验和经验记忆，储存大量的正负向"因子"，就需要父母利用自身的经验和智慧积极消除负向的、利用正向的"因子"去教育引导孩子，促进儿童建立正向反馈模式。

随着环境的不断交互、意识的打开，儿童逐渐发展出自己的性格，形成自己的个性。性格是较难改变的，但个性是可以适当受外部影响、进行修剪塑造的。负向"因子"不仅对儿童成长产生负面影响，还对社会产生危害隐患等，需要加以适当修正、引导并引入规则，比如顽劣、野蛮、邪恶以及对权力绝对控制欲等，需要父母进行必要的教育感化，父母是儿童能够有序发展和安全成长的"保护伞"。

儿童进入学前班初期出现分离焦虑哭闹的现象，大多数原因是父母日常生活中过度保护、关注和溺爱,造成儿童对父母过度依恋,形成强黏性;有的是父母过往处理儿童分离时使用不妥方式,比如冷漠训斥、忽视欺骗、怒吼打骂等,造成儿童创伤性心理阴影;分离焦虑对孩子的性格及适应陌生环境的能力产生负面影响,孩子可能会出现怕黑及视觉死角恐惧等表现,以及各种拖延、抽搐、持续大哭、死活不愿进幼儿园等表现。一些较为严重的负面影响伴随到成人后也不会消失,还有可能成为其他症状的应激源。

因此,从出生开始,父母需掌握简单有效的育儿方式,提前做好儿童分离焦虑的缓冲、疏解和训练。一般情况下,儿童的分离焦虑,经过父母早期训练会逐渐弱化,自然分离,不太会影响后期的情绪控制和身心稳定。总的来说,学前班侧重儿童"放养式"体验各种玩耍,主要是为了增加与小伙伴、环境之间的交互感受、联结和认识,增强主导器官的敏感性和感知力,这将直接影响孩子未来的社交和学习能力,以及由具象化思维逐步向抽象化思维转化的速度。

再者就是小学阶段。进入小学阶段,一年级开始侧重儿童服从集体的硬性要求和规定,相较于幼儿园时期,是个非常大的跨度,需要一定的适应期。比如,学前班专注听说 15 分钟左右,但小学则拉长到半小时,甚至 45 分钟以上,握笔的力量开始增加,可以轻松掌控握笔的正确姿势。这是父母那个年代因没有幼儿园而很少看到出现握笔姿势问题的缘故,也是国外幼稚园不推崇这时期儿童学习握笔的原因。

面对诸如此类适应新环境的变化,儿童就会产生不适或者害怕紧张的心理。这时家长教育孩子,需要关注儿童面对新环境的习惯问题和情绪变化,适时给予孩子更多耐心和引导,在变化反应中寻找契机,不断融入一些简单的生活常识和知识启蒙,带动儿童对世界的想象、探索和好奇,激发儿童与人互动的学习意趣、勇气和自信,这是培养孩子形成兴趣和习惯的重要阶段。综上可见,家庭因素对个体的意识倾向和个性心理特征等影响较大,早期教育需要预防今后出现"歪瓜裂枣"。

最后是青春期前。青少年在步入青春期前,始终处在个性化发展未定型中,自我意识和情绪控制还不稳定,呈多变状态,处在"预防阶段"的尾声。随着年龄的增加,青少年的抽象思维逐步形成,理解和思辨能力增强,内化的文化信念及社会意识等逐渐产生与自我个性发展相冲突的部分,有许多个性化的丰富表现,开始叛逆,不遵循父母教导。

这个阶段,青少年对外部的敏感性和冲动性相对以往都有较大的变化,较长时间内出现性别社会化、人际关系和自我认同等意识的混沌、怀疑、否定状态,家长特别需要在这个时期进行青春期的提前教育和引导。否则,到了青春期内在冲突峰值达到高位,叠加各种激素分泌水平也达到高峰期,整个人极为激动、失控、叛逆,被环境和同伴影响,常离经叛道,也会出现偏离社会价值观、反社会人格、极端对抗行为等问题。

因此,这个时期的预防重点在于性别社会化意识的引导、道德价值观的巩固、认识情绪控制等方面,在青少年个性化基础上发展出良好的社会性,整个人才能得到自我平衡、自我调节和调整的能力,积极向上、自信有力。有了这些基础,才能顺利进入、平稳度过青春期。

12 岁之前的身体发育特点及影响。从出生到 12 岁之前,大脑发育持续不断。这时期神经突触的发达程度前所未有,每天都有大量生长或死亡,如能提供丰富的外部环境来刺激大脑的各功能区域,使更多神经突触连接、活跃、生长,不仅可能产生某个脑区域功能的优势,释放更多能量,还可能对儿童的智商发展产生重大影响。大脑功能分布区域的神经元之间有着千丝万缕的联系和变化,发展强弱主要看功能区神经元的使用刺激频率,使用越多越发达,反之则慢慢消亡,功能减弱至丧失。

儿童的生长,需要不断在大肌肉群的粗糙活动以及小肌肉群的精细活动中,让身体和精神能量上得到及时补充,以变化发展的动能释放来平衡身心的各种元素、激素分泌程度,包括神经介质中的肌肉细胞和腺体细胞等浓度,从而有效促进身体机能的循环补充,以及能更多地刺激天性中本能的野蛮、冷酷、残忍及原始力量的消耗、外化、转化,发展出更多具有认知、情感、思考的人性聚焦能量。

"预防阶段"是整合认知的过程。人终其一生,在不同时期、不同阶段用动作、语言、表情等各种方式来表达自己、展示智慧、探索世界,并在相应的环境中进行想象、实证、确定,从而达到自我满足、自我支配、自我保护、自我觉知的整合认知过程。"预防阶段"的主要目的就是培养孩子整合认知能力,它是统合能力的重要组成部分,也是逐渐探索未来、解决问题及学习生活非常需要的复合能力培养过程。

只有整合认知达到一定程度,才能在需求、技能、兴趣等方面与个性高度匹配,自身优势得到充分发挥,"预防"效果也就水涨船高。引导孩子在思想、心理和行为上与性格相匹配,则需要耐心和方法,并做出很多改变,这个过程有时会比较痛苦而漫长,却是个熵减智增的过程,是人生价值螺旋式上升的过程。

整合认知的过程中,不管是成人还是未成年人,都会受到各自环境、关系、角色、传统观念和价值观等方面的影响制约,真实的个性往往会被现实的生存发展或其他需要所替代,并逐渐由此隐藏起来。时间一长,很容易造成内在需求和外在表现上的不一致,身心不统一、不和谐。未成年人过早受到外部因素的影响会导致整合认知的偏移偏差,还可能导致自我认同混乱无序,自我组织和个性发展受到人为的阻碍和抑制,易造成内心巨大冲突和情绪的不稳定,能力和潜力的发挥受到削弱,生活和学习自然受到影响。

早期教育是为了培养"统合能力"。早期家庭教育,本身就贯穿着对身体机能和心理机能等各方面"打底子"的准备、预防和保护作用,这些为孩子今后生活和学习打下坚实的基础,最终形成"统合能力"。"统合能力"概念,主要是指个体在传统的和现代的、内部的和外部的、个体的和集体的差异化发展过程中,形成自我整合内在与外在意识的一体性,学会合理统筹时间、空间及由此联系生活实际解决问题的能力。

形成统合能力,是一个具有一定矛盾冲突但又紧密联系发展的过程。通过提高学识储备和认知能力,以及对环境和资源的利用、协调、组织等,强化对事物发展趋势和规律的理解认识,形成自己的思辨意识和精神理念,从而具备观察、判断及解决问题等综合能力,逐步达到个性和社会化发展的平衡状态，以及自我认同价值和社会价值的一致性发展。培养"统合能力"很重要，是"预防阶段"的主要目的，这将在《统合教育》一书中详述，这里先作简单了解。

>>> 如何做好"预防阶段"

当我们充分了解"预防阶段"的特点、表现和目的后，更需要从以下几个角度思考怎么做好"预防阶段"，才能真正理解和应对现代家庭早期预防的作用。

要理解"预防阶段"的必要性。我常建议家庭教育要从生活开始，孩子从小就要力所能及地做一些家务事，主要还是因为现代复杂多变的环境与父母、祖辈那些年代的环境大不相同，低龄孩子参与家庭生活学习、动手能力和责任意识的机会几乎在"闹饥荒"，根本满足不了孩子意志锻炼、生活智慧汲取、基础活动训练的需求。有家长认为，孩子做不做家务没啥关系，长大自然就会，认为自己也是这样长大成人，不做家务不觉得有什么不妥，小时候多学知识和技能更重要，何必浪费时间呢……这是现代家庭普遍存在的问题，实际上是没有意识到家庭教育"预防阶段"的必要性。

父母、祖辈所处及以前的年代，家庭孩子多，邻里关系熟悉稳定，相互有个照应，尤其生活在一个单位大院的孩子，成群结伴，两小无猜，喧闹玩耍，好不热闹；那时课业简单，在学校基本完成，少有回家学习的现象，扮家家、"斗公鸡"、爬树上梁、掏鸟蛋、追狗跑，常被父母误解、训斥、惩罚，但不管小孩有多大委屈、多遭挫败或被打骂，都可以很快在小伙伴以及邻居那里得到宣泄消解，忘得干干净净；那些争强好胜、争夺追逐、争吵打架的孩子，即使鼻青脸肿、青一块紫一块，狂哭和欢笑一个不落、一点不少，照样活得有滋有味。

叶圣陶先生说，生活就是教育，教育就是生活。那个年代的孩子，正是在日常生活中能够充分发展出生动而成熟的友情，身体也得到足够的锻炼，每天的运动量能很好地消耗体内过多的激素分泌能量，睡得香，心情自然舒畅敞开。即使不做家务，在兄弟姐妹、小伙伴互动中，都可以达到情绪舒展、功能修复和社会化的效果，身体和心理发展平衡，大、小肌肉群的低高级活动均衡，动作发展协调而有力，而这些恰是现代社会家庭教育所缺失的生活资源。

尤其是生长在计划生育年代的独生子女，现在正处在生育年龄或者青春期阶段，他们没有享受到过去年代的丰富同伴活动、建立重要伙伴关系，取而代之的是虚拟世界里的游戏、短视频及因心智还未成熟所面对的各类碎片化信息等，身体和心理机能得不到良好的锻炼，不能平衡发展，很容易出现心理问题频发的状况。现在的孩子除了享受父母和长辈的物质宠溺外，少有同伴玩耍或日常参与学习外活动的机会，生活体验少得可怜。

这时，做家务就不是单纯让孩子学会炒菜、做饭、拖地这些简单的生活技能，而是让孩子在长期的家庭事务参与中享受自己的劳动价值，意识到家庭需要一起努力才有快乐和幸福；同时，也在增加锻炼大小肌肉的低高级活动，使之得到适时发展，增加耐性、意志力和劳动训练；这不仅加深了家庭关系的融洽和归属感，还培养强化孩子参与过程中的价值感和责任感。而做家务是孩子在当下最直接、最简单易入手的活动，尽早开始，逐渐加大，对孩子的成长会有意想不到的收获。

因此，现代家庭在"预防阶段"，有必要让孩子参与更多活动，有助于其行为习惯、抗压能力和抽象化思维的形成，促进孩子的社会化发展。比如通过家务、户外运动或美育活动等，激发他们的责任意识、自我意识和生活热情，使之得到生理和心理机能的释放宣泄；孩子在做家务中感受到自己带给家庭的价值，体验到作为家庭成员的责任，由此获得自我表现、自我欣赏和自豪感，由己到人才能学会尊重他人，深度联结家庭和父母；家长不断从生活情境中观察教育孩子，而不是空洞地强制纠偏和控制，基于整体发展而非局部评判去发现孩子的特长和美好的品质，形成良好的教育认知和统合能力。

"预防"要观察性格和个性的不同表现。日常生活中，我们会对他人的态度、意志、情绪及思维等特征做出评判。评判的是现实稳定持续的性格相关表征部分，让人明显感受到的、凸显的是人格特质，这是个性的核心部分。如果说气质表现的是人格的生物属性，那么性格体现的是人格的社会属性，个体之间人格差异的核心就是性格上的差异，会受到社会人文、历史文化、信仰观念等影响。

性格具有可塑性，较为稳定，但不是一成不变的。比如，坦诚或虚伪、谦虚或骄傲、热情或冷漠、开朗或阴郁、深刻或浅薄等，以及思维敏捷强逻辑或思维迟缓弱逻辑等；个性比性格更易于改变，并不断受环境影响产生一定的倾向性，通常是指人的精神面貌或心理特征等，可能会因为思想、情感、行为、习惯等变化而变化，比如，有睿智的、温和的、内敛的，也有急躁的、莽撞的、偏执的、入侵式的。观察这些分类表现对于"预防"的精准性、针对性、策略性是非常必要的。

要关注影响儿童"统合能力"的几个关键要素。在家庭教育中，预防儿童可能出现的普遍性问题，还需要注意了解影响儿童统合能力发展的五个关键要素及其作用，这样才能有效做好"预防阶段"的家庭教育。

1. 保证儿童的身体机能正常健康地发展。这是身体的生长规律、健康状态、发展功能的根本，与情绪、智慧及社会化息息相关，遵循这种发展，是保证孩子精神气、身体素质的"基石"。只有人的身体机能得到健康发展，人才能全面发展功能性的基础保障，这与后期成长的体能、体格、意志及力量有关。重视身体的生长规律及保持健康状态是孩子生活和学习的一切基础。

2. 鼓励激发儿童发展过程中的玩耍性。玩耍能够让儿童获得自主性和快乐，不仅减缓焦虑和压力，还能发展出生存方式及自娱能力的一部分。而自娱是一种必要的修复能量和能力。玩耍性在人类哲学意义上具有两个方向，一是释放旺盛或过剩的精力，二是发展出生存方式及能力的一部分。另外，玩耍对于儿童来说，还意味着自我认知世界的好奇和探索，就其活跃度和能量而言，玩耍有时像一剂良药，可以减缓释放不确定的压力，在情绪、行为和心理上能得到自我支持、感知、认同。

3. 要注重孩子发展过程中的有序性。身体的生长、大脑的运行、情绪的稳定、优化选择等存在各自秩序以及适应现实环境的规则法律等，是抵达审美意识肌理的前奏。人和所处环境的有序性一旦紊乱,则会不断出现相应的混乱状态。"有序性"是人在信息输入、加工、输出时必须具备的概念,结构、逻辑、量化等表征形式的基本需要,某种程度上是一种默会知识,是达到审美及统合的"肌理"。

4. 培养和打开孩子的审美意识。孩子在视域、感知、行为上发展出审美的能力和其他附着价值形式的突破,通过不断刺激视觉、听觉、触觉、嗅觉、味觉、心觉等高级形式的审美性,就能与所处环境的变化发展产生紧密的联结、联动和情感。审美性,是在人发展出良好的功能性,结合呈现心流状态的玩耍性,以及充分自然整合的有序性基础上,让人心情放松并愉悦地去审视周遭环境的变化及发展,从而使人在视域、感知、行为上发展出审美的能力和其他价值形式的突破,形成自己的审美价值观。

5. 不断完善发展出孩子的统合能力。当孩子发展出良好的身体机能,充分体验玩耍的自得性,尤其能呈现心流忘我的状态时,结合自然整合的有序性和美的意识,就能发展出高级思维能力,逐步形成解决现实问题的统合能力。统合性,这里是指功能性、玩耍性、有序性等逐步整合发展到一定程度,具备视觉、听觉、触觉、嗅觉、味觉、心觉等高级形式的审美性时,自然而然发展出的高级思维能力及其操作控制实现的统合能力。

当然,还有许多其他要素影响统合能力的发展。对于低龄儿童的家长,能够掌握上述五个关键影响要素及它们的关系特点,将之应用到家庭教育"预防"中,进行生活家事、美育活动、规则教导、学习启蒙和道德浸润,对孩子的行为习惯、思维形成以及精神倾向的教育具有明显的效果。比如,家长与孩子通过简单玩耍"过家家"或者拼乐高等形成各种雏形社会关系和情境,进行想象思维、语言表达,可以刺激整合孩子早期的社交知觉和表达意识,能有效增加孩子的社交技能和信心,对其今后的社交问题起着预防和促进作用。

儿童通过多要素影响下的认知情境及经验整合,能有效地促进他们的秩序感、是非观、耐受性和适应性,而家庭也逐渐形成一个重养育方式、陪伴质量及分层教育的"磁场内核",从而增强孩子的统合能力。至此,尊重、感受、感恩、包容、美好和爱才能进入一种循序渐进的生长过程，成为儿童个性和优势的组成部分，直接或间接影响他们的气质和性格变化，对他们的人性魅力产生深远的作用和意义。

"预防"要遵循的四个方面。我们强调"顺势而为"地引导，就是顺着孩子的思维方式进行沟通，让孩子真实地表达自己，在挖掘他们发展的可能方向、可能优势的同时，能及时消除、掐断、摘掉可能出现问题的端倪，为其今后的成长做好充分准备，这是家庭教育"预防阶段"的意义。家长只有明白这个目的，才会积极地在所处环境中整合资源和平台，设置教育框架并组织添加丰富的教育内容。

每个家庭都会面临教育孩子的常规性内容，以及突发或不确定性的非常规教育内容，如何在这些教育内容和框架中融合"预防"意识和措施，需要重视遵循以下四个方面：第一，要照应孩子的天性特点，保护其"元动力"；第二，制定规则，发展且完善既符合孩子性格和个性特点，又符合社会化发展的适应生存能力；第三，满足当下发展区的需求，平衡个人利益和家庭要求，塑造道德价值观；第四，坚持常用哈维尔的《对话原则》，在任何情境下巧用"顺势而为"和"不动声色"的教育方法。

》》 在"预防阶段"怎样具体教育孩子

至此，我们在全面了解"预防阶段"的特点、作用、表现，以及如何做好"预防阶段"的基础上，可以从以下几个方面交流学习如何具体教育孩子。

不要轻易打扰孩子专注投入的状态。时常看到一些儿童正玩得专注投入、沉浸其中、自得其乐时，却被父母随意干扰、打扰、中断。比如，孩子在看绘本自演自编对话或一动不动地观察蚂蚁之类的昆虫时，父母会突然神来一句赞美或者疑问，有时孩子没有回应时，还会生气责问"发什么傻呆"，或发怒大声吼叫"你在干什么"。孩子受到惊吓，回过神来却不知所措，长此以往，会影响他们今后的注意力和能量聚焦。

当孩子的注意力被自己喜欢或感兴趣的事物吸引时，受到刺激的愉悦反应和连接就产生了，合意且喜悦的状态能使事物和儿童之间形成安全稳定的场域体验氛围,孩子就会从中产生稳定而积极的探索欲。因此,凡是出现这些状态时,尽量不要打扰孩子。等结束后,再针对一些不当表现适当进行教育引导,使孩子既享受到喜爱之物,又被尊重,还能从中得到一些有价值的启发,吸取教训,对事物就越能聚焦和持续地探索。

在安全范围内,家长保持适当的距离观察一些细节,渐渐感受到孩子的兴趣所在和学习倾向,在此基础上让他们自发养成专注的习惯和观察能力,允许他们享受漫无目的的闲暇时光,发呆、想象和体会这个世界,增加对当下事物的了解和热爱,就会增加孩子的信心和力量。这时,家长也会心里有数,再教育孩子时不会焦虑和担心,能为今后家庭教育省去许多烦心事,父母和孩子更能聚集正向能量。

培养孩子表达和倾听双向角色的对话意识。在预防阶段,利用哈维尔对话原则,可以培养孩子具备表达者与倾听者双向角色的沟通意识,有利于家庭建立非强制性、平等尊重、温和理解的对话机制,达到教育效能。教育是一种社会化过程,本质上是由外而内的觉醒、吸收和内化的赋予文化的过程,而家庭教育是家长帮助孩子实现由内而外的模仿、教化和自我独立的个体化过程,也是家长自我教育、意识和观念变化的过程。

家长的认知、成长和理念直接影响着教育效果,在养育、陪伴和引导等方式下,提供完善丰富的家庭支持系统,牵引着孩子由内而外地去探索自己、适应环境。在这些过程中,往往就在不断的对话机制和沟通意识中,影响着孩子的认识、模仿、体验和自省,也促进着父母的理解、反思和教育理念的转变,这样才可能达到彼此双向奔赴的亲子关系,以及对话的沟通效果,从而让孩子在其个体化过程中体会到由"家"所带来的对生命的尊重和理解,还有温暖的爱。

家庭教育的角色转换及"四步复盘法"。前面提到家庭教育的主导和协助角色问题,关系到表达者和倾听者的身份转换。主导角色,需要整合统筹资源并判断处理问题,更多地以表达者身份来阐述想法和建议,进行分析,重要的事项还需要征求家庭其他成员的意见,进行家庭会议。协助角色需要学会配合处理问题,更多以倾听者的身份吸取主导者的想法和框架安排,可适当提出自己的看法和建议。如果要做到高效表达和倾听,还需认识自己的性格和能力范围,比如性格急躁平和与否,说话方式直接还是含蓄,以及是否具备科目辅导能力等,对这些有大致的了解和分析后,才能做好"预防阶段"的深入沟通,解决出现或发现的隐患问题,达到教育效果。

不管家长是主导角色还是辅助角色,最终学会表达和倾听的双向角色转换都是家长、孩子沟通和配合的必要措施,是家庭教育机制有效运行的核心保障。以下"四步复盘法"就是深入沟通的步骤:

1. 还原问题。当偶尔有出格的问题时,需要及时与孩子还原问题的发生过程和结果。复述既可以平复孩子的情绪,也可以再一次重现经过,让孩子尝试自我经验的梳理。

2. 联结情感。当孩子还原完过程后,家长说出自己的感受,再问孩子的具体感受,并让其描述,不知不觉中让孩子有了比较和连接,这时易产生情感上的联结,促使孩子在问题的发生上有更深刻的感受和认识,进而强化孩子的觉察和理解能力。

3. 升华意识。经过孩子复述还原并谈及感受后,再各自对此事进行分析、评论和判断,逐步提高其思辨能力,对此进行独立分析和思考,产生自己的思想、是非观和判断,强化思辨意识和批判能力,并上升到精神层面。

4. 导出原因。只有经过前面具体还原、联结情感、升华意识后,最后一步导出问题的原因,进行干预或消除发生问题的隐患,孩子才能比较全面地对此事进行自我梳理、触碰情感和思考,升华意识。这是教育主旨的方向,是实现教育效能的最重要一步。

"四步复盘法"的灵活运用。以上对"预防阶段"做了各个方面的解读和分析,是为了凸显低龄阶段早期教育的重要性,也就是预防准备的必要性。实际上,"预防"和"解决"有同时存在的可能,即预防中有解决问题的需要,解决中也有预防措施的必要,时间顺序并非一成不变,只是某些阶段侧重点、应对策略和追求效果不同。如上述"四步复盘法"不仅在"预防阶段"发挥重要作用,在"解决阶段"同样适用,只要涉及沟通引导,都可以采用。

理论是刻板而普及性的,但方法的应用却是灵活而个体化的,家长可以根据现实变通方法多练习,熟能生巧,届时根据孩子的个性特点,简化取其一两步即可。只要内化了"四步复盘法"的意识,掌握它的重点和精髓,就无须每次按四步法进行。

预防阶段,重要的是家长梳理自己、孩子及家庭成员的大致情况,以教育为核心,形成对天性、个性、智商、环境等四要素产生影响的"情境式教育"框架,顺应并利用孩子在能量化、心智化过程中的"势",促进其适应环境发展而外化的社会性和规则性,使之既符合社会规范,又有个性化发展。

"四步复盘法"可以改变家长和孩子的认知结构。教育是对人的意识构建或认知重构,而家庭教育重在"预防"各种社会成长性问题的倾向和发生的负向可能,包括认知上的偏移、错误和极端,在一定程度上也是对孩子个性的重塑调整,为孩子将来进入成人社会"打好底子"。

个性的改变是消耗能量并转化的过程,需要不断吸收环境中有益于修复调节、平稳聚焦、带动激发的能量和营养。孩子的成绩、行为偏差或规则意识,不是一天一周就达致完美,而是要不断吸收、蓄能及逐步转变。家庭建立轻松、信任、良好的互动氛围,形成情感联结和依恋的能量场,能促进孩子能量吸收、流动和释放,使之身心更健康。

"预防阶段",是在不断整合孩子所处环境的教育媒介和资源,聚焦其身心和精神的成长"因子",不断吸收知识和技能,被文化和信念塑造的过程。不管怎样,对孩子好的特征要给予具体的鼓励和扩展,对不好的也要积极赋能和转化,而不是直接对结果提出批评和指责。坚持"四步复盘法",可以让家长和孩子的认知结构得到更好的改变。

"不动声色"的原则。家长陪伴或引导孩子时尽可能采用"不动声色"的原则,以尊重、欣赏和理解孩子为主调,适当设置框架规则,进行管教约束,尽可能给予孩子自行成长的力量和自律。这里所指的"不动声色"包括:闭上评判的嘴巴,不要轻易评判否定孩子;多用耳朵倾听,倾听是一种能力，是用心听懂孩子的需求和表达，需要不断地训练；学会观察的眼睛，在少评判多倾听用心理解的情况下，要多观察细节和情境变化，从而进一步阻断和隔离不利因素，及时支持和帮助孩子所需。

当孩子本身出现问题时，暂且不用过度反应或焦虑指责，先看一下具体是什么原因造成，再做处理。比如，遇到学习差的情况，那要看是反应慢、智商低或学习主导器官的敏感度不同造成的，还是学习进度跟不上、消化不良、不喜欢科目及任课老师等原因所致，确定原因后再具体解决学习差的问题。

所以，当我们不懂或者不太清楚原因时，尽可能先给予孩子一个陪同者、倾听者、观察者的身份，先判断问题的缘由，再不动声色地协助或引导孩子解决问题，而不是急于代替孩子去解决，或者立马让孩子得到彻底转变，或者马上否定改变当下的境况，这些都是不可取的。

》》 "预防"叛逆期的几个关键点

孩子在几个不同时期会出现叛逆行为，了解这些时期的行为特征和心理倾向对于"预防"来说非常重要，具体可以从以下内容去学习和训练。

孩子不同时期有不同的教育需求和侧重点。孩子从脱离母体开始，都会经历几个"预防"关键时间点。在孩子对自己的身体、肌肉感觉、依恋感等方面开始探索，不断促进神经系统的发育、认知意识的觉醒、心智功能的完善过程中，可能出现与分离焦虑、人格独立、个体化分离、自我认同、叛逆等有关的问题。

在 2.5—5 岁宝宝叛逆期、7—9 岁儿童叛逆期、12—18 岁青春叛逆期三个特殊阶段，家长更要了解它们的变化特点和主要表现，以便提前持续做好预防、教育引导和促进帮助。既要做好教育的"预防"措施，又要兼顾孩子从出生后根据不同年龄所进行的性教育，孩子在不同时期有不同的教育需求和侧重点。

孩子成长的每个不同年龄段都有其影响将来发展的可能性和独特性，对未来需要定型的部分提前固着并寻找"线索"强化。老话说"三岁看大，七岁看老",就是指小孩 3 岁时可以看出长大后的心理、性格等初始状态,到了 7 岁时,还可以看出他一生的发展可能,这在强调孩子的良好品行和习惯要从小教育培养。

2.5—5 岁宝宝叛逆期。宝宝叛逆期源自自我独立的分离意识,这个阶段的孩子对大人的服从要求会产生逆反心理,常说"不";喜欢表现自己和自主选择事物,会把想要的直接表达出来,占有控制欲较强,不愿与人分享东西;大脑发育尚未成熟,能力尚未达到,语言不能准确表达自己的想法,一旦遇到想做又做不好或被拒绝的事情,就会乱发脾气、大哭大闹;在这个时期,往往可以看出孩子天性中的个性倾向、情绪模式和智商水平等特点,可以由此大致判断出孩子的力量感和反应模式;家长在陪伴孩子时,要多理解和多做匹配第一个儿童叛逆期的教化、引导、辅助行为,而非否定或恐吓或其他阻碍孩子成长的行为。

这个阶段的教育,家长需要多留意孩子的基本自理能力、语言表达能力和礼貌习惯的培养,否则越到后面越难自立和分离,可能会存在不愿承担责任、语言能力弱化、心理上无法断奶、精神上不能独立等表现,甚至缺失基本的适应和生存能力。

7—9 岁儿童叛逆期。儿童叛逆期源自自我认同、个体化分离及人格独立意识的出现,这个阶段的孩子具象化思维开始向抽象化思维发展,有了一定的逻辑推理和判断能力。随着自我认知意识的增进,对自主独立不受干扰的选择和行动需求更加迫切;个性和自尊心明显增强,许多事情由着性子来,任性执着,希望摆脱对父母的依恋,开始不服从父母并出现冲突;到了 9 岁左右,正是青春期前的初期阶段,这个时候孩子对外部的指责、抱怨、讽刺等言行较为敏感和脆弱,爱质疑、思考,容易形成"自我为中心"的膨胀,觉得自己的想法都很重要,都是正确的,不容他人忽视。

因此,在这个时候要培养孩子的感性、理性和批判性思维,多理解孩子的行为表现和情绪特点,给予尊重和鼓励式教育,尽量做到不发怒责罚孩子,对孩子的个性和自我发展有帮助,尤其影响今后的自我认同和独立人格的发展。孩子的独立人格主要包括自我认知、生活自理、接受环境反馈和抵御挫折的能力，生活自理是走向独立的起点，而独立思考能力则是人格独立和精神提升的基础。

12—18岁青春叛逆期。步入第三个叛逆期，则是在青春期，源于自我身份和性意识的觉醒，以及社会认同感的冲突增强。这个阶段的孩子逐渐形成独立人格，渴望脱离父母表现自己，开始在意、追求自我形象，注重外表；拥有更多不顾一切的想法和主张，特别想独立完成自己向往和想象的事情，但受生存技能、知识经验和认知的限制，容易产生挫败感、自卑感、羞耻感；处于青春期的孩子，完全具备抽象化思维，自尊心特别强烈而敏感，情绪波动大，因被忽略、不被认同等原因产生迷茫、困惑、质疑的混沌状态，易出现极端情绪和行为；父母渐失以往的权威和影响，孩子不仅与父母有对抗，对他们的指责、批评、否定等反应尤为激烈和忤逆；同伴关系、所处群体等影响远胜于父母，这时期有了性意识、性冲动和性活动，很容易被色情内容吸引且被不法分子教唆诱骗。

这个阶段家长要特别关注社会价值观的培养和性教育。青春期叛逆的各种表现、爆发程度和影响后果，往往取决于"预防阶段"的教育引导和效果。早期教育得越好，则度过青春期就会较为顺利平和，不易出现过多冲突和发生极端行为，反之则可能劳心费力，留下很多隐患激化问题，也容易被社会不良人员带歪带坏。

每一个阶段的叛逆都是一次成长。其实，每一个阶段的叛逆都是孩子的一次成长，是家长沟通、管教和引导的最佳时期，也是加强情感连接、认知理解和自然分离的机会，这就像低龄儿童早期发烧一样，烧一次似乎就长开长大一点。当然，在早期预防阶段，需要对这些方面加以关注和重视，采取相应的预防措施和方法，让孩子平稳度过每一个叛逆阶段，提升自我意识、自我认同和自我组织的能力，而非产生强烈的对抗、抵触、反叛等个性极端的后果。

每个孩子都是独特的个体，只有依据孩子的行为表现、感受表达及个性施展，以及对生活学习等细节上的观察，父母才可能找到处理问题的具体"线索"和切入点，从容不迫地应对孩子可能的叛逆和发展趋向，打破僵化局面,进行浸润式引导,对错误的认知和行为进行必要的干预。

当亲子关系经常性存在严重的对抗行为时,一般属于出现问题的后端"深度治疗和调整的范畴",但这些对抗意识并不仅仅存在于孩子的叛逆阶段,也可能在孩子的天性、个性中就隐含着叛逆的"因子"和"恶"的倾向,这需要家长面对这些孩子时更多坚持原则,观察当下阶段的侧重点,促进改变他们的认知,把每一个阶段的叛逆当作成长的有机部分,变成孩子又一次生长的机会。

早期"预防"的几个关注焦点。低龄阶段的孩子,如果能够充分刺激他们的玩耍性,营造丰富的认知体验情境,就可以自然有效地促进孩子对有序性和是非观的雏形意识,积极带动社会交互性和适应性的基本功能发展。每个叛逆期的预防侧重点都有所不同,既有共性的遗传延续,也有阶段性的区别。特别是"预防"早期,需要逐步对孩子的规则性和社会性进行浸润、引导和强化,这涉及以下几个关注焦点。

第一,小学前考虑更多的是身体素质锻炼,达到身体机能的平衡发展,以及价值观的初步构建并培养道德意识,充分发挥孩子的玩耍性、游戏力和趣味性;

第二,在小学一至三年级时,更多关注规则性的强制适应和习惯,培养具备完成一定任务的能力和责任,包括家务、作业及其他活动,需要考虑孩子的个性和裁量权,影响孩子的思维训练、规则适应和集体意识;

第三,四至六年级以后,培养具备独立思考的认知判断能力,孩子的思维方式逐渐由具象化发展为抽象化,教育更多的是深入实践进行思辨批判和处理问题的指引启发、体验感受,不断积累形成大脑记忆库中的"先验素材"。

每个叛逆期都是"预防"教育的最好时机。在"预防阶段",许多父母的注意力常关注在结果成败、学业好坏上,而非行为习惯和意志力形成的过程,为此往往忽略掉孩子的学习力、持续力和思考力的引导时机。孩子天性存在威胁、伤害、危害他人的生物倾向,不及时管教引导,其心性和道德便可能被负性导向为暴力、自私、顽劣等表现,影响其人性的发展及对生活和学习的观念。每一个叛逆期节点都是疏通引导的关键期，更需要塑造道德和价值观的建立，注重与此有关的细节和过程，便于延展教育内容。

总之，家长只有重视和关注，才能根据自己的能力、孩子所处环境特点来抓住时机，引导价值观和规则意识，激发孩子的优势、好奇和兴致，设置教育框架。以促进孩子身体机能、吸收知识、塑造道德观为大方向，才能防范今后诸多问题。其实，每个叛逆期孩子的发展任务和需求都不同，家长的焦点也会不同，但无论如何，我们不能错过这些培养孩子独立性、情绪稳定和自理能力的关键期，这是"预防阶段"家庭教育的重中之重。

第九章　家庭教育优劣势分析

　　优劣势,是指孩子自身或者家庭内外部环境存在对孩子有利或不利的条件、资源,对孩子成长、家庭发展产生正面和负面影响的因素集合。家庭教育优劣势分析,具体指在梳理孩子相关优势和劣势的过程中,分析当前家庭教育侧重的内容和主导方向,在此基础上如何优化整个家庭内外部资源的排序组合,匹配到孩子的教育上,使孩子获得资源优势、意识优势、性格优势、能力优势及其他优势的价值最大化。

　　因此,优劣势分析须先整合优化资源,进行归类统筹,充分了解孩子和家庭优势,理解教育目标和各自责任,家长才知道教育孩子最需要什么,有什么优势,怎么做,如何做,形成长效机制,优化家庭教育的组织系统,达到较为理想的资源匹配和支持状态。

〉〉〉 为什么要进行优劣势分析

　　优劣势的定义分类。对于家庭被挖掘或整合创造的资源,既有客体的也有主体的;既有天生自带的也有环境造就的;既有性格品端的也有行为表象的;既有内部环境的也有外部环境的;还有身体功能、主导器官敏感性的差别等。对此,科学家也从社会学、生物学、心理学或教育学等跨界领域,分别进行了各种研究及定义分类,各自的侧重点因时代背景、视角的不同而不同。

　　比如在性格优势和表现优势上,过往科学家常常会对性格优势熟视无睹,更多关注表现优势。但我们在现代科学研究中发现,有些性格优势可以帮助我们通过与他人合作,来发展和弥补表现优势方面的技能短板,以及解决问题所需的资源，这是统合能力的体现。表现优势主要包括生理优势和技能优势，这是与生俱来的身体上的、智力上的、气质上的、外形上的以及创造力、社交、语言、学科等方面的表现，大多数是指某方面的天赋，不断培养的潜力优势。

进行优劣势分析的目的和作用。优劣势分析，可以在家庭教育设置框架前后进行，也可以同时进行，主要是鼓励家长和孩子一起探讨、多次商议，既增加对各自优势的积极感受和认识，也帮助成员认识和弥补自己的不足，淡定而自信地寻找资源或创造资源去替换劣势；鼓舞孩子敢于直面劣势，优化资源解决问题，不以结果为定义；享受过程，哪怕遇到挫败情形，也不会被吓倒退缩，充满信心地追求理想，实现自己的目标。

进行优劣势分析，是培养家长和孩子形成优势思维的实现路径，把家长从参加各种活动、打着"为孩子好"旗号报名各类课程以及沉溺于"全面撒网"提高孩子各种能力的奔波中解放出来，学会聚焦优势，轻松教育孩子。家庭教育前期多点时间、耐心进行优劣势分析，比后期花大量金钱、时间、精力去解决问题更有价值，是家庭成员积极体验、达成协同合作的重要过程，可完善教育框架的设置和执行。只有理解了"为什么要做"，才能讨论"怎么做"、知道"如何做"，家长才能更好地沟通了解，做好优势教育的前期铺垫。

优劣势分析的三个主要内容。参与家庭教育框架方案的比较和讨论，涉及长辈、父母、孩子或他人。只有在做好资源梳理的基础上，才能各尽其责，形成关乎孩子、家庭、学校360度全面立体的整体认识。优劣势分析的内容主要涉及三个方面：

1. 在整合优势资源的目标上，根据年龄特征、身体机能、个性特点、学习状况等方面进行优化，计划好共同教育孩子的目标和分工配合，包括配合和互补等机制上的优化。

2. 再根据孩子发展区的需求、心智程度和学科辅导要求等，把梳理后的资源进行优劣分解、组合、聚焦，提供机动性、针对性和可持续性的多样备选优化方案。

3. 家庭教育是以孩子为主、家长为辅、家庭成员共同努力的过程,只有目标步调一致,才能有效兼顾优劣势分析这个环节,避免浪费资源优势和机会,减少因认知不同、理解不够、意见相左所导致的歧义和冲突,避免造成家庭内耗,影响优势资源的利用。

培养优势思维进行优势教育。家庭教育依据孩子的年龄、性格特征、情绪状态、学习情况及承受能力等综合表现进行信息分析优化,打通不同的优势资源和信息茧房,进行多角度、多层次的比较筛选,以便家长形成优势思维进行教育;基于一起参与分析的体验,让孩子也学会梳理认清一个事实:自己具备优点天赋或潜在优势,但也存在做得不够不足的地方,培养他们以优势出发的思维模式,乐观、坚韧、持续成长;让家庭成员意识到各种优劣势对教育产生的正、负向影响,学会如何驾驭运用它们组成家庭发展的优势部分或新优势。

优势教育是在不断变化、应对环境中,学会统筹调配资源,节省时间、精力、金钱,进行富有创造力和聚焦优势的教育方法。在优势教育的基础上,逐步合力调整家庭劣势部分,推进孩子认知自己的优缺点及家庭资源优势,促进他们自主感知和理解家人与己共同面对、付出和努力的价值;认同父母有别于他人的差异化教养方式,加深彼此的尊重和信任,真实体会家庭、亲情、责任赋予人生的意义,是孩子优势成长的必修课。

>>> 如何进行"优劣势"分析

首先,需要适当进行优势评估。当我们给自己的家庭做优劣势分析时,可以适当运用以下几种方式进行优势评估:

第一,评估家庭成员的擅长程度。罗列各自的兴趣爱好,盘点每个人的亮点、特点、差异化优势,以及擅长且自愿花费时间的方面,根据家庭成员的实际情况进行打分,最后算出每个成员的综合分进行排序优化,找到各自合适的家庭教育负责内容。

第二,评估家庭优势变现度。通过优势能力定位各自的家庭教育角色,从而调动匹配自己的周边资源,进行实际的优势利用和效果比较,以期得到孩子的教育支持变现度来打分,进行优化评估,提高优势变现率及优势资源使用率。

第三,评估成就时间效度。在过往的经历中找出 5—10 件最令自己自豪满意的成就或成功事件,进行时间长短、变现成果大小及获取次数多少的比较评估,提炼自己的核心能力、反应模式及效果影响,作为评估成就时间效度。

第四,评估榜样对标差异法。把自己心目中最佩服、欣赏及想成为那个人的榜样成长经历,从一些事件中挖掘出他们优秀的能力、表现和结果,与自己进行比较,对标评估自己的优势差异,更好地了解自己与他人的不同之处。

不管是哪种评估方法,都可能引发关于家庭和孩子优势的有趣探讨,比如各自为整个家庭贡献了哪些独特的优势及获得的成果,或者将来可以发挥哪些更独特的优点获得什么成就;孩子在探讨评估中学会优势思维和方法,帮助自己培养挖掘新优势及发现优势盲点等;家长也能在评估中形成优势思维,坚持一段时间后,就习惯性地关注孩子的优势,慢慢培养出孩子的优势思维。

用科学理论解释优势评估及其作用,涉及范围广泛复杂,可能难以说清,但在教育实践中想感受到优势评估及其对孩子的作用,却要简单许多,可立即行动。实际上,利用优势教育孩子,除了上述家庭优势评估外,家长还可以专门评估孩子的现有优势及将来可能的优势,然后再不断培养扩大这些优势及其影响。只有当父母和孩子联合做了优势评估后,才能真正从优势出发,精神才会越来越好,兴致才会越来越高,才会自主涌现那些向上的力量、勇气、意志和信念。

评估家庭教育是否有优势,主要取决于家长的两种认知:一是把发展焦点放在缺点上的父母,认为最好的方法就是助力除去他们身上的缺点和劣势,才能使他们快乐成长、走向成功,孩子长大以后,缺点就不会制约他们的发展;二是把发展焦点放在优点上的父母,认为最好的方法是发现并培养孩子的优势天赋和优良品质,培养他们快乐成长、走向成功,家长和孩子能开阔视野,看到更多可充分利用和整合的资源,在孩子长大后以此扩大其未来发展。

当然,我们只对家庭教育的优势进行评估,不评判这两种认知孰优孰劣。因为不管是哪一种,都要知道如何以一种与孩子个性、能力相匹配的方式来推动孩子,最终为了体现孩子的优势或创造更多的优势。进行评估是推动家庭教育比较有效的环节。社会性是集人的优劣势特点和思维形式去交互环境的大融合系统,而教育是揭示人的个性化要素如何结合社会发展需求,评估是为了表现和利用其优势,成为大融合系统的核心推力,家庭教育则是这个核心推力的重要组成部分。

其次,优劣势分析需要家庭成员共同参与。当每个成员都能够参与家庭梳理优劣势分析时,对家庭环境的有利和不利因素就会逐渐清晰明了,更多理解资源要优化组合才能匹配孩子的成长;知道要做什么、为什么这样做、怎么做,就能明确各自在家庭教育中扮演的角色和承担的责任;共同形成合力,有方向、有主次地参与家庭教育,达到目标步调一致,才能避免后期大量争执和冲突的可能,推动家庭资源更优化和有效利用。

或许有人会问,既然是优劣势分析,为何孩子需要参与其中? 毕竟孩子是被教育者,什么都不懂,而共同商议的规则和要求中有约束限制他们的条条框框,那孩子还不趁机捣乱或者朝"有利"自己的方面使劲? 更何况一家人讨论,不是没有时间,就是难达一致,很难说服彼此,那不是既浪费时间,还效率低下吗? 为什么家长不可以直接做出正确决定,让孩子"抄作业"就行? 教育倡导本身不是力求简单吗?

让孩子在参与中不断聚焦优势。实际上,家庭教育是帮助孩子不断探索、打开视野和认知世界,保持好奇心和进取心。家长在这些过程中可以参与,但不能具体主导,在孩子认知水平达不到、心智功能未成熟以及缺乏判断经验、自控能力较弱、思维没达到复杂思考能力的时候,家长疏通一下路、搭个桥,一起搬走阻挡物或者助推一下,然后让孩子慢慢自行体验和感知,自主完善、纠偏和重建认知体系。

孩子只有参与探讨自己的优劣势,进一步了解如何使用自身资源,才能真正学会自我梳理、自我整合和统筹,逐渐学习掌握思考问题的角度和方法等。孩子参与的过程,是感受被关心、被爱护和被重视并逐步加强自我主体意识的过程。孩子只有真实体验和理解学习、生活是自己的事,需要自己面对并承担责任,才能明白家人付出的时间、精力和金钱等,需要被认真对待、重视和珍惜;只有这样,孩子才会把家人当做帮助自己的赋能者、督促者和支持者的角色,尊重和信任家人,聚焦优势,受益于优势,往后才会顺从、听从、服从和激情配合有利于自己的教育。

孩子参与分析的过程中,家长需要注意两点:一是家长要帮助孩子全面客观了解自身的优点缺点,不要盲从外部对自己的评价、标签和判断,受其负面影响,学会甄别,客观看待自己,激发自我修正能力和需求,再进行纠偏就容易多了;二是要让孩子充分了解家庭成员在当前阶段的分工和责任,当自己需要哪些支持和帮助时,可以迅速找到协助者。做到这两点,就会不断增强孩子自我主体统筹意识,减少中间解释和寻找环节,避免因责任不清而导致情绪和言语上的冲突。

在这两点基础上,父母才能对孩子产生洞察力、策略、技巧、提醒和鼓励等影响,营造良好的家庭教育氛围,促进孩子的情绪和心智健康发展,助力他们成长为独立、有成就优势的个体。家长可以指导孩子,帮助孩子一起设立明确的目标、制订计划、实现理想,但不能具体代替孩子去思考处理他能力范围内的事情,陪伴在身边但不要包围靠近,保持一定的距离,偶尔问句"有需要我的地方吗"就可以让孩子施展优势了。

在优劣势分析时,切记家长本身就起着"教育助推器"的优势主导作用。例如,做生物医药公司的家长,知道自己的孩子和同学需要暑期社会实践活动,就安排孩子组织同学一起到其实验室观摩学习,大致了解生物科技知识并参与一些实验实操程序,这不仅让孩子对生物产生了好奇心体验组织锻炼,心得也写得很棒,还扩大了孩子对知识如何应用于社会、造福人类的思考和视野。这是父母的优势资源创造了社交、组织和学习专业知识的机会,激发了孩子浓厚兴趣和自信心。

现在家庭普遍有二娃,爷爷奶奶、外公外婆协助较多,大多数长辈都有一定的阅历和丰富的生活经验,有些还具备深厚的才艺和丰富的学识,在多方面都能积极促进孩子的学习激情,表现出一些优势特征。家长通过全面梳理,挖掘出有利于孩子的各种优势资源,建立起资源组合的大框架,根据实际需求选择调用,按需优选就可以了。

最后,可以通过玩耍进行优劣势分析。玩耍作为孩子占据大量日常时间主动获得经验和感受的过程,是后面一段时间完成前面一段时间,把一直未学习察觉的联系、未知的概念和未知的意义,浅尝和初显出来,形成某种知识的雏形图式;玩耍是以一种实践的结果学会倒推前面的结果,产生好奇心、思考或者疑问,开始探索世界,上升为自己的思想活动;玩耍的整体过程养成了对具有某种意义上的事物爱好或倾向或观念,是日常生活学习中培养整合优势能力的雏形,所有这种源源不断地从玩耍过程中获得的经验和认知意识都起着一定的自我教育作用。

因此,可以通过自发于这种玩耍经验之上的真实表现,对孩子进行优劣势分析,并且可以使它成为一种教育方式。这种方式无须刻意改造,只要适当加以"顺势而为"的引导就好,它们可以是鲜活的、真实的、丰富的、深厚的慧根生长的,因为玩耍需要一定现成数量且培养出其他数量的新能力,比如注意、观察、记忆、比较、抽象、组合等。如果玩耍能把事物按照它们在自然界的联合和分化加以区别和联系,自得组成新的知识,形成玩耍过程中练习的心理功能和认知功能,使它们更趋于稳定且成为习惯,这样就可以分析出孩子的个性、能力和某种天赋的可能。

≫ 发挥"优势"转化"劣势"

首先,家长要学会发现"优势"。现有或潜在的各种优势,使孩子某些特质表现突出,让他们发现自己可挖掘更多能力。它们既可以是环境资源,也可以是某些技能、知识和天赋,还可以是兴趣爱好或积极的个性表现等,比如快速心算、绘画、某项运动或内敛低调等。只要善于发现优势,就能无处不在地影响家长和孩子的认知,充分利用自身优势,就可能通过实践战胜或忽略自身的劣势,获得成功,有效帮助我们确定、行动和实现目标,促进孩子的成长发展。

在一定条件下形成某些品质,如被人称赞欣赏,对他人和社会有积极作用,就可以说是"优势加持",在天赋和后天努力的基础上不断实现。只要家长善于发现孩子的优势,就能让孩子自己看到、感受到优势带来的机会和影响。利用优势越多,教育收获也就越多,在现实中优势不断得到强化、转化和稳定发展,孩子会充满自信、激情和力量。当孩子不断发挥优势时,整个人活力四射、生机盎然、不可限量。

当然,不是让父母滥用虚伪、夸张、敷衍的表扬,去引发孩子自命不凡的自恋、虚荣或浮夸作风,而是要真正意识到且看见孩子身上独特的优秀品质、天赋、个性,或在环境中创造优势的能力;父母要学会在具体细节中表扬孩子体现出来的优点优势,让孩子在过程中理解自身的独特之处,不断认同欣赏自己;家长能意识到自己和孩子的优势,及自家优势特点,就能普遍做到心中有数,有方法有步骤地帮助孩子利用或发挥优势。

不过,生活中我们往往会对许多优势习以为常,会忽视掉这些可以"加速度"促进我们和孩子的着力点。即使看到,也只把它们看作正常特征而非优势,认为具备那些特征是理所当然的,没有意识到这种忽略可能错失帮助孩子利用优势走向自信、豁达和乐观的良机。因此,要了解优势对教育的作用,当家长和孩子对优势的认知有所提高,在逆境中就可以帮助自己运用优势克服困难,也可以在顺境中反观不足,带动劣势变为优势,或者扬长补短,茁壮成长。

其次,要了解优势的发展规律。学习利用优势整合,转化劣势,就需要了解优势的发展规律。比如对绘画才能或运动能力的婴幼儿早期表征,及其主导器官的敏感性了解,就能知道在何时可以期待某些才能的出现并强化它,帮助我们预估优势的发展程度和可利用水平。在孩子身上看到的表现是平均水平,还是高出平均水平或者低于平均水平,家长对其表现特征的发展规律有所了解,就会有个大致判断,就不会脱离实际去要求孩子。

家长只有了解孩子的优势发展规律,对孩子的未来才不至于焦虑担心,面对劣势心态才不会绷得太紧,也不会把孩子逼得太急,父母和孩子之间才能保持相应的松弛空间,轻松进入各自期待的生活、学习模式中。只有家长和孩子都了解自身优势的发展规律,才能确保孩子获得需要的资源和支持,甚至可以把一些劣势进行转化,来培养扩大这种优势的影响,提供一个支持孩子优势成长的优势体系,直到孩子可以将其内化,运用这一内化过程实现自立、分离和自我认同,塑造性格优势并发挥作用。

每个人的发展都有各自的特点,优劣势只是因人而异表现出不同程度上的差异化集合,构成个人独特的表现,交互于社会。翻阅查询专业书籍,我了解到存在于世界各国、各族文化中的共性特点,它们具有普遍的特征优势,即性格优势的组成部分,它们在培养各族表现优势及融入社会化方面发挥着极其重要的作用。

性格优势,是指个性上天生突出的优势,是性格中于己、于人、于社会均有益的积极面特质影响,比如美好的品质:善良、勇敢、博爱、担当、正义及乐于寻求自身以外的社会意义等。而家庭教育涉及的整体优势,大多数指家庭文化、结构、资源、经济等方面,相对于争吵、打骂、冷漠、凶残等家庭的具体表现,有序、平和、热情、善良等特点则是现代家庭教育需要的优势内核。

性格优势是整个家庭状态的"定海神针"。在众多案例中,可以看到孩子在应对生活和学习挑战时,经常发挥的是性格优势而非表现优势,但需要对性格优势进行适当的价值引导和个性塑造。孩子本身天然具备不驯服的能量和动物性本能,受到养育环境、学习环境及社会环境的交互和束缚制约,还受到自然环境的进化等影响。这种元能量在一定的规律中不断促进人的心智功能发展,自行进行修复、调整和完善,即在能量化过程中支持自我意识内驱式的箱体运动,有高涨也有低落,在具体的自由裁量空间和时间里自发形成人格特质,在理性、情感、感受等分化功能作用下产生差异化的优劣表现。

如果没有分析、比对、认识到家庭成员的性格优劣,就不懂得欣赏、尊重和互补,不能很好地组合、配置及利用资源,也不能很好地发挥自身的性格优势功能,更不能避免因家庭劣势所造成的不利影响。家庭教育中性格优势是良好夫妻关系、亲子关系及家庭氛围的"定海神针",培养良好的性格影响孩子一生。

再者,要有甄别和转化孩子优劣势的能力。在教育孩子过程中,需要提供给他们各种合适的机会和平台,满足他们的探索欲和想象力,再以此评估孩子所表现出来的特定的气质或才干,把"潜力"发展为实实在在的优势或创造优势,去触发孩子的成长。父母的教育责任主要是引导孩子发挥自身优势的积极作用,在细节中观察和助推孩子,由于优劣势表征较多,没必要对每一种都做出回应,只在孩子需要的时候,抓住可以引导教育的关键性线索或素材即可,否则家长和孩子会身心俱疲,更别提发挥优势了。

这时,家长需要有发现、甄别和转化孩子优劣势的能力。比如,当孩子出现类似编造善意谎言等现象时,父母要善于利用孩子表现出来的能量化或创造性一面,把它们转移安排去解决发生的问题,尽可能让孩子在不知不觉中把力量和聪明才智引向积极的方向去发挥优势;当孩子能够长时间专注于某件有益的事情,沉浸其中以至于忘了时间的流逝,这些通常都是优势的表现,但要允许这期间可能出现一些不尽如人意的瑕疵。

许多家长面对优势普遍存在以下问题:看上去很简单的方法或者学过的知识,一旦面对自己的孩子就不能很好地运用,趋于僵化状态;原本让孩子认清自己、探寻未来发展方向、比较有意义的事情,却被孩子拒绝;掌握表现精准定位孩子的优势,知道为孩子要创造什么样的机会和资源,可惜就是达不到优势效果……遇到这些问题,可考虑转化引导、运用原理和重新审视当下问题的根源。

我们日常观察孩子的言行时,大量掌握了他们优势表征的真实信息,但在做优势分析时,却因聚焦某个点而不是过程,产生误区和误判。比如,区分孩子沉溺某项活动是规避现实还是存在优势,需要进行最后的精神状态甄别,去判断是颓废躺平还是兴致盎然,需要觉察孩子表现的差异程度和频率,可家长常常产生误区,陷入"以点概全"的死胡同。拿电脑游戏来说,开发设计者给孩子不断制造沉浸式感官体验刺激,一方面激发孩子的游戏创造力、想象力和成就获得感,使身心愉悦,另一方面也使其沉迷虚拟世界,出现网瘾厌学等问题。家长需要多观察整体的强黏度、频次和倾向,做出正确引导和管教。

提高自身优势战胜劣势。孩子在成长过程中常期待成人运用自身优势帮助自己变得更好更强,给予明智、理解和温暖的优势助推,使自己内心深处充满力量、激情和渴望。只要孩子能够明白如何利用优势去确定方向,享受不断发挥自身优点的过程,而非某个结果,孩子就能逐渐理解设定的目标不用很大,哪怕是日常习惯的改变或是一个小愿望的实现,都能表现自身的优势特点。

孩子因为自身优势趋于客观理性和自信,即使没有实现目标,也能感受到成人竭尽所能地为自己提供资源且充满怜爱的注视直抵自己的心灵,联结和信任更加紧密,从而忽略劣势影响。帮助孩子提高自身优势、培养新优势,是在低风险状况下战胜劣势的绝佳方法。劣势主要指孩子自身、家人或家庭环境等存在不利条件、不足技能、资源欠缺,如技能、认知或能力较弱,做不了某事、达不到预期,包括身体缺陷或性格缺点,以及某些方面存在短板、得不到相应支持等。

在现实生活中,父母更多关注的是孩子做得不太好、不够好、非常不好的地方,是家长眼中的缺点、引发情绪的焦点。然后在过程中不断批评或对结果大加指责,这会让缺点一直被暗示和强化,而优点被忽略漠视,可能导致孩子性格上的软弱、犹疑和自卑。当家长对孩子的优点习以为常、对缺点耿耿于怀时,只会看到不足,难免担忧烦躁,而孩子也会时常处在不被信任、不被认可的压抑状态中,彼此情绪可能被激化冲突,怨气、怒气也就接踵而来。

所以说,很多时候,家长在意识、认知和方法上所造成的劣势,才是家庭教育问题层出不穷的根本原因。如果孩子首先感受到家长在关注自己的优点,发现自己的美好被看见、被肯定、被欣赏时,便能激发出更多的美好,心情轻松愉悦,对自身的缺点、资源匮乏等劣势就能积极面对,由此打开认知和视野,便产生变好的信念和行动力,意志更加坚定,能从容应对所遇到的问题和困难。

劣势并不意味着一无是处,有时需要换一个视角。比如,在反观、内省及重新审视自己等方面,意识到某些方面受到哪些劣势的具体影响,就能看到这些经验中对未来重塑自己是有价值的"先验材料",并在大脑中储备起来,为今后进行思考、判断、分析和重新确定方向时使用。优秀的孩子一般会让自己的优势互联和整合,不断得到增强表现,又通过劣势审视自己优势,最终让劣势表现变得无足轻重,毫无影响,可以忽略。

每个人都有缺点和不足,如果被不断暗示强化,情绪、意识、自尊和自信都深受影响,如果只把劣势作为聚焦优势的审视材料,劣势的影响就微乎其微。孩子的优劣势主要体现在自身优缺点上,当孩子充分发挥自身优点的同时,正视自己的缺点,完善不足,最大限度减少或杜绝劣势造成的损害,自发养成从优势出发、通过实践优化资源、战胜劣势,获得成功信念和思维惯性,这将对孩子体验自我意识、自我认同及自我发展提供较好的反馈模式。

创造条件把"劣势"转化成"优势"。每个人在生活或学习中客观存在确定和不确定的劣势。如出现也不必过于担心,重要的是让孩子慢慢去正视、接纳、理解这一现实,创造条件改变、战胜或转化它们,无须陷入恐惧、抱怨、自怜自艾的内耗漩涡里。一旦条件、环境或资源得到改变,认知和信念达到突破,劣势也能转化成优势,或以优势弱化劣势的影响,促进孩子整体能力的提高。

尤其在科目上,家长不能只盯着补习差科的非理想效果,应聚焦在保持或提高优科的积极性上。但凡优科有了充分自我的发挥,孩子在学习上的唤醒状态和激发热情就会不同,此时把优科的一些思维方式和积极性逐步引导迁移到差科学习上,整体学习水平就会突飞猛进,差科成绩也会悄无声息地被带动提高。只关注劣势,过分在意孩子某次表现、某个方面的好坏,势必影响自主、自得和自明的连续发展性,以至影响优势水平的发挥,这也是我强调教育不能过于细化、只能粗线条框架式进行的原因之一。

》》利用优劣势促进家庭教育

首先,从四个方面来促进家庭教育。从优势出发,并非完全忽视劣势,而是换一种眼光,以更真诚、开放、理性的姿态与孩子对话沟通,让孩子充分梳理、认识、理解本身或现实环境中存在的劣势,从更客观的角度看待劣势,并表达对孩子当下情况的尊重、信任和支持。这不仅能增进彼此情感的联结,还能让孩子自行转化并学会利用劣势。只有直面孩子的劣势,才能达到有缺点予以纠正、有劣势共同努力的教育效果。

当家长对优劣势有了充分的认知后,可以从四个方面来促进家庭教育:第一,在肯定孩子时,要从优势特征看待孩子的行为、语言和个性表现;第二,拓展自己的认知和视野,转变教育理念和方式,形成从优势出发的思维;第三,在梳理出孩子自身及家庭资源的优劣势后,以"优"带动"劣"的转化并弱化忽略"劣"的影响,不断成长自己和孩子;第四,综观孩子现有的核心优势和未来的成长优势,多察觉体会自己、孩子及伴侣的优势需求及其影响因素,积极利用它们促进孩子的生活意识、激情和信念,由此迁移知识和习惯,促进学习机制的建立。

其次,教育孩子既要"除草",也要"施肥"。记得有一本书上有个关于家长如何优势教育孩子的绝佳类比:一个人有时会采取措施除去植物生长的阻碍,比如除草,可是如果一直想促进植物生长,就需要上好肥。因此,要使植物长得好,要像重视除草一样重视施肥。这就像想让孩子健康成长,需要让他们明白如何减少劣势,去除"杂草",并要一直坚持培养孩子的优势,施上"好肥",只有这样才能帮助孩子建立信心,发展或创新优势。

我在教育个案中也会通过各种途径找线索,先充分了解孩子自身的优劣势,再根据家庭资源的优化配置,让孩子意识到自身具有的明显优势,学会利用这些不断获取成长体验的"先验材料",进一步扩大自己的优势及资源,再加以应用,创造出新的优势。同时也要让家长看见、理解、欣赏孩子表现出来的独特品质、天赋和丰富思想,给予孩子持续"施肥"、增加营养、这不仅可以让孩子更好地发挥优势,享受优势成就自己,也能升华家长与孩子的情感，改善亲子关系，达到健康成长的目的。

最后，家长从两个方面进行优势教育的必修课。从促进关系的层面讲，家庭教育是涉及情感、能量意识、思想精神等联系交集的"媒介"。想做好优势教育并发挥作用，家长需根据实际情况提升自己对孩子认知、观察和助推能力，在日常生活相处时学会适当观察孩子的言行表现和偶发事件，简单分析、判断、梳理出一些教育策略及顺应孩子当时情境的优化方法，及时提供相应的帮助。

比如，在教育细节上家长如能够观察到呈现孩子个性、情绪或意识的特征反馈，就能用比对等方式梳理出孩子的整体或局部优劣势。基于父母了解孩子的行为特质和思维方式，结合孩子的情绪、兴趣及社交倾向，将之融入优势教育的过程，从而助推孩子生活学习的激情、想象和持续行动力。

当父母的观察叠加积累，进入记忆习惯、形成机械运动时，就可形成自如使用的图式材料，遇到类似情境就能迅速提取，从而提高父母的优化意识和助推能力，更好地促进与孩子"爱"的流动。做好优势教育，父母须从两个方面进行自己的必修课。

一是家庭教育观察。人类强力有效的"差异化侦察器"感官系统，能够观察注意到与特定情境不相符的行为模式，尤其异于常态的表现，从而为当下或未来的判断储备丰富的素材。由于在人类原始基因遗传记忆中紧急处理不安恐惧、应对危险的细胞神经相对活跃，通常会习惯于忽略处于稳定安全状态的感官体验信息，更敏感于负性信息受其刺激而迅速做出反应。

因此，当父母能够觉察到孩子的情绪变化，开始观察正在发生的事情时，就能推理其中的逻辑，找出可以使用的隐性线索，从中比对、判断孩子反应的出发点以及触发这类情绪反应的现实可能因素，再结合日常特定情境的观察，就能意识到孩子的内心到底发生了什么。同时，触发父母的内在自省和觉醒机制，打开更多的教育视野和精神世界，增加对自己和孩子的认识理解，保持理性客观的态度进行优势教育。

根据不同年龄段对应的特点进行观察。许多孩子在学习上会做出各种令人匪夷所思的行为，甚至出现令人崩溃的状态。遇到这些情况，家长一般反应较大，可能立马做出"好坏"的判断，认为成绩不好就是自家孩子比别人笨，学习态度不对就责备辱骂孩子，忽略了孩子的年龄特点和思维特征。观察，一定要根据孩子不同年龄段的特点和变化进行，而非脱离他们的实际能力和思维的发展程度。如刚从学前班升小学一年级的孩子，从散养变成了强制规则意识，注意力聚焦时间从 15 分钟延长到 30 分钟以上，是个较大的跨越分水岭，因此，这期间写作业时一会喝水一会尿尿都是正常表现，家长莫着急，多给予耐心、理解和引导。

家长只有在正常心绪或平静心情下，才能对孩子稍加留意，观察捕捉到其学习节奏感、课堂吸收效果、学习认知和学习情绪等细节。否则，彼此搞得鸡飞狗跳，严重的还可能导致孩子丧失学习的兴趣和进取心，而家长也可能因此忽略孩子在"真实"状态下表现出来的可以教育引导的细节和机会，丢失教育的情境利用。

首先，观察家庭环境。经过科学家几十年的实验比对，在不同家庭环境中长大的双胞胎或者多胞胎几乎有着不一样的生长轨迹和现状，揭示了后天环境的影响可能大于基因，甚至可以改变基因遗传中的优劣势。孩子在生活和学习中固化的行为习惯和性格，大多数与环境影响有关，可家长更关注学业，对有重要影响的环境却缺乏观察意识。

有的家长认为基因的好坏决定着学习的好坏，不断督促孩子补足缺陷，日积月累反而造成更多问题。这是家长自身错误认知所致，忽略了教育环境的正向影响。如何发挥环境作用？家长首先要对自家日常环境进行观察，重视家里家外整体环境对孩子的影响，对孩子平时所表现的各种反应进行适当的观察和判断。

家长观察家庭环境的同时，也能培养孩子观察环境的能力，共同根据实际需要相向而行改变所处的环境，利用优势资源，夯实后期助推孩子的基础。家长从孩子的反应变化中观察到环境对孩子有利和不利的因素，再对比平时看到的性格特质和行为模式，对问题做出正确判断和积极调整，这样，孩子在环境中才能自如地学习和表现自己。

环境随着时间和事件的变动而变化，观察须随之变化。观察家庭环境时只有处于动态持续比对中，才能及时发现问题，全方位帮助孩子。想让孩子身心健康地协调发展，思想意识上获得想象经验和充分体验，就需要适应整体环境并积极利用，而不是只看孩子专注学习就万事大吉。孩子在每个成长阶段都会遭遇环境的某些瓶颈和问题，只有对此有正确的观察和认识，才能做到对环境的有效判断和应对，再进行优势教育就容易多了。

其次，观察家庭成员的行为习惯。孩子牙牙学语、动作及处理方式的模仿一般是在家庭成员的影响下开始，尤其是父母的行为习惯对孩子有着天然的亲近和吸引，在孩子还不具备一定认知和抽象思维的时候，这些成为孩子早期心理和行为上的镜像效应。

家庭成员的行为习惯是受性格、学识、职业、情绪等因素影响，有的可以改变，有的没法改变。如何去处理这种影响？家长要尽可能把自己抽离出来，针对孩子的一些特点，以第三者的眼光去观察判断自己及其他成员是否会影响孩子，把一些可能发生的负向影响提前预防，及早止损。

如果孩子已经出现问题，可以从孩子和家人的互动细节中观察问题呈现的根源。这时把孩子当成家庭的镜子，去判断有没有家庭成员行为的负面因素，可以更周全地观察孩子，以便与他们联结和共情，清除问题的源头。负性的家庭因素或事件都可能成为教育孩子学会观察和思考的机会，由此学会如何应对环境和提高抗挫能力，而不是必须消除家庭成员所造成的负面行为才能帮到孩子。

另外，观察孩子的生活行为习惯。孩子因逐步形成的生活观念、心理构成表现出来的行为惯性，包括情感表达、互动、礼仪及规则的遵守等，都体现其个性。对孩子行为习惯的观察，一看是否积极参与家庭事务，比如承担房间整理、清洁卫生、做饭洗碗等部分家务，主动帮家长拎东西，解决一些琐碎事，关心家人等行动；二看与人沟通和社交的状态，比如对亲人邻里说话的态度，沟通上遇到冲突时的反应，解决问题的条理性，以及与同学交往的情况等；三看孩子的日常活动和习惯，比如学习、运动的时间比例和参与度、兴趣爱好及睡眠饮食情况等。

从细节上发现孩子好的、不好的方面,以好的为切入点进行欣赏和引导轻推,对不好的忽略或者适当干预,逐渐保持延长好的状态时间,就达到了优势教育的效果,良好的习惯就慢慢养成了。只有形成良好的生活行为习惯,孩子的心智发展才能成熟稳定,他们的生活、学习和创新能力才能得到提高,形成优势思维。

最后,观察孩子的学习状态。从生活行为习惯中特意抽离出学习状态,作为观察的重点,主要是为了家长掌握一些孩子学习状态的观察技巧和方法,这也是家长迫切需要学习、关心的日常环节。家长在观察孩子的学习状态中发现问题及缘由后,让孩子自己逐渐理解学业状态和原因,才能达到解决学习问题治根要治本的效果,从而打开他们学习的卡点,疏通学习感受和情绪上的阻碍,逐步达到学习自得而轻松有效的状态。

比如,当家长观察到孩子做作业时字迹潦草、出错率高时,要了解孩子平时性子急躁与否、在校情绪状况如何,再分析当下写作业的状态;如果写作业时每道题都要翻书或教若干遍,就可以判断孩子在课堂知识的吸收上出了状况,要么没听课要么根本听不懂,这时除了对其针对性教育疏导外,还要陪同孩子一起在科目学习过程中边观察边疏导,边解决问题边进行量化干预、纠偏、迁移;不断启发孩子在这一类学习问题上学会审题及解题方法的细微观察和思考,同时也能以客观稳定的情绪面对学习上的困难,不知不觉在这个过程中体会更多的理性力量和学习自信,尤其是自我学习判断和思考的形成。

观察是为了确定原因及优化资源优势。"预防阶段"中,家长特别需要在日常环境、家庭成员影响以及孩子的行为习惯、学习状态等方面进行观察,确定原因,这样就知道接下来怎么助推。让孩子成为一块永久温润的宝玉还是像一块冰冷的石头,完全取决于"心灵魔术师",就是在教育中父母所能滋养孩子赋予"爱"的优化方式。

父母想真正帮助孩子,必须找到病根才能除病,而非估摸着自己的想法乱喂药。比如一个孩子有些厌学,有可能是听不懂老师授课讲解,心理时常受到打击所致;也有可能因为同伴社交产生障碍,心理恐惧不能融入集体所致;还有可能是身心受到创伤和残留阴影,认知发生偏差所致;还有可能是身体健康原因,导致精神上的萎靡不振。

现代家庭,家长很容易获得各类知识的学习,只有结合观察比对,在教育实践中才能内化成自己的教育理念和方法。比如我提出的学习"串联"法,即先行某科的突破带动学习兴致,再到整体串联助推其他科目的学习信心,就是通过观察学习获得。任何内省或觉醒能力,或者说关于内心世界的全部知识和认知过程,大体是从对外界事实的观察中推演出来的,因此,观察是父母需要不断练习、积累经验和助推孩子的必修课。

二是家庭教育助推。从认知、观察到"助推",一个良好的动态循环就能形成优势教育。每个家庭"格序"是隐性内在循环的运作机制,正是在这个基础上进行助推,可以大量减少家庭矛盾、冲突并提高效率,能使家庭充满生活的乐趣和关爱。这里的助推是针对性地根据孩子当下的情绪、兴趣、社交、学习等主要状况和表现,借助家庭、学校及周边资源,进行助推的框架设置及具体落地方法。

情绪助推。一般情况下导致孩子情绪产生的原因,可能是认知方面出现偏差,也可能是体验环境中遭遇挫败,还有可能是本身性格所致。有些孩子对学习和生活有一定的认知,也有较强的企图心,但因体验感较弱或者没有经历,就会在判断决策任务时出现焦虑、失控、乏力及易躁暴怒的状态。

当心理压力形成波浪式上升趋势,学习的吸收及生活感受就会大受影响,出现涣散、懈怠、逃避、沉默、抓狂、愤怒等情绪,家长这时需要进行必要的干预和疏导,减少孩子形成不合理及损己信念的机会。比如在公众号"经典家庭教育案例剖析故事集"一文《"助推器"理论小故事》里,男孩因默单词写字丑被父亲责骂受挫的情绪被母亲巧妙地缓解、平复、激发,转化成自己主动去写好字默好单词的动力,一个看似不经意的寻常举动,就狠狠助推了孩子情绪大跨越。总之,父母的助推既要做孩子的减压器,也要做孩子情绪行走的安全护栏。

那么家长怎么助推孩子的情绪呢? 首先平复孩子的情绪,转向或转移话题,以抚慰拥抱、倾听等方式缓解孩子的压力和焦虑,做孩子情绪波动的"容器",尽可能让孩子主讲,家长旁听;其次,鼓励孩子觉察自己的情绪,合理表达,与孩子一起梳理分析,解构情绪源头,用孩子听得懂的话去引导释义,让他理解自己的问题所在、调节情绪;最后,还能利用情绪激发孩子的认知和发心,从而转化成运动、社交、兴趣、学习的能量,这需要一定的教育技巧辅助。

情绪的极端走向及其混乱表现,是因为高频率刺激神经系统过度应付造成疲惫的神经通路电解质紊乱,使各主导器官的协调统合功能失衡无序而出现焦虑不安。在这种情况下,人会利用外部资源的支持和协助,从情境中分离焦虑源、分清焦虑中虚设或幻想的成分,从而以现实导向确定判断,边梳理边减缓焦虑、平复情绪,最终解决问题。这是启动应对模式和策略的较好方式,使焦灼点及焦虑源转移、分散或消失,情绪平稳。

孩子一旦情绪放松,整个人在生活和学习中都会变得更为有序而充满活力,更容易吸收知识并灵活应用;如果正处在或长期处于焦虑、不安、恐惧的环境中,情绪波动大,生活和学习很容易出状况,甚至出现极端情绪、智商为零、语无伦次的反常现象。作为父母也要尽可能给自己减压,保持情绪稳定,才能助孩子稳步前行。在孩子情绪变化的世界里,不管高涨低落,父母都要给予必要关注,助推孩子及时调整并消除根源。

兴趣助推。当孩子有了良好的情绪状态,家长就能进行兴趣助推了。我们成人做事往往为了物质、金钱、事业等某种外在目的而拼搏奋斗,做出种种牺牲。但儿童想做一件事大多是为了直接满足自身的好奇和刺激需求,相比成人而言更为本真纯粹,不大受外界影响,常发自内心的兴趣。在生长发育过程中,视觉、触觉、听觉、嗅觉等器官所产生的刺激反应和感受各不相同,表现也就大不相同了。

听觉系统占主导地位的儿童,对音乐、乐器、语言表达等可能比较敏感,易产生兴趣;视觉系统占主导地位的儿童,可能对阅读、色彩感兴趣;嗅觉触觉系统占主导地位的儿童,可能对手工制作、厨艺、实验等感兴趣;运动系统占主导地位的儿童,可能对利用肌肉活动感兴趣且擅长。家长如果对此有所了解，就能不断发现孩子的兴趣点，推进其想象，使之得到充分的满足和平衡，促进其心智整合，对其往后生活学习可以源源不断提供激情。

当然，除了主导器官的影响，孩子自身的审美、性格、喜好等也是影响兴趣的因素。家庭教育中，家长通过观察孩子的性格、行为习惯推知其个性后，就能判断孩子感兴趣的方向和可能性，接下来助推的核心是寻找孩子生活和学习中的"兴趣生长点"。让孩子在生活和学习中体会具体事物与个人、家庭、学校、社会等整体或者更大事物的联系、结合、扩展，获得创新的兴致和探索欲，参与更多的联合活动，借此激活心智统合功能的整体运作机制，直接促进孩子的生活和学习等综合能力，使孩子做事更有条理和自信，有效扩大兴趣的作用和影响。

有时孩子常在学习中出现令家长头疼的场景：在学习目标过程中，孩子会将注意力转向"无关"的非目标乐趣，同时启动神游模式，尤其是小学低龄儿童。其实，往往在这种状态下孩子可能有更多机会灵光一现，冲破固化思维及大脑执行模式，出现新的想法和创意，此时可能是新的兴趣产生的时刻。所以，家长要保护、珍惜和巧用这些"神游一笔"，可以轻柔提醒或欣赏询问，而非训斥、指责，造成孩子惊吓和不安，否定和丧失这些潜在优势。

当孩子在愉悦中完成当下事务后再积极研究或实践与学习"无关"的一闪而过的想法时，"反常表现"恰恰可能是孩子自发兴趣和思维最跳跃的时刻，家长不要突然打断孩子，更不要指责这些无目的但能让孩子静心或聚神或联想的闲暇时光。家长可以不断营造适合孩子多层面、多元化体验的过程和环境，多设置安排比较符合孩子个性的活动事务，让孩子充分感受参与其中的志趣和快乐。

这样不仅增加挖掘孩子兴趣的可能，还让孩子保持主动思考和独立探索自己的可能，有效激发孩子对生活的想象力和探索热情。公众号"经典家庭教育案例剖析故事集"所写的《"彩虹桥"理论小故事》里，母亲对女儿剪破家里十多把伞搭建自己想象小屋这件事，非但没责备，还给予了鼓励，她把孩子的想象力称作成长的"营养蛋白质"。这就是对孩子兴趣的助推，如今女孩已经成为优秀的艺术设计工作者。

学习助推。当孩子情绪稳定，兴致盎然，再助推孩子学习时可能有意想不到的收效。家长会经常遇到这些情景：无数遍教孩子同一类型题，写作业时明明看着做出来了，可一到考试又炸锅；平时都会做的题，一到考试就云里雾里，不是这里丢分就是那里漏题；有的不管是平时作业还是考试，出错率奇高，怎么刷题讲解都无济于事……诸如此类，学习上表现总不尽如人意，让家长心生"怒火"、孩子灰心丧气，这到底是怎么回事呢？

其实，除了危害生命的紧急时刻，一般情况下，家长对孩子的帮助是不能替代孩子应做或者能处理的问题，也就是说，不能让孩子处于消极被动的状态，而是触动激发孩子主动去做他应该做、可以做、能够做的事情。助推学习，不是帮孩子解答完他们不懂的学科知识就完事，而是稍加几句启发、暗示或提醒，不动声色地让孩子自行完成解答、机智迁移能力、感觉自己主场的过程，让孩子意识到只要自身努力就能一步步解决掉问题，消除一味等待家长帮自己解决的被动性和依赖性，感受到"自己行"的力量和能量。

学习过程中，孩子如果得到学习的感知、进步的动力，那么在出现困惑迷茫时能够促使他们产生自我调整和修正的意识。此时，只要家长给予轻推，如启蒙及适当引导，孩子一般都能从不喜欢或者讨厌，慢慢转变为理性尝试、不断接受、认识有益成长的优势体验。从基础较差到不断巩固知识点、增强判断力，从恐惧某学科到逐步打开思路、灵活运用，形成解题思路和方法优势等，学习的体验感和自信心便迅速强化而巩固。

家长要不断利用各种情境资源，刺激孩子学习的发散性思维，使之活跃而灵敏，改变和提高学习的感受、认知、理解、运用等意识。这时候，只要不讲大道理、不说评判语、不做责罚事，在与孩子商议的规则框架下，孩子就能自发地建立学习机制，使当下知识的学习不断形成记忆图式，自动利用各种学习情境和相关事件进行性价比择优训练、反复提升，形成自己的"学习主场"，供大脑中枢神经系统储备使用。这些方法对稍高年级的儿童在学习认知上有偏差时进行调整特别有效。

当然，在学习助推时，家长可以利用游戏语言、夸张表情和擅长的方法带动孩子的专注和积极性；还可以用比较、比喻、比拟、归纳等描述和自我定义的语义语法，不断联结巩固当下知识点，融合其他知识增加联想内容及情境的同化，从而达到感知和经验一致，形成熟练、拓展、跨界的统合思维，达到举一反三、运用自如的效果；还可以利用情景式、嵌入式帮助孩子把短时记忆转化成长时记忆，不断提高孩子的记忆力和理解能力；还可以分类分组、前后量化比对分析容易出错的类型和步骤，找出性格和行为上的劣势根源，减少出错率等。

如针对数学科目，家长只在解题方向、知识点切入、关键条件或者步骤上简单带动孩子，以请教或者假设的语气，让孩子在某些提示下一步步根据题意及判断罗列出不懂的或者忘记的知识点，重新学习弄懂，再学会快速判断哪些题意中的知识点是陷阱，哪些才是解题钥匙。可以用整体宏观知识的"面"带动具体针对性知识"点"的串联记忆，强化灵活运用。如此，孩子的学习兴趣和能力就能明显增强提高。

社交助推。孩子得到情绪、兴趣和学习上稳步助推发展时，自然渴望更多同伴群体的社交并希望走进这些圈子，得到欣赏和认可。我们从国外一些关于心智效率的认知科学实验中得知，社交活跃的生活方式和刺激性活动环境可以促进新神经元的生长，令突触密度增加、脑容量加大，这就需要更有效地使用脑网络和神经群，在脑库中生成更多图式和"先验材料"，以备后期不断使用。

在家庭、学校、邻里这些辐射圈中形成的社交环境，让孩子感受到一定的熟悉、稳定和舒适程度，能满足深层次的生物需求，即归属感和安全感。社交活动能激活大脑前额叶皮层和大脑边缘系统的情感中心，包括打开情绪阀门的杏仁核，对交感神经系统和副交感神经系统的平衡协作起到积极平衡的调节作用，从而帮助孩子更多感受、认知、厘清自己与他人的关系，积累处理人际关系的优势经验。

儿童与家庭成员建立的联结、互动形式，是最早的社交雏形，影响日后进入社会的人际表现。因此，家庭的养育方式、陪伴内容及教育方法对孩子的早期社交有着重要影响。如果孩子得到家庭亲密、走心的信任和支持,就能真实体验和感受到与人打交道的快乐和自信。当日常问题发生时,孩子能够与人大方交流自己的感觉、想法和处理建议,就能很好地促进他的社交表达和人际处理能力,增加与人交往说"不"的勇气,培养出孩子良好的社交能力,使其得到更多的社会关注和发展机会,对生活和学习都有着直接或间接的帮助。

有些孩子从小缺乏安全感和归属感,在社交场合漠然孤立,既不参与别人的活动,也不主动与人交流;有的态度偏激固执,言语刻板,语气生硬,很难与他人相处;还有的过度自我为中心,或者过度取悦迎合别人,大致存在社交障碍或人格缺陷等问题。当孩子遇到严重的社交问题时,需要及时请专业人士给予心理治疗或疏导治疗,轻微的则及时给予解郁引导,否则可能对成人后的社交活动和能力产生终生影响。

在青少年时期,如果家庭不幸存在亲子问题、情感缺失的孤独感,往往会造成孩子性格上的严重缺陷,在人际关系中颇为孤僻偏执,性格上容易冲动极端。对于这些家庭来说,容易忽略这个时期孩子的情绪变化和失控,单纯把注意力集中在学习目标上,更容易造成青春期的社交障碍,严重的可能影响当前学习及将来人格的塑造发展。

家长要多鼓励孩子与亲人、邻里、同学等互动,有条件的可以多安排孩子旅游或参加社团、义工等丰富多彩的活动,这样可以让如今缺少线下社交资源的孩子有更多体验与人交往的机会,在其中逐步感受到自己的社交价值和自我价值。

在社交活动中,家长需要帮助儿童处理损己信念或羞耻感,鼓励选择符合自己性格的恰当行为,重构社交关系的认知模式,修正外部关系,以家庭的共同支持和亲情感染,驱动能量流动,不断让孩子产生与人联结的欲望和企图。助推社交,可以有效促进孩子的社会化发展程度和社会性功能的完善,帮助孩子内在自我认同与社会认同达到同一性,突出性格优势。

助推的"五个需要"。许多孩子都会在情绪、兴趣、学习和社交中遇到各种问题,偶尔在情绪上或者人际关系中出现不和谐都是正常的。只要发生频率不高,没有影响到孩子正常生活和学习,就没必要过于关注和干预,不用刻意提醒,否则可能会强化负面意识或加重负面行为。

1. 需要保护孩子的自我分化能力。助推孩子是基于孩子现在已知的、将来未知的一些价值观的形成过程,在一定目标方向上进行的某种程度的自我分化。在这个时候,家长尤其要注意不能干扰或者阻碍孩子成长过程中的自我分化能力。只有保护孩子发展出自我分化能力,即在与人交往时能够同时体验亲密感和独立性的能力,才标志着孩子心智和情绪上的真正成熟,最终才能让孩子有能力自己帮助自己、发展自己,具备未来生活和学习更好的优势。

自我分化是美国心理学家鲍恩提出的家庭治疗理论,指个体在情感、认知和思想上与他人有适当的界限和适度的交集,保持自我独立,在特定情境下受理智还是情绪支配的能力。自我分化不好的人,低焦虑时行为由理智系统指导,但高焦虑时行为由情绪系统指导;分化程度高的人能够在情绪紧张的情况下依然保持冷静、理解并接受自己和他人的需求和期望;而分化程度低的人在情感紧张时可能表现出过度依赖而懦弱,或过度独立而冷漠的状况。

2. 需要注意边界和沟通方式。如果通过父母的助推,能够使孩子做事和学习产生心流,则说明这种助推是深入其心且积极有效的。这里所说的心流是一种从内在文化观念、外部环境及自身体验过程中产生交融的精神能量、精神秩序和身心愉悦的过程,而文化影响和自身素质对心流的产生至关重要。但是,正如上面所说,如果父母助推过度,即没有框架和底线时,则是过犹不及、过界而不知,埋下隐患。

家长要达到助推效果,不仅需要观察,需要良好的交流方式和文化渗透,还需要在边界及沟通方式上注意两点:第一,父母爱孩子要有度,有分寸和边界,不能代替孩子能做、可做、尝试做的事情,更不能时时刻刻过度关注孩子的情绪、学习日常和干涉孩子,否则是在戕害孩子的成长,折断他们飞翔的翅膀;第二,父母与孩子沟通时,尽可能把哈维尔对话原则转化成家庭对话准则,让孩子理解并加以训练和认识。当助推达到一定效果,尤其出现心流时,家长就不会因担心这、操心那而过界,那时孩子已具备自己的信念和力量，能正视任何问题并积极主动地去解决。

3. 需要在生活学习中进行综合性助推。在各方面助推孩子的过程中，家长始终需要对孩子强调遵守规则意识、培养情感表达和独立思想与主见，使父母在孩子心目中成为权威、信任和安全的依恋港湾。家长在日常生活中可采取较多方法助推孩子的整体发展，比如，与孩子有效商议诸如早起早睡、作业完成要求、力所能及做家务等安排；另外，还可以陪伴孩子多看一些有关利他行为的感人故事，充分感受社会角色的责任和担当，发展出集人性真、善、美为一体的社会道德观。助推孩子，都是慢养育、慢渗透和慢滋养的成长过程，并非一时说教就能立马见效。

在实际生活和学习中，很多助推都是几个方面同时交叉进行的综合性助推。比如我提出的"顺势而为"就是综合性助推，意味着任何迎面而来的问题都可以一起助推解决，并且是利用当时的情境事件，及时抽离出对解决问题的有利因素，对某些问题不去追究原因，而是想办法如何去顺应问题，解决它或变为优势，在不刺激情绪、不形成对立的情况下，使问题本身成为教育目的的自变量。

4. 需要遵循"顺势而为"的原则。不管是哪个方面的助推，家长都应当对孩子有个大体的观察和梳理，才能判断出孩子在某些方面的优劣势，把握助推的主导方向和主旨。父母只有对自己、孩子、教育进行必要的了解和认识，才知道是否需要或者如何协助孩子，这样才能通过孩子上述几个方面的主要助推，抽离出孩子立体动态而非扁平化静态的个性成长优势，促其成长。

无论在生活上还是学习中，父母亦师亦友。孩子需要家庭某种形式的助推和"场域"来发动他们的引擎。动力轴还在孩子身上，父母只是辅助轮。父母给予任何形式和程度的助推，都需在孩子已有认知能力、对应年龄段的理解和承受范围内，否则容易让孩子过早遭受打击、挫败信心、影响认知，形成新的焦虑和偏差。家长需要注意、甄别和克制，不能按成人自己的观念和标准去要求孩子，而是顺应个性和情境中的"势"，遵循"顺势而为"的助推原则。

5. 需要根据天性本能培养优势思维。培养孩子学会用"优势"思考问题，是源于人的天性本能，即培养有序、优化、有利自己的思维。每个人当优于他人时常会充满激情而自信，劣于他人时常会灰心丧气而自卑，这是人性发展的需求和动力。家长利用优势进行家庭教育时，首先需要注意观察孩子正在利用的优势；其次指出他现在的表现比以往更好或者进步的地方，使之成为新的优势；再者让孩子知道当他发挥优势时所展现出的正效果、成就和人格魅力；最后为他创造压力适中的机会，让他自行发挥优势去突破阻碍或转变劣势，成长自己，形成新的优势。

优势发展，离不开孩子的天性竞争倾向及其遗传。因此，家长需要大致了解一些早期培养生理优势发展的黄金时期。早期优势神经元激增生长的特殊阶段，是在婴幼儿到儿童中期 12 岁前这个期间，大脑的发育一直会持续不断；在此期间，家长可以给予相应的环境和时间，让孩子反复感知、觉察、体验这些倾向和遗传优势，形成一种统合能力；多次使用、检验和提高这种能力，可使孩子在更短时间内取得比同龄孩子更高的成就和成功，达到能量叠加、技能娴熟和效果出色的优异表现。因此，相对于一直努力改正缺点、努力培养优势的孩子，这些从优势中发展的孩子反而表现得更好更出色，心理和认知也更健康，后劲和爆发力也强大。

》》个人优势觉醒的成长经历

自我优势意识觉醒。在个案面询过程中，以及大量阅读专业文献中分组抽样的实验研究之后，令人兴奋的是，它们绝大部分能印证我的家庭教育理论。之所以用长篇幅探讨分析优劣势，是因为培养孩子的优势是家庭教育理念和个体化的核心之一，当然背后还有自己个人成长的原因。

幼时因父亲习惯于只要看到孩子缺点、做不好就大加指责、发火或动粗，甚至长时间责骂刺痛自己，于是我就习惯性地关注自己的缺点和犯错，似乎认为自己事事都会出错，执迷于劣势的世界中长大成人；以至稍大一点我依然胆怯、羞涩，不善言辞，个性中有些自卑却又很倔强，比较沉默，不善于表达；再大一些，我才体会到母亲过早去世对自己的影响，尤其当母亲的亲友同学拿我和母亲做对比时,总赞美母亲比我美丽、聪明时,我因此感到否定、无价值和伤感,认为自己配不上优秀的母亲,没有令人自豪的优点。

直到进入社会,在职场上经过历练,我才有了不断获得认可、欣赏和赞誉的突出成效,加上在各个从业单位获得的各种奖励、荣誉,我逐渐意识到自己也有优势的资源和能力,这就加持了自己的信心和力量,一扫而光过去的胆怯和自卑,做起事来不再犹疑,果断而坚定,即使存在一些缺点和不足,依然能在做事中越来越多地获得成就,表现出优异的一面,我认为那是实践生活带给我的优势觉醒。

激发无限可能。其实,即使早期没有关注到自己的优点,但它们也早已在实践中给予我坚持正确选择的力量和成长的方向,及时止住自己负面思维,更深入、细致地应用优势,悄无声息地消解了劣势的触发机制。当意识到生气、愤怒、失望时,人不再局促不安、紧张不已,而是把它们都当成一个人成长的合乎情理的必然组成,不会一味地沉浸于不好的感受,内耗自己,也就很快在工作中形成自己的做事风格。

由此,我彻底唤醒了沉于内心的优势意识,激发了自己无限的可能,得以在往后生活中从容面对各种困难的同时,可以更高效地工作和学习,给予孩子和家庭更多支持。于是,我重新审视自我感受、认同和发展的关联部分,重构社会价值和意义,零的突破,进机关、玩公司、行公益、做教育,天马行空,也能不断发现他人已有优势和潜在优势。

优势让自己的价值、认知和通感变成一种艺术之上的联觉,感知统合成美的意识,沉浸在生活中,反映出心灵不同的呈现和志趣,再组成或创造新的优势。优势犹如救生艇,可以让人一直避免沉入水中,成长为自己。希望借此机会可以同样帮到其他孩子及家长,挖掘和发挥他们的各自优势。

第十章　青春期教育

　　青春期是青少年逐步走向成熟、形成高阶信息处理能力、体内滋生孕育下一代欲望、将步入成人行列的特殊过渡期,也是家庭教育中暴露问题最多、最为头疼、最为激烈的矛盾冲突频发阶段。当孩子进入青春期,总会有种难以名状、要爆炸迸发、挣脱锁链的感觉,而父母面对孩子却有更多的被心堵、被忤逆、被激怒的感觉。当两股力量相互碰撞,可想而知对情感关系会产生多大的冲击破坏,对未来也将产生巨大影响。

》》》青春期的主要发展及其特征

　　自婴幼儿开始,父母的言行举止和思维方式是吸引孩子模仿、依恋、信任的具有权威性的对象;但随着年龄和知识的增长,孩子交互联结家庭以外的环境人群,逐渐进行自我分化,直至第二性征的出现,形成稳定的情绪和独立的人格,包括具有个体特征的文化心理、感受能力、评判标准等方面的个性定型;经过家庭、学校和社会的集体体验、感受、认知,孩子不断重组构建认知系统,出现内在性取向和外在性行为的差异化,除性别基因的遗传影响外,清晰的自我认同或模糊不定的自我认同心理,都会出现两极分化的表现。

　　上述内容正是影响青春期的自我分离能否成功、融入社会是否顺利以及自我同一性能否一致的过程,家长需要从多方面给予孩子理解和信任,提供必要支持,这就要了解青春期的主要发展特征。

　　青春期的主要发展。青春期的身体、认知、情绪和行为,以及人格、情感、道德、统合能力等主要发展会不断出现变化,影响着孩子的身心健康。

对此,我们不需要一一弄清和理解,但要简单了解,以便在家庭教育中能够读懂孩子的一些表现并应用合适的教育方法。青春期的主要发展包括:

1. 身体发展。这个时期身体快速成长,体格、体型也快速变化;随着性激素和其他多种激素腺体的分泌,新陈代谢加快,消耗能量也剧增;发育由内到外发生巨大的形态变化,从而彻底完成生理性发育。

2. 认知发展。这个阶段的自我分离意识强烈,人格独立,要求自由;自我身份认同,包括社会性别意识觉醒;有效理解、分析和判断问题,尤其是理解复杂概念和事物、思考和解决复杂问题的抽象化思维能力迅速提高。

3. 情绪发展。这期间孩子的情绪变化速度快,喜怒无常,易引发各种状况;有特别明显的自尊心和认同需求,容易受挫;受性激素分泌增加的影响,性格更为敏感冲动,虽愿意接受外界的主张和引导,但很容易产生快乐、激动、害怕、郁闷和焦虑等情绪。

4. 行为发展。青春期的孩子能够思考、判断和行动,行为独立自主,注重自我形象;有一定的责任感、支配感和权力感,这将导致他们会挑战父母的权威,不再紧密依赖父母;更重视同伴关系和认同,更愿意归属一些社会小群体且表现其存在感。

人格、道德和社会发展。青少年在青春期较为叛逆、排斥正统,需要确立自我同一性或自我认同感。不过,即便是对大部分成功结束青春期并最终获得自我同一性的青少年来说,与父母的冲突仍会存在。对父母存在一定数量的"反抗"是青春期发展的需求,那是为了不断打破减弱童年对父母的依赖权重,在未来能够成为自给自足的成年。

因此,有时青少年是为了反抗而反抗,毫无缘由,只为了证明自己已是"大人"。这时家长的教育引导要让他们认识到生长规律,学会理解尊重人性中的情感分离和联结,找到合适的表达沟通方式。当然,由于青少年和父母的时代背景及教育文化不同,双方的审美意趣或观念也容易产生现实冲突,比如在发型、衣着、音乐品位等琐碎之事上会引发矛盾,但在真正重大的道德和社会问题上反而与父母可以达成一致。

青春期初期,青少年喜欢被当成大人一样尊重和认同,对理想人物身上具备的道德品质要求会有所提高和期待,对地位、名声、荣誉及其他闪光点的关注度也迅速上升,对此重视和模仿程度增加最快,上升趋势持续到青春期早期达到最高峰值,中期开始下降,到晚期青年时期又开始上升,直至趋于稳定。

家长在这个阶段不要讥讽非议或厉声批评孩子的正常表现,比如,青春期的男孩女孩都开始注重外表,喜欢"臭美",家长不用过度反应和担心,反而要学会在欣赏和赞美中适当引入一些情感发展、审美常识,教给孩子摆脱"不好意思"就可以了。

对青春期的人格、道德和社会发展进行具体引导,需要理解以下四点内容:

1. 人格发展。从 13—14 岁到 17—18 岁,分别是孩子人格发展的关键期、成熟期。进入青春期后,孩子的各种兴趣、性格等倾向基本定型,并通过同伴或理想人物的影响模仿,培养出自己审美意识,懂社会礼仪,具备与他人有效交往的处理能力,这是孩子发展社会能力和良好社会关系的关键时期。随着具象化思维向抽象化思维的发展完善,以及知识经验的丰富积累,孩子开始逐步形成对人生、对世界的系统性看法,在此基础上初步形成人生观、世界观,并趋于稳定完善。

青春期,孩子的生理发展日趋成熟,包括性发育的成熟,各方面出现明显变化,人格发展达到一个新的水平;自我意识趋于成熟,表现出对自我分离的强烈关注,逐步形成稳定一致的自我形象和自我要求;自我评价能力加强,开始自觉评价、了解他人和自己的品质,评价的内容也较为全面且深刻;道德意识在行为中的作用日益加强,道德情感的直觉情绪体验明显减少,伦理的情感体验开始占上风。

2. 道德意识"自我中心"的两个方面。孩子的身体发展是其他一切发展变化的基础,而人格、情感、道德、统合能力的发展是为认知、情绪、行为等方面的发展提供"掌舵""保驾"和"护航"的作用。关于青春期的道德认知问题,在本人个案经验及本人查阅大量其他相关实验资料里,都有涉及美国儿童心理学家 David Elkind 在皮亚杰"自我中心"理论影响下明确描述的青少年的两个心理特点。

一是个人"神话"。青少年会花大量时间思考自己的想法和感受,以此认为自己是特别且独一无二的,可以不受伤害,想象中会"神话"放大感受和影响,深信在自己之前没有人会有这些想法和感受,"别人根本不理解我,我和他们不同"这类感觉在青少年中很普遍,包括"自己是例外,这不会发生在我身上"那些铤而走险但常见的想法。

二是假想观众。青少年存在过度的自我意识,会想象延伸一些有关自己的关注焦点,总以为自己是他人世界的中心,别人会时刻关注自己的想法和性格、外表和行为,比较敏感地在意他人对自己的看法。彰显青春期认知和道德进步的重要体现,主要是"对"与"错"的分析和理解,以此形成自己的道德价值判断。

孩子的认知能力需要不断提高和突破,才能把"自我中心"的一部分负向影响减弱和消除。比如这个时期的身体和情绪特别敏感,常会引发过度反应,出现激惹情况并引发某些心理倾向,如高频率长时间的话,很容易造成一些情绪情感上的干扰和障碍,这样自然会影响到生活和学习状态。

3. 情感发展线"亲情—友情—爱情"产生不同关系。在青少年与父母有着紧密健康关系的家庭中,青少年会内化他们早期建立的重要关系和情感体验,并以这些早期经验为基础来理解建立亲密关系的意义,包括最亲密朋友以及恋人的关系。孩子的情感从出生开始,沿着亲情—友情—爱情—亲情的发展线,不断拓宽深入,直到走进婚姻,建立一个新的情感循环发展线。贯穿其中的亲子关系、朋友关系、恋爱关系以及婚姻关系、家庭关系等,自始至终都是随着情感的走向发生。所以说,情感是任何关系建立和发展的内核,不同的情感会形成不同的关系。

孩子早期良好的依恋关系能为发展亲密性做好准备,也为早期非恋爱关系打好基础;而密友关系则调整、扩展了青少年对亲密性的理解和认知,并帮助他们发展出具体社会关系技巧和群居性本能需求。一般情况下女孩间的亲密性出现在青春期早期,男孩间的亲密性则出现在青春期晚期;

走心的亲情、密切的友情、健康的情感发展,为平稳度过青春期、形成两性间最亲密依恋的高级情感、走进恋爱婚姻关系打下坚实的基础。

4. 从简单批判性思维发展到高阶思维。从认知世界开始,孩子就有了简单的批判性思维。在儿童期获得技能训练、基础知识及教育资源积累后,到了青春期,思维才发展得更为完善和成熟。在促进主题知识获得时,提供给分析和批判所需的各种知识材料,会引发孩子对基本解释的渴望和兴致,产生自己的理解和思考,这时批判性思维才成为可能。当然这不是盲目行动或反应,而是经受住诱惑、情感、贪欲、偏见等干扰因素后,做出明智决定、得到正确结论的思维模式,是衡量自己或他人思维是否符合逻辑和道德标准,从而判断信息意义与其他信息的联系,形成长时记忆的各种图式。

当长时记忆图式有了更广泛的不同领域的知识运用时,比较、分析和判断新信息的能力就会增强,同时思考甄别不同类别材料的能力也会提升,就有了组合新的知识和新的思考的可能,有更多可用于运用知识或获取知识的元认知策略。这些策略为青春期及将来的认知发展提供潜力,使更多新内容的批判性思维成为可能,进行更高层次的分析和反思,最终形成高阶思维的特点。

青春期发展的四个阶段。"青春期"既是生物学概念,也是心理学概念,一般指女孩 10—18 岁、男孩 12—20 岁过渡到成人阶段。各国心理学家对此都做了不同角度的研究和理论诠释。美国心理学创始人霍尔、心理学家埃里克森分别发表了儿童心理发展理论、人格发展理论等,对青春期特殊阶段做了浓墨重彩的详细阐述,引发教育学、社会学和心理学等众多学者专家在这些理论基础上对青春期的关注和重视,提出更多的创新概念和研究。根据不同年龄表现、生理变化和心理特征,青春期可分为初期、早期、中期、晚期四个阶段。

1. 初期在女 9—11 岁、男 10—12 岁。这个阶段,青少年身体快速生长,好奇心重,有着内外探索和丰富想象的能力,开始从具象思维发展出抽象思维;具有强烈冒险和特立独行的感性冲动,尤为关注外部环境并主动参与适应,更乐于交往同性伙伴并参与其小团体活动,渴望得到认可;在情感发展线上,正处于同性友情发展的重要阶段,较为青涩而排斥异性伙伴,这时期容易受环境影响产生性别模糊的意识。父母对孩子的影响和权威性也逐步减弱,开始不愿服从父母的管束。

2. 早期在女 12—15 岁来初潮、男 13—16 岁有遗精等阶段。青少年生理上具备了生育能力,精力旺盛,快速增加力量、知识和技能,学习吸收和理解能力出现较大变化;积累大量经验的模仿和复制,"先验素材"丰富,认知不断打开,可以自行处理高阶信息,比如判断、远见和规划等;有了理性感受,要求独立自由,寻找自我价值、自我满足的实现,人格上开始与父母不断分离;情感发展线上仍处于同性友情成熟发展的阶段,但参与同性、异性群体活动的意愿开始无差别,有微妙变化;开始探索自己的身体,特别敏感,将产生对异性懵懂欣赏和羞涩交往的期待;叛逆较明显,抵触父母说教。

3. 中期在女 16—18 岁,男 17—19 岁。青少年在这个时期能深入自我体验做出意志判断决定,受同伴关系影响越来越强,与父母少交流且不服管教,可能出现强烈的对抗忤逆行为;因外部带来的意识冲击与内在认知信念形成冲突,迷茫、痛苦、多变,易产生自卑、自我厌恶、对人不信任等情感,也易亢奋、冲动、叛逆,出现愿意把自己完全交付他人支配和控制的现象;在情感发展线上,群体活动逐渐离散消失,个人活动更为积极,重视外表及建立同性或异性友情,对异性交往容易产生纯真向往和美好爱情的渴望。

4. 晚期在女 19—23 岁,男 20—24 岁。青少年正式跨入成人行列的早期阶段,身心发育基本完全,且心智趋于成熟稳定,对事物及自己的选择有清晰的分析判断能力,但因缺乏社会经验而易出状况;个人意愿和情感鲜明,处于蓬勃的爱情期,对异性恋爱有强烈渴望并付诸行动,在这个阶段对父母反而有了更多理解和交流意愿;这个时期个体分化彻底完成,在心理层面和精神层面更为成熟开阔,为今后成立新的家庭和生活做准备;承担现实责任的意志和能力增强,将结束青春期,开启全面社会化的青年生活新阶段。

本书所说的"青春期"主要是指前面三个阶段,而对于 18 岁以上的青年,在此就不叙述了。经过青春期初期、早期、中期等发展,青少年在人际、身体、思维、语言、行为等方面都有了相应程度的不同变化特征,能够获得比较多的自我经验和信念,但都有待升华,这就需要家长适当教育引导,使之不断在实践中淬炼成熟。

青春期的心理发育和情感变化。在青春期,青少年会经历身体及生理上的发育转变,包括出现第二性征和其他性发育的特征,这些发展变化直接影响着青少年心理发育和情感变化。我查阅了一些实验数据组的分析和比对发现,青春期初期和早期,正常情况下青少年参与的都是同性社交群体,参与异性群体的只有少数;青春期中期,青少年之间更多的关系发自两性之间,对异性有了交往的渴望和想法,同性、异性群体的边界不再明显区分和介意;到了青春期后期,随着更多群体成员开始关注异性、约会恋爱,同性、异性群体之间的界限开始逐渐模糊消失,群体融合在高中毕业前就已经开始。

可见,青春期的社交情感走向,一般都是从初、早期亲近同性、排斥异性,到中期渴望接触和交往异性,期待得到关注,再到后期与异性热恋约会,发展为更加亲密的合作关系。在有些成年或老年人的言谈举止中,仍常常出现青春期的特质和影子,有可能是这些人的情感发展线和心理发育停滞在青春期的某个阶段,没有发展出更为成熟和稳定的情感行为反应模式。

青春期是重要的性发展时期。青春期是重要的性发展时期,也是性教育的关键期。

最明显的标志是第一性征和第二性征的生理变化,前者主要指睾丸阴茎、阴道子宫等性器官的发育成熟,后者主要指体格、胸部、体毛的发育。当身体发展达到基因决定的适当年龄,腺体受到"主要腺体"或垂体的刺激而引发一系列活动,甲状腺使生长速度加快,肾上腺和性腺刺激了某些特征的发育,比如体毛、耐力肌群和女性的月经周期,这些体内体表的生理变化使性发展达到了激素分泌的巅峰,容易造成压力和心理问题。

进入青春期的年龄和时间因遗传、营养、运动及外部环境等影响有所不同,大约在身体生长陡增两年后开始,快速升高大约在女孩 10 岁、男孩 12 岁左右。这一时期进行性教育,不仅为了帮助孩子乐观地认识接纳自己的生理变化,还要给予人文关怀和理解,进行性道德观的构建和认识,这是性发展时期必要且非常重要的内容。要让孩子意识到,性是生命之源,是人生不可或缺的部分,从人的本能需求以及生理方面而言,性是人类的一项基础生物学机能,通过情感加工和人文审美的升华,形成性吸引力,得到关注。

在不同年龄、不同环境,性教育内容都不尽相同,性教育的表现形式和侧重更有所区别。让孩子正确面对自己正常的性好奇、性幻想和性冲动,不至于谴责自己、质疑自己、为此羞耻,能够理解悦纳自己;尊重自己的情感,也要尊重他人的情感,不能伤害他人。另外,还要让孩子明白,关于性吸引力取决于自己内心的感受需求、现实变化,受到公共道德、社会规范和家族传承的影响约束。

》》 集中高发问题的特征及其根源

根据案例分组统计及观察孩子的表现分析,我发现青春期集中高发问题都与青春期前形成的情感发展线、身体认知、人格道德及社会化发展等方面相关。经大量资料查询证实,各国青少年在青春期都有类似问题,只是形成问题的根源因各国文化不同而有所不同。我们可以尝试从以下几个方面来理解青春期问题频发的特征及其根源。

青春期孩子对父母的服从性减弱。亚里士多德在"净化说"中提到,未成熟的精神系统或心理机制,如果在其发展进程中被压抑、扭曲、阻碍,则会在将来以某种具有破坏性和极端性的方式显露出来。这是说,要让孩子在自由独立的发展时期,逐步融入社会规范性元素,去遵守那些良知、诚信和道德的底线,在他变得更加理性而成熟的将来,就不会表现出某种险恶的冲动和较大的社会破坏性。青春期孩子最明显的变化表现,是对父母的服从性减弱,出现对抗或忤逆,不再依赖顺从父母。

孩子的服从是一种本能生存选择的策略,而非信仰。在形成自己具有效能感的最初意识中,即进行简单的模仿转化、思考判断后,能清晰感知父母言语及非言语中的情绪表达和对自己的爱,内心逐渐产生联结、信任和依恋;当孩子感受到理解和支持时,便能激发自己内在的力量和意志的生长,会把父母当成自己不断拓宽成长、构建自己价值取向的社会通道之一;这时的服从性相对幼时更多是对权威性的尊重和认同,成为自己完善发展策略和利益选择的辅助资源,从而愿意听取父母的部分建议,但一般还是喜欢由自己拿主意做决定,不再有幼时"说什么就是什么"的一味服从。

孩子背负着青春期"独自成人"的课题。如今处在青春期的孩子,正是2016年才结束的独生子女政策下出生,孤独无伴又被长辈过度呵护、宠爱成长起来的一代。他们几乎没有经历本该由家庭、群体或社会提供兄弟姐妹关系体验或社区邻里关系体验的学习机会,造成情感、人际冲突,并且学习应对解决的机会越来越少;自远古时期不断延续下来的蕴含着力量、生育和智慧成分在内的多种成人"仪式"也被丢弃,造成孩子们自行背负"独自成人"的课题。对于几乎没有任何锻炼和经验的孩子来说,这是非常不容易的事情,因此才会导致大量个体与社会的心理和行为问题。让孩子在社会发展中"共同成人",需要家长、老师和社会提供必要帮助。

帮助孩子的前提是必须真正了解他们。在得到更多线索和准确判断后,才能让孩子承受住他们的天性直觉冲动和自由需要,以及与社会规范形成的冲突代价,并逐渐学会在现实生活中不断真实体验和感受,克服、修正、整合自己"独自成人"所形成的情感、思维和意识等冲突、匮乏部分。

冲突机制与和解机制的相互作用。在现实生活中,青少年的成长会受到父母或其他重要人物的行为、观念和习性等影响,反过来,父母或其他重要人物的文化信仰、习惯和情绪也可能受到青少年的影响,从而在关系中产生"冲突机制"与"和解机制"相互作用下的平衡过程。实际上这种相互作用对改善整体关系可以产生积极的影响。例如,冲突矛盾,可以帮助家庭讨论时精准抓住需要注意的焦点问题,调整期望值并重议规则等,还能够借用"冲突矛盾"的性质和尺度,衡量青少年能增加的自主性及适当可变的范围等,发挥影响和作用。

青春期是孩子冲突与和解变化最多的阶段。在过于严格要求下,孩子常因担心被批评、被责罚、被打骂等缘由,夸大其词、说谎骗人,引发表演性和掩饰性;为了防止在将来成人后变得虚荣、浮夸、不诚实,家长要给青春期孩子更多独立表达自我的机会,而不能像幼时管教那样总是监视、约束、说教,这样孩子真实展现出来的东西就会更多,就更容易准确预测判断孩子在青春期的各种表现可能。当孩子理解了冲突转化为和解的必要,也就知道了发生问题的原因,就能正视反省自己,获得成长。

"榜样模仿"的作用。当青少年与所处环境中重要的人产生互动时,会通过认同危机的积极或消极一面,解决当前阶段所面临的冲突。因此这些对孩子影响重要的人,其行为和品性对孩子的榜样导向是直接且巨大的。尤其在青春期这个非常特殊时期,想继续对孩子发挥教育、带动和引导作用,只能是那些与孩子关系融洽、一如好朋友般情感的父母、教师或亲属朋友。

好的家庭教育,必能使孩子成熟稳定地度过青春期,领悟先人前辈的智慧和经验,不断受到启发,意识到自己每个新的思考、新的发现都似曾相识,在那些提出的要求、培养的情感、养成的习惯、陪伴的过程中,都能依稀找到对自己有过影响的人的影子,也就是"榜样模仿"起到的作用。

家长可用各种角色定位来影响孩子,如科目解惑、情绪陪伴、生活审美等非语言"榜样模仿",对青春期孩子的影响远大过语言说教。这时期,家长需要注意自己的观念和认知是否存在偏差,了解青春期需要的支持和帮助是什么,采取什么样的教育内容才能对孩子产生长远积极的正向影响。

家长缺乏稳定的内核。如果家长时不时对孩子进行事无巨细的管教,孩子就会陷入迷茫,感受不到自己的力量,不知道下一刻该如何做、能不能做、怎么处理。如果家长对孩子的态度不断在溺爱和严苛之间调换,随时变脸,一会冷一会热,时好时坏,对孩子的要求和指示反复无常,就会造成一种矛盾事实:要求孩子的天性随着家长自己的每一个变化而变化。因此,家长没有稳定的内核,必将阻碍孩子的健康发展且蒙智,导致更多更大的问题出现。

如果孩子敢于反抗这样善变的"权威",则是一件好事,因为这种权威不但不能帮助他们确立个性、稳定心绪和更好的发展,还在个性开始的雏形期和初期,就遭遇影响心智发展的破坏,结果还不如放任不管。我们知道,行为被情绪控制,而情绪被意志克制,个性的疆域只有自我的意志和力量才能扩大。家长必须有明智合理的要求、基本的行为准则以及稳定执行的框架,还要有稳定的情绪和高瞻远瞩的视野,孩子才能在青春期的成长中表现出果敢和刚毅,充分展示自己的意志、信念和自信。

意志行为深受多种心理因素的影响。那些获得的快乐、轻松和明智,没有在思考怀疑中萎谢,而在不确定的现实中不断走向确定。足以让青春期的孩子依赖、信任、尊敬的良师益友,就可以指导并帮助这些孩子提升自己的意志力和批判性思维,以更开放的思维和心胸去理解这个世界。

家长总把过去自己失去的机会或者希望获得的东西投射在家庭教育上,而每个孩子总会下意识地折射出我们成年人的性格和愿望,这种折射能力在孩子身上存在令人惊异的一面。也正是这种能力让他们对道德环境中的一切刺激都能够快速地做出反应,并逐渐成为心理影响和认知意识的一部分。成人个性中的每种成分都会给孩子带来深刻影响,声音高低、微笑频率、要求等,在细微处或整体上影响着孩子的意志行为。

青春期的意志行为不是"选择"的结果,而是由多种心理因素引起,这些心理因素之多远远超过整个人生所能衡量的程度,甚至在还没有意识到自己拥有意志力之前,世代家族的心理构成和家庭"格序"影响都可能为其性格的形成奠定基础。这些远远超过遗传因素的作用,它们的影响对于孩子并非稍纵即逝,而是伴随终生。

早期教育对青春期的影响。有些孩子童年受到严厉管教,几乎无法表达自己的看法,压抑没有得到释放,也缺少体验自己力量的机会。一到青春期,身体快速成长发育,可心理发展还很匮乏,这导致生理与心理发展的不平衡,出现大量问题。这些孩子在与周围同伴的相处中,容易形成自卑、挫败无助、自我厌恶等情感，又会以各种负面行为或躯体症状表现出来，如离家出走、校园霸凌以及头疼、肚子痛、痉挛发抖等，严重的还会出现厌学、自闭、精神疾患等症状。

有些孩子为了获得社会认同，刻意讨好迎合他人或群体需求，一心忽略否定自己的需求、牺牲自己的利益甚至献出生命，如被教唆诱骗、参与违法暴力活动、情感问题、为他人自杀等极端行为；有的过分依恋过去、依赖家人，缺乏应对现实生活状态的准备技能，自己找不到正确的发展途径，逐渐丧失对生活的兴致，性格也变得越来越内向偏执，整个人似乎停止成长，终生受到影响。

可见，早期教育对青春期的影响是巨大的，尤其在性教育方面。性教育内容，不仅是青春期的性冲动和雌雄性激素的第二性征男女变化，以及性好奇和性幻想等，还要对在不同年龄段的孩子接触到的关于性方面的实际问题进行必要的引导和教育。因此，早期性教育也不容忽视，主要是为了让孩子意识到男女生殖器官的差异、性别内涵的不同、传统观念的性别认同等，可以让男孩更像男孩，女孩更像女孩，那么青春期就不会有太多的异常烦恼、情绪干扰甚至是性别模糊了。

目前低龄儿童的性教育问题似乎只是两性身体区别的生理知识、隐私部位及保护意识，这有必要性，但更重要的是建立积极的情感体验，包括帮助儿童逐步理解情感由亲情到友情到爱情的纵深发展线、正常的人际关系和恋爱关系的区别，理解性的发展与生命繁衍等密切相关的问题。

早期性教育可以促进孩子生理和心理等方面更健康地融入社会，对"性"产生理性认知，有助于消除青春期的性别模糊意识，建立正常健康的性别认同，使成人后拥有更为健全的人格。性教育要预防性洗脑、性侵害、性虐待等社会危害问题，不能忽视人的根本价值，即自我价值和社会价值，这是青春期生命教育的一部分。

引发青春期抑郁症等问题。 据相关实验研究的数据比对，青春期后期，年轻女性的抑郁症发病率是年轻男性的两倍，而有抑郁症或躁狂症家族史的青少年比没有任何家族史的青少年罹患抑郁症的风险更高，情绪问题反复发作的往往有相关的家族史。在同伴交往问题、关系破裂、离家出走以及接触不良生活等事件上，都可能引发或触发抑郁症、焦虑症、躁狂症等症状，尤其是有情绪或家族障碍家族史、对抑郁症更为易感的个体。

青春期抑郁症，大多是由家庭问题、社交问题、学习压力等造成的，其中也涉及因"性"问题所导致的各种情绪症状叠出。抑郁症是以负性认知模式逐渐取得主导地位后，引发与抑郁状态相关的其他表现，以负性思维来建立经验模式、评估模式及预判将来，在想象中被极度放大缺陷、恐慌和不安，以至于占据个人的整个自我概念，对未来预期通常也是对现状负性看法的延伸和假想，造成自动性认知上的歪曲、扭曲，及情绪或思维障碍。最典型的症状是无意识动机的缺失或意志力的瘫痪，无法聚焦专注。

青春期易于冒险、行为放纵、情绪兴奋、通宵达旦无睡意以及成为社交狂人等行为也可能是躁狂表现的一部分，但并非青春期的孩子就一定会出现这些症状。识别哪些青少年既有抑郁症病史又有躁狂发作的风险，是一件不容易的事情，如果家长意识到孩子出现任何情绪行为的异常表现，并且是高频率发生，则建议到相关专业人员或医院去检查诊断，让孩子及时得到专业的帮助和治疗。

不过，许多经历过青春期抑郁发作的人会发现，他们的这种心理问题仅限于青春期，还有一些经历过的人却因这些问题预示着某种疾病的开始，会对他们造成多年甚至终生的影响。最近这些年经相关部门统计，青春期抑郁症是中学生出现最多的症状，全国患有抑郁症的学生人数占比较大，目前有低龄化趋势，小学生也开始占有一定比例。家长和社会需要对此引起重视，并采取相应的积极措施。

"性"的错误认识造成青春期心理问题。青春期是发展意识、自我定义及个性突出的重要阶段，在经历反抗冲突、与父母分离、寻求自我独立的个体苏醒期后，14、15 岁的青少年，受到日常生活中成人闭口不谈"性"的习惯以及传统文化的影响，关于性的认知会比较模糊、难以启齿，潜意识里会觉得性很肮脏很羞耻。

但是，对于"性"的本能，青少年所体会到的是一种爆炸的难以名状和释放的东西,在自己的身体内膨胀、蠢蠢欲动却又不可捉摸、兴奋害羞,即使感觉异常快乐却又会因为传统观念的影响,认为它极其污秽,产生羞耻、痛苦的心理,不能自拔,最关键的是无人诉说,导致心里惶恐不安。

这个时期,青少年内心既有着对身体性欲渴望的强烈兴趣,也憧憬着如同罗密欧和朱丽叶一般精神上的纯爱,两者同时矛盾地存在。于是,开始恐惧性欲,厌恶身体,甚至厌恶自己,有时还会出现为了保护捍卫自己想象中的某种"道德高尚品质"的纯粹干净,迫不得已地想做出否定自己或自杀消除"罪恶感"的防御念头。

某种程度上讲,或许这正是青少年蜕变成成人过程所需要的再生能量,在家长和老师的及时帮助引导下可以破除错误的观念和不健康行为,不断获得新的认知。破旧立新,才有青春期强大的生命能量和生活热情,能够发展出健康的性观念和性别意识。

青春期性发展出现的问题。青春期身体发育的一个明显标志是对性的兴趣更加浓厚,性欲活跃起来。人类遗传原始本能积累下来的性欲能量,有饥渴状、兽欲性、冲动性、竞争性、尝新式等情欲特征,当肉欲和情欲通过身体功能和心理功能形成整体意念、温和发酵至成熟之际,身体能量和心理能量也会热烈喷发。

情欲根植于内心的梦想、渴望、恐惧和挫折之中,涌现的念头、感觉、行为是构成日常生活和情感联结的一部分。存在不同的认知就会有不同的感受,不同的感受会有不同的性欲渴望程度,发生不同的性行为和性活动。性的表现形式也各不相同,有正常两性间的,也有因基因遗传或者创伤性病理造成的同性间的,还有能产生性欲唤起自己对自己的刺激行为,即自慰。

个案中,青少年从各种途径获知关于自慰的不科学解释,认为自慰是可耻下流的,是身体或心理不健康导致的行为,当性活动本能发生时,内心就产生巨大的压力、焦虑和害怕情绪;还有青少年认为自慰既然是健康的行为,就不加控制随时随地地触摸刺激引发快感,在这种认识下,逐渐陷入了只求感官刺激而非情感联结的无法自拔的"性瘾"当中,包括课堂手淫、成人后导致露阴癖等性扭曲变态行为,以及造成早泄、阳痿、性冷淡等症状,做出许多匪夷所思的或者人神共愤的事情来。

青春期对性的错误认知,易造成各种心理负担,影响青少年身心健康,反过来又影响青少年性健康发展。基因表达和雌雄性激素水平的变化,使青春期多个腺体产生、分泌和调节身体的各种激素达到高峰值,身高、体重、力量快速增长,身体肌肉与脂肪的数量、配比发生巨大变化,影响着青少年的"性"心理冲动。

随着第一性征的发育成熟,生殖器官开始产生卵子和精子,有了生育能力。女孩开始有月经,乳房变大、臀部变宽;男孩阴茎、睾丸变大,开始遗精,肌肉轮廓变得分明,变声并出现喉结;随着第二性征的生理成熟,性欲活跃,出现性刺激、性幻想、性冲动等性活动,受到神经和激素的调节,靠血液循环、肌肉及其他一些体内系统来维持,有形分泌物增多,如粉刺、痤疮增多,阴部及腋下开始长体毛,体味加重。

青春期身体结构和机能发育日趋成熟,促使身体自信膨胀的生理期望值越来越大,而心理结构和机能的发展始终处在稚嫩状态,不匹配所形成的内在心理冲突,直接或间接促动性欲的能量勃发,如没有合适的方式得以宣泄和释放,则可能走向极端,导致性行为的极端扭曲,甚至犯罪,如偷窥、强奸等,造成不可弥补的后果。

当身体条件发展到一定程度,生理冲动、心理期望也就越来越大,而关于性方面的经验和认知还处在未成熟、毫无经验的发展状态,与身体发育不平衡、不匹配,造成许多内在的冲突和焦虑,致使青少年担心、恐慌,从而导致情绪的巨大波动。

》》青春期教育需要关注的几个方面

8—12 岁是青春期初期教育的关键时期。进入青春期初期即 8—12 岁期间,孩子们的身体生长速度最快,活力四射,耐力超常,似乎永不知疲倦。感官反应迅速敏锐警觉,容易接受新鲜事物,记忆快速且准确持久。对于空间、时间及自然因果的概念也在快速形成,不仅有了一定的主见和个性,对道德及社会行为规范的理解也日益明晰,还会在家庭以外发展自己的生活圈子和群体活动,有了自己的兴趣与爱好。因此,家长要好好利用这个关键时期。

这个时期,孩子对所有强加于他们的要求都视为压力和失去自由,表现被动和抗拒。他们时不时爆发顽强的抵制或逃避,但这却是进行规则性和机械化训练的最佳时期,是培养学习习惯和意志的关键阶段,也是阅读写作、动手实验、音乐艺术、语言学习、几何数字等各种技能技巧学习发展的鼎盛黄金期。这期间如虚度无获,以后再想掌握同样的技能技巧,可能遭遇更多障碍、浪费更多时间和精力,对身体、感官和精神发展等有重大影响,还会影响孩子的生存能力及批判性思维的发展。

注重锻炼孩子的意志力。现在家庭教育中有些泛滥而不切实际的做法,倾向于讨好孩子以博取家庭和谐,或者一味用浮夸的赞扬和物质奖励取悦他们的自尊心,而少有提供锻炼意志力的机会,尤其缺乏面对失败和抗挫能力方面实操。比如,当孩子犯错时,家长只为他们辩解说初衷良好,生怕正确明智的批评或严格管教会激怒孩子,破坏亲子关系,哪怕耽搁或损害了所在集体的进步、牺牲他人利益,也不愿明确督促和管教孩子。这些做法既不能促进勇往直前,也不会向优异者学习追赶他们的步伐,造成孩子"自我中心"的过度膨胀或偏离,这对于往后青春期的发展非常有害,留下许多隐患。

对于孩子出言不逊、任性自私、处心积虑的对抗破坏或虚张声势,甚至出现反社会、反人类等行为,有必要管教和惩罚。当然,惩罚过于严厉冷酷,事后又不做任何补救,年幼儿童可能心生恨意;如果惩罚表现出理解、包容和情感,则可取得苦口良药的作用。必要的惩罚有助于孩子塑造道德观和激发意志力,可以引起孩子深度认识和感受,达到教育的效果。要注意教育深度和形式对低龄、高龄儿童来说是不同的。

智慧地训斥和管教孩子,本身就是门教育艺术。惩罚既要起到威慑作用,又要起到感化作用,不能图一时恶意责罚、控制报复、争赢输之快;尤其是体罚更不能随便适用,容易让孩子动机感官化,反而延迟延滞心理约束力的出现。只在孩子任意妄为且情绪激动出现破坏行为或伤害他人时，为了威慑阻止进一步发生危害，根据当时情境需要适当使用体罚，使其先行冷静下来再进行教育；对于生性极端、莽撞、冲动的孩子，严格管教、规范约束且理解沟通可以使他气质稳重、态度理性，更有意志和力量，富于内省和自控，懂得如何克制或消解情绪、如何表达情愿或不情愿，能从容面对违背自己意愿的事情。

锻炼社交能力和观察社会兴趣。青春期是自然人到社会人的自发转变过程，包括性别角色、情感道德、生活技能的社会化完成，而人际技能需要特别锻炼和强化。青春期前人际关系的持续培养和储备，比如父母的耐心陪伴、支持引导以及外部的社会关系建立等，是青春期顺利度过以及真正发挥作用的关键因素。如果到了青春期才开始发力人际关系就有点晚了，可能影响孩子稳定情绪和适应环境的能力。

透过青春期，我们可以判断孩子是否与人交往且热爱生活，是否具有较高的社会兴趣，从中看到对生活的态度和审美意趣等，由此进行教育引导。社会兴趣强烈的孩子，往往精力充沛、社会参与度高，身体机能及社会化发展较为完善；极度缺乏社会兴趣的孩子，会以非常夸张的形式表现自己，但主动参与社会性活动却很少，在社交上有心理距离，容易回避、逃避；处在青春期的孩子，社会兴趣缺乏分寸和边界感，甚至牺牲自己成全别人，过于强烈的社会兴趣也会阻碍孩子的健康发展。

学会对生存—生活—生命的掌控和定义。当家长发现进入青春期的孩子有烦恼或问题时，要认识到不是一次沟通或面询后就能解决掉所有烦恼或问题的根源。除了安全问题需要紧急干预，家长给予孩子自己理解的时间，允许孩子慢慢考虑这些根源性，把它们放在心里，带着问题去学习和生活，让他们思考、体验和明白，人活着是第一目标，只有这样才能真实感知"生存是怎么回事"。

而当知识、实践经验和长时记忆充分形成感受和认知的简单材料时，孩子会不自觉地加以各种推论、比较、思考，在获得有利于自己发展的判断、技能和资源时，又能够不断应用在现实生活和学习情境中，加深对问题的认识和探索,再深入生活和学习,逐渐去思考和理解"生活是怎么回事"。

当孩子逐步意识到自己与家人、同学、社会的关系是如何形成的时,在生存和生活的不断体验过程中,对自己的感知材料和思想会越发丰富,进一步提高提炼社会整体认知水平,产生更高一级的情感、思想和精神目标,此时才会对"生命是怎么回事"产生自己的领悟和新的定义,对活着的意义充满确定性和掌控感。

建立良好的生活行为反馈模式。青春期的孩子或多或少会面临一些困扰,人格的独立和分离,自我意识的苏醒和身份的认同,社交情感及学业问题等,这个时候个性体现较为对抗和极端,比如认为自己必须向人证明不再是一个孩子时易把事情做过头。实际上,当青少年对周围的态度变得严肃紧张的时期,往往也是容易出现行为偏差、需要教育的时候。这时父母、老师或者关系亲密的伙伴在身边加以影响和帮助,让他们内心保持本真的感受和诚实,建立良好的生活行为反馈模式,就可以将行为偏差造成的危害降到最低,长此以往,容易自行克服避免青春期出现的一些问题。

在青春期建立有利于自己成长的生活行为反馈模式,就不容易在未来其他权威、潮流或传统面前屈服,承受住各种压力和挑战。因为盲目服从性早已被正常的、具有自己思辨和判断的以及充满阳光气息的自主性、自得性和自明性取代,如此,在青春期做事就会积极主动、富有创见、创新的勇气。

性别同一性发展需求对父母的不同要求。当孩子自小就得到"性"教育方面的知识,在探索和好奇时得到家长积极的正反馈和引导,使孩子更为客观和感性地认识自己的身体、情感与性有关的因素;对"性"的教育诠释,能让孩子感知生命和珍惜美好,对友好情感产生积极正向的渴望,青春期阶段就不会过于激惹敏感、行为叛逆和性情极端变化了,更不会对"性"产生认知上的扭曲和害怕。这样,青春期的性教育自然能被孩子迅速接受和理解,消除一些青春期的困扰和烦恼。

这时期,在正常的生理心理发展下,孩子更亲近并渴望同性一方的父母给予更多陪伴,因为自我性别同一性发展和社会认同的需要,潜意识里需要同性一方父母提供更多支持和模仿。比如,男孩子更需要爸爸的力量,适合一起运动、学习和适当娱乐等,而女孩更需要妈妈的柔软细腻,适合一起讨论美妆服饰、聊悄悄话等。同性一方的父母,对青春期孩子的性格变化、恋爱观以及自我认同方面都会潜移默化地产生较大影响。

因此,对孩子越早进行性教育,关注他们的身体营养和发育,就越能有效防止他们出现性早熟或被外部歪曲扭曲认知的现象,自然而然地引导孩子正确看待"性",能够主动沟通关于青春期的性知识,以及他们自身可能遇到的自慰、单相思及恋爱情感等问题,及时反馈才能有助于青春期的健康成长。

必要的家庭权威会影响青春期。对于孩子的服从性而言,不同时期所表现出来的差异化还是明显的,这取决于孩子对家庭权威的感受和敬畏感的变化。家庭权威主要在于家庭必须具备支配孩子身心发展和持续的力量,接纳清除他们身心的垃圾和负能量,给予一盏陪伴他们心灵远行的明灯。在青春期,家庭"格序"发展得越好,家庭权威的力量就越绝对,就越能让孩子的意志力远离邪恶、任性和善变;在这种坚固稳定的力量影响下形成的自我发展的意志和方向,才会更加成熟和坚定。

这样,家庭权威能够在孩子心中激起特别的、根深蒂固的敬畏感,这种必要的敬畏感可以衡量孩子身上所能够培养出意志力和承受力的强弱程度,也是孩子所有道德动机中最强烈、最健康的无形指引和浸润,促使孩子自我克制和自我控制的意念强大。

家庭权威在青春期能够影响这三种境界,则达到了较好的教育效果:一当孩子感受到依赖父母所带来的神秘共情和约束力时,他是快乐的;二当孩子感受到伙伴更高阶的情感联结和深度认同时,他是轻松的;三当孩子觉知到某些依赖关系带给自己更多获得感、自主权益和自我约束时,能激发自己还需要去积极努力地奋斗,他是明智的。

这三种境界能够影响情感、感知及觉知等整合成自由意志表现,真正达到个性化教育的目的。但是,对一些顽劣孩子进行严格要求、反复锻炼、知识灌输时,使用的则不是完全意义上的个性化教育了,需要权威性、制约性、机械性甚至是教条式的管教方法,在孩子个性化发展和知识吸收的同时,家庭权威能够使这类孩子更多自控、遵守规则和尊重他人,产生利他行为。

对于那些没有得到很好发展、很多事做不了、信心弱的孩子,家庭权威更多的是赋予他们肯定和支持的温暖,而非压制和管教,能够让他们在不喜欢的事物中突然开始喜欢或者关注,如开始对阅读小说感兴趣,或者有点想要学习什么但想法多多。家长不要在此时指责、比较或否定这些微妙转变,不要让孩子觉得不好意思或者沮丧,只有这样,家庭权威才能提供一种有序的能量场域,让这些孩子恢复活力、好奇和精神气,变得积极自信。

重视青春期前获得高情感支持。建立了亲密性和支持性情感的青少年,往往有着较高的自尊心和自我期望,更能理解他人产生共鸣共情,与他人更容易包容相处,也因此受同龄人的喜爱和欢迎。这类青少年往往因早期获得较高情感的支持和滋养,在发展的各个阶段都可以成功解决能力范围内的许多冲突,这样到青春期就能很好地发展出自我认同感和自我分离能力,并且拥有更好的情感和认知"装备"来抵御同伴压力、抵制诱惑及对不健康或违法活动的参与。

不过,早期没有获得情感支持、没经历过成功解决冲突的青少年,在进入青春期后可能无法获得自我同一性和认同感,常会出现缺乏对他人信任、对自己没有信心、不敢担责易逃避、自卑羞愧、低自尊且依赖他人等状态,容易被同伴、环境等带偏带歪,误入歧途。因此,在家庭教育中,孩子自小在情感方面的依恋满足、安全感和归属感,是父母教育中务必关注的首要责任和能量聚焦。不要忘记孩子的成长,在物质丰富和满足之后,还需要同等丰富的心灵能量与之匹配抗衡。

青春期的自我意识觉醒及其表现。青春期是一个不断进行生理发展、心理变化、情绪控制,以及有着学习节奏、生活节律的过程,从而达到心智功能成熟稳定,开启新篇章。处于青春期的孩子,开始对自己负责,准备好与家庭的分离,正在全力使自己表现出成人意识的"成人形象"。

自我人格独立意识逐渐觉醒,有了诸多对抗突破家庭、学校和社会约束限制的行为表现,尤其当学习上受到家长和老师的指责、训斥以及不被待见、不被理解时,就会产生不想上学、渴望自由和个人表现的冲动。对自我的选择会有许多憧憬和放大,但由于经验不足、知识还不能驾驭、视野不够宽广等原因,会导致许多不计后果、莽撞冲动的行为发生,没法成熟考虑一切。

青春期的情绪状态、睡眠模式和自尊模式都变幻莫测,时而兴奋时而悲伤,思绪恍惚,精力旺盛,不失眠,容易敏感误会家人、老师和同学的言行表现,自身会因为"个人神话""假想观众"等不断放大而普遍感觉到强烈的痛苦和困惑,这其中也不乏青春期大量激素分泌和生理不断变化等对心理产生的影响。当遇到一些情境触发时,很容易引发情绪等问题。

对青春期的孩子来说,让他们"要有目标"或者"为自己努力"的确很重要,但要理解孩子本身感觉"怎么活给别人看"可能对家庭教育来说更重要,因为这是青春期发展的共性表现。

青春期性发育特征及其早熟现象。由遗传物质染色体决定的第一性征,从出生开始就基本完成,第二性征是性激素对第一性征作用、雌雄激素水平变化下产生和维持的结果,在进入青春期后发生。随着青春期的发育,自我本体感知以及自我定义意识越来越强烈,快感区域及身体机理的敏感变化,配合生理功能进行的心理机能发展,从而依次经历生物性的性快感、器官性的性刺激、功能性的性繁殖、情感性的性依恋等过程。

在青春期前出现性早熟现象,往往是身体肌理和心理肌理的发展不匹配造成,大多由外因诱发,比如因过早涉及性现象性活动等提前唤醒性意识、摄入激素过多刺激引发性欲、遭受性虐待等。性早熟问题,表现在男孩9岁前睾丸阴茎开始增大,身高速度突增,有阴毛腋毛出现、变声等表现;女孩8岁前乳房开始发育,身高徒增,有阴毛腋毛出现,月经初潮提早等表现。这些都会影响孩子身高即骨骺提前闭合,及后期可能引发焦虑抑郁等心理问题的产生。

青春期要得到更好的整合、成熟和完善。孩子只有对生存、生活和生命有较为全面的认识,以及真实的积极感受,才能不断刺激提升孩子的心理功能、认知功能和社会功能的发展,塑造道德价值观。青春期的孩子,更需要坚定和强大的意志、个性鲜明的批判性思维及道德感的塑造,这是影响孩子人格、价值观和社会性发展的重要因素,也是日后面对复杂、困惑和挫折等问题方面需要处理和承受的理性整合力量,可以起到为自己的选择决策提供分析、甄别、护航的作用。

这样一来,孩子的人格塑造将在青春期的发展过程中得到更好的整合,自发形成应对机制;在体验思考中一次次经过训练和总结,形成批判性思维,得到较为丰富、多元的发展,而非一味地模仿和服从某些单一固执的思维;孩子的承受力、力量感和视野也不断提升,产生更多的自信和勇气,忍耐力和意志力得到充分锤炼;早期培养和锻炼的统合能力,在这个时期也将变得成熟和完善,有更多的社会表现,尤其是孩子的独立性、判断性和价值感等表现会更加突出。

》》家长"如何"面对青春期的孩子

一个家庭是孩子走入这个世界的第一道风景线,影响其终生,尤其在青春期与父母的互动交集中,获得的成熟能量和思想伴随孩子一生。在家庭教育中需要直面做好以下几个"如何"。

如何面对青春期的多变想法和行为。在满脑子充满奇思异想、变化无常的青春期,孩子可能会暂时抛弃某种信仰,产生迷茫,关注其他信仰,又或是加入其他伙伴、小团体的"共同信仰"中去,到了成年又会回头重新捡起曾经的信仰。

这期间,孩子非常渴望自己最常见的想法和行为、记忆意识和习惯所形成的特征,还有对自己期许的精神品质等,能够早日个性鲜明而稳固地在自己身上模仿成型、表现出来。作为父母,这时不需要多做什么,只要让孩子知道,哪怕有一天遇到打击、危险、变故或灾难,将形成的完整良好的心理联系和状态粗暴破坏,或者遭遇重大挫折失败,他们至少还能回到自己背后一直支持的那个后盾——家庭。

只有让孩子在成长过程中感受到父母给予他们的理解、支持和信任,尤其在青春期感受到坚定的爱的滋养和温暖,孩子才能够从今往后在面对传统权势和打压,或者在遇到违背自己意愿的事时可以坚定地说"No",才能义无反顾地用自己的意志、智慧和学习到的知识,去实践自己青春年华里的理想和追求,自信而充满阳光。

如何对待青春期的叛逆表现。面询个案常常涉及青春期的孩子,家长反馈最多的是他们不被尊重、不被信任、受到特别冒犯等生气的言语,例如"你烦不烦?""闭嘴,不关你事!""啰里八嗦,滚!"等,还有不同以往、莫名其妙爆发的辱骂和推搡行为,家长自然失落、伤心或者愤怒。

在某种程度上说,这些是青春期发生的正常现象,因为他们正经历着与父母、家庭身心分离的状态,不经历反抗、冲突的孩子哪能成为日后独立成熟的个体?无论什么样的孩子,在这个时期都会或多或少蹦出这样那样让父母伤心的"狠话""绝情话",这给父母带来字面上的不适感和不敬感。但是不要过度解读它们,因为有时候孩子就是无来由地为了反抗而反抗,等下又像没事似的叫"爸爸""妈妈"。

那么,这是不是代表家长就要"忍气吞声"或"默默忍受"或"讨好示好"?其实,父母既要理解青春期孩子的一些出格表现,更要针对一些过分或者可能产生不良影响的言行,寻找时机和方法,及时加以处理和引导,借以加深孩子对自己行为的理解和认识,包括对情感和关系发展的尊重,引起重视和克制。

在处理青春期问题时,切忌强制使用任何控制、要求服从的极端企图手段和想法,尤其在孩子出现叛逆对抗时更难成功,反而更激发冲突心理和矛盾。家长应多观察考虑孩子发生问题的可能动机是什么,然后去教育引导。这时周边如有来自权威的力量,对孩子的动机有着良好的补充和辅助,而不是逼迫放弃他们的动机,否定他们,孩子会信任和尊重这个权威,服从权威意愿,否则可能事与愿违,产生更坏的直觉倾向。

直觉是源于生活常识和生活经验未经分析推理的直接观点、想法、信念或者偏好,基于人的阅历、知识、实践和本能存在,不以人类意志控制的特殊思维方式。家长教育青春期的孩子,应尽量减少对他们直觉天性的牺牲,不要轻视无视这些天性直觉,采用的手段方式也应尽量既照应当前问题的解决,也着眼于未来长远的目的和发展。

孩子的本能天性越顽强健全,则越需要花费更多力气、意志和时间来教化、转化及对付他们刚出现的可能影响今后发展的直觉兴趣。当下满足他们直觉兴趣的东西越少、给予心灵的东西越多,就越能让孩子思考理解和聚焦自己,为将来形成更深刻、更高级的志趣和探索打下坚实基础。例如,有些孩子后期学习或工作起来表现出较强的原始爆发力便是这个原因。经过引导延迟的直觉兴趣,可以避免直接兴趣如游戏瘾类的强黏性。

如何面对青春期的心灵成长。青春期经历了创造力的再一次重生,对于六七岁前的儿童,我们常鼓励他们运用强大的天性本能去想象描绘日常生活中最直接呈现的场景;对于青春期的少年而言,他们要做的就是为自己丰富的内心世界找到一种形象生动的表达方式,将所有错综复杂的心事和想法都能淋漓尽致地表达出来,不受任何抑制地将自己的勇气和魄力发挥到极致,可以充分宣泄青春的活力。

青春期的心灵最容易受外界各种因素的感染和干扰,所以要将理想、希望、乐观、面对逆境的勇气等美好东西深深植入孩子的灵魂,就像对未来储存生长希望和拼搏的能量。在孩子产生节奏感和韵律感的黄金时期,让迸发的能量和意识使生命最真切鲜活地表现它的存在。

这样一来,孩子的运动能力、感受力、意志力在不断扩大,意识和精神领域也会经历质的飞跃,在心理能量和精神领域方面,注意力和自控力也变得更加自如强大,而语言的感受性和感染性也有了全方位提升,加速了学习生活的连接能力和创造能力。

如何进行青春期必要的性教育。青春期是未成年人逐渐走向成年人的特殊过渡时期,体格生长迅速、生殖系统发育成熟、肌肉迸发出大量能量,并期待着充分展示与解放出来的机会,是个体走向性成熟的激烈变化期,对生理、心理、性能力等发展影响巨大。青春期性激素分泌速增,第二性征迅速发育,开始出现"女初潮、男遗精"等性活跃、生育能力成熟的现象,对性产生好奇、探索和兴趣,渴望增加性冲动和性经验,极易被色情内容吸引、刺激和诱导。

对于整个青春期的身体发育来说,性成熟、性能力旺盛和生殖力始终处于支配地位,这一时期青少年开始对异性产生关注,并表现出接触意愿和渴望,但又羞涩而隐晦,情感表现强烈而高度敏感,波动起伏大,自我既强大又脆弱,感性冲动多变,是比较痛苦分裂、易受环境影响、偏离轨道的时期。因此,在青春期教育方面,家长和老师更需要具备一定的知识方法及更多的耐心,帮助解决青少年成长中关于"性"的许多问题,即进行必要的性教育,主要包括以下几个方面。

1. 不同阶段采用不同的性教育内容和方法。这里重点是阐述青春期的性教育内容,可实际上对于孩子的性教育,应从出生后就开始进行不同年龄、不同认知能力水平相适应的内容,并采取匹配的方法,这对孩子的社会化发展及社交活动都有积极的促进作用,也影响到孩子对自我身体的探索和好奇。

对于婴幼儿等较小儿童,需要注意的是男女养育方式的差别,包括穿着、语言、玩具等日常生活及保护隐私等具体情境教育,还需使用童话性语言,让孩子对人体的简单结构和功能有个大概了解,有模糊的男女区分意识即可;对于稍大一些开始追问"我从哪里来"、表达"想嫁给爸爸或者娶妈妈"的低龄儿童,可以用审美的语言结合生命的意义来诠释、扩展、延伸这些自我探索的表现,给予孩子更多美好的情感影响和滋养;年龄较大到青春期前期的儿童,需要在家长老师的人文关怀中及时解除关于"性"困惑,增加性别认同和自我认同的意识,让他们获得自身情感体验,逐渐培养对同性交往、两性交往、群体交往的自如适应的社交技能并建立亲密关系的能力,从而保护他们在青春期的健康成长。

2. 性教育是需要尽早且长期坚持的事情。每个人在形成胚胎前,都曾经历过从子宫到阴道的七寸之旅,一般都在母亲的子宫中生长 280 天左右,所以没有什么理由为我们曾经的旅行和生长过的地方而感到困扰和神秘。这就像手和脚有着各自的功能一样,乳房、阴道、睾丸、阴茎等也有着各自的生理功能。

性教育贯穿孩子的整个成长过程,不同阶段需要不同的语境、语义和方式来沟通与性有关的教育话题,这是家长应该尽早且长期坚持要做的事。当孩子出现第一个与性相关的行为或者问出第一个与性相关的话题时,就是进行性教育和性知识普及的最佳时机。

没有性教育,孩子也会长大成人,但是有了性教育,孩子会更健康、更美好地对"性"毫无负担地长大。在长大过程中,孩子可能会不断面临对于身体变化和性的困惑、好奇、探索,会因自己产生与性相关的生理反应而自责,甚至以为自己不正常有病,这时候都是进行性教育的必要时机。

比如孩子对自慰等常见的性活动有担心害怕,以为自己思想下流龌龊,殊不知这是正常的性本能纾解行为,如家长连基本简单的性知识都不告诉孩子,孩子也不敢问,家长、老师、社会对性避而不谈,潜移默化地让孩子们误以为:性是不能被谈论且羞于启齿。于是,家长老师丧失对孩子理性巧妙隐喻教育性知识的机会,让他们进入盲区,只能从非正规渠道获得碎片化、不科学、不健康的信息,在遮遮掩掩中尝试各种刺激,留下更多隐患。

3. 积极促进低龄儿童"性"成长的认知和探索。在"性"成长过程中,孩子的好奇心不会因为父母的沉默、回避和责骂而消失。家长要学会尊重孩子的认知节奏和发展能力,主动提供各种必要的帮助,满足他们各个阶段的认知发展需求,而不是去阻止孩子对"性"的了解和探索,其实这也是对生命和生活的探索。

低龄儿童常会出现摸妈妈乳房或者要吸奶的行为,这可能是在寻求安慰和支持,也可能是亲密依恋的表达,还有可能是不良习惯或其他动机。家长可以根据实际情况拒绝或给予一次探索体验的机会,但须认真教育孩子类似"妈妈也需要保护尊重隐私,就像保护宝宝自己的隐私一样,不可以让人随便触摸、偷看"的道理;还可以在孩子提出有关性问题时顺着"为什么"进行适当的身体结构和功能诠释,这是性教育循序渐进的过程,不立刻要求孩子改变,帮助他们逐渐转变,这个过程需要家长的耐心和正确的"性"观念。

自小在性教育方面没有得到正反馈和有效帮助的孩子,容易造成被哄骗猥亵而不知、被冒犯侵犯而不敢自救或寻求帮助、被控制虐待陷入险境而麻木无感,甚至会因为某些性活动令自己产生厌恶和耻辱感,造成抑郁躁狂或双相等情绪障碍。但如果家长过早过多提前超越孩子性发展认知年龄,不断涉及成人"性"知识或毫不避讳孩子观看儿童不宜影片,则会催熟孩子的性意识或性早熟的可能,造成不可弥补的后果。一般情况下,除了身体结构、情感走向和隐私保护方面适当科学教育外,其他内容包括自慰行为或性行为、性活动、性冲动等尽可能不提前涉及,遵循"自行探索,有疑再释"的原则。

4. 及时疏导解决青春期性发育中出现的问题。青少年在"性"发展过程中出现诸多变化,常常是由强大的社会压力即文化和观念压力造成的,而不是由生理变化本身引起的,这涉及青少年的青春期性教育问题。性自主教育主要是根据人的生物属性和社会发展需求,让孩子意识到性感觉、性欲望、性冲动、性活动、性风险和性压力到底是怎么回事,培养孩子的性意识和自主精神,有困惑疑惑尽量与父母、老师沟通交流,建立良好的倾诉渠道和"性"学习路径,消除导致青少年对"性"感觉失控和缺乏交流指导机会的现象。

有些青少年成人以后,在恋爱和婚姻两性发生关系时严重缺乏快感,大概率是在青春期阶段经历过同龄人压抑、过度自慰、轻度慢性应激或精神兴奋剂戒断造成的。因为快感的产生受到多种因素影响,并以多种方式产生,青春期不健康的性活动、性伤害或者错误的性认知也会导致性冷淡、阳痿早泄等,无法享受性愉悦,这需要进行治疗。

青春期是性活跃和精力旺盛的时期,提供适当的集体学习生活,如学校教育,还有丰富的业余活动,都可以推迟青少年发生性行为的时间,减少性行为发生的频率以及交往性伴侣的数量,转移聚焦点;对于性活跃的青少年需要多普及性知识加以引导,比如,教育他们如何加强性意识和冲动的控制、减缓性焦虑的措施,以及如何在恋爱中使精神情感匹配自己的情欲需求、加强运动舒缓性压抑的状态等。

5. 青春期性教育的文化影响及其应用。帮助青少年了解青春期生理和心理的发展变化,学习如何处理人际关系,有利于促进青少年的身心发展与社会性发展,这也是性教育的文化内容。

青少年时期,对于性教育缺失的孩子来说,在相对封闭环境中,因性幻想、性渴望及性冲动等本能反应,产生较为强烈的羞耻感和厌恶感等自我想象的"道德审判";而生理机能发育的本能又不断自发想象与之相关的性刺激,由此可能造成青春期某些叛逆的突兀和性认知扭曲的心理问题。

在青少年产生性唤醒、性触发、性教育等问题过程中,性文化起到关键性作用。如何分散、分解、转化雌雄激素能量?应用文化的自然因素引导、控制、宣泄心理功能的性幻想和性冲动,从而教育影响性行为和情感走向。

6. 从不同层面去理解性别认同和性文化的影响。社会化认知发展的交互机制影响着青少年的心理性别认识,产生的性别期待也不同。性别期望是性别强化的一部分,贯穿社会性别认知和产生性认同的整个过程,是社会角色和自我性别认同形象的理想结合。

相关性心理学层面的描述说,性是由一系列以性乐趣、关爱和其他需求为目的的行为和关系组成。而从社会层面上讲,性遍布于人生的各个方面,使身处环境的文化别具一格,为艺术、历史和价值增添滋味。而且,性认同还是性别认同的重要组成部分,传统的性别认同是男性具有阳刚气质,女性具有阴柔气质。

当青少年进入青春期后,自我认同仍处在混乱无序状态,常常会出现性别模糊、性别错乱、自我否定或者产生社交障碍、情绪障碍等问题,即使成人后也难以形成稳定的自我认同,包括性别认同,容易改变自我的性别意识。这些孩子在学校的表现可能不佳,可能智力测试分数较低、缺乏明确的学习目标、与老师同学缺乏沟通、缺乏父母的支持和情感,更容易有冲动叛逆或出现自卑懦弱等表现。

》》 顺利度过青春期

统合效能促进身体机能和心理机能的平衡发展。教育孩子,必须利用各种有利刺激感官活动的条件反射,帮助某种单一的先天性行为获得综合表现的机会,让他们充分熟悉各种各样、内容丰富的感觉和大、小肌肉群的活动反馈,获得生理机能的松弛与张力,使之平衡有序地发展。

每一种行为有意识或者无意识的模仿、重复,都能帮助神经在信息输入和输出的过程之间建立一种即时的初级联系,再通过这种方式将各个组织功能和整个感觉系统亲密和谐地融合在一起,逐渐达到促进身体和心理等整体机能平衡发展的统合效能,就能有效促进孩子顺利度过青春期,发展出更好的身心状态和适应环境发挥能力。

低龄预防阶段设置框架,尽可能提供有人监护和观察的情况下,让孩子对各种原始感受需求进行一定程度的体验,比如体会饥渴、味道、冷热,听各种声音,闻各种气味,辨各种颜色,分各种光亮,感受各种主导器官上的刺激等,包括锻炼孩子哭和笑的复杂功能,采用更多激发孩子功能机制和刺激感受的方式,使各类繁多的无意识动作在早期就得到不受强制的自然舒展和释放,使身心更为健康,统合效能进一步提高并影响机能发展。

顺利度过青春期的三个关键影响因素。在青春期发展中,除了人的生物性基础外,社会环境和后天教育同样可以塑造个人行为的智力和情感的倾向,包括性意识。青春期的孩子情感萌动,不断激发唤醒性知觉,人格独立分离意识强烈;可能出现厌倦学校生活、标新立异、离家出走等源自本能的叛逆,以此抗议束缚自由的生活方式、不恰当的教育方法及家庭矛盾。如家长和老师在这些时期不给予理解和引导,可能会发生激烈的冲突或意外事件。

能否顺利度过青春期,决定于家长、老师和孩子三个关键性影响因素,即各自如何对待青春期现状的认知水平和态度。

一是家长需要了解青春期孩子的心理发展状况,减少与处于叛逆期孩子的冲突可能,帮助孩子度过这段狂风暴雨且性活跃的时期。

二是教师需要对青少年身心发展中隐藏的优势与危机有清晰的认识和预见,帮助学生合理利用青春期的大好时光,舒畅身心,包括性意识的健康教育,规避可能对他们造成伤害的各种规定和行为。

三是青少年更需要自我审视,多了解一些自己和青春期特点,一旦找到对自己身心冲突的合理解释,就能客观、清醒地看待青春期出现的种种危机和冲动,包括性冲动,做出正确的判断和选择,减少因年少轻狂而犯下错误的概率。

以健康和美的形式进行青春期性教育。大部分顺利度过青春期的成年人,认同青春期的一个重要部分是了解性的需要,以一种成熟健康的方式满足这种需求。在谈论性或在性问题、性生活、性活动上,把人类这种本能意识中的崇高至洁至纯的美,与污秽、野蛮、丑陋的概念和界限区别开来。这些让处于青春期的孩子清楚了解并非易事,但对他们的自我认同、责任心和力量感的形成,以及对生命的整体感知却非常重要。

青春期生理和心理上的迅速发展让孩子感觉戏剧性的变化,引发敏感、好奇和惶恐。只有经过性教育了解青春期性意识冲突产生焦虑的原因,以及性心理问题的各种表现,才能纠正摆正"性"的意识和观念,减缓已经存在的某些焦虑和羞耻感,降低性别模糊的概率;家长和老师再采取相应措施和不同方法,在一定程度上分解、转移他们对性的注意力和焦灼状态,可纾解青春期性压抑等问题,减轻社交、学习和环境适应压力。

自古以来,尤其在西方艺术品鉴中,如绘画、雕塑、文学作品中都不乏关于性器官、性崇拜、性爱的表达。在相关"性"的学术研究中,它也是内涵深刻、外延广阔的领域,包括生殖、孕育、性乐趣、性障碍、性传播疾病、性伦理、性法律及色情文化等。

这些在艺术、文化、法律和学术中对"性"的诠释和表达,对青少年普及、理解和建立健康美好的性观念有着不同的帮助和促进,对甄别两性关系、尊重美好情愫、防止性传播疾病和不适年龄怀孕,及保护青少年免受性骚扰性虐待等也起着积极的教育和保护作用。

总之,性教育是青春期教育最重要的一部分内容,关于性的教育无处不在,对青少年的发展有着不可比拟的重要性,关乎着他们一生的身心、价值观和道德观的健康发展。

第十一章　家庭教育的预估测评及干预策略

如果家庭充满生机和活力,闲暇时光活动丰富,教育就已经成功了一半。因此,我们只有适当了解家庭生命力的各种表现,在这个基础上进行家庭教育,才能事半功倍。为了达到这个目的,有时需要进行必要的预估测评,干预家庭教育的整体状况并做出策略调整。

>>> 教育让家庭呈现生命力

教育可以促进家庭"场域"发展的能量和功能。任何一个系统,只要封闭且无外力做功,就会渐渐停滞不前,日趋混乱、无序和消失。国家如此,组织如此,家庭也如此。每个家庭都是相对独立系统,各自生发和解体,但因生存本能和发展需要,千丝万缕相互联系着,形成群族、民族或区域共同体,具有鲜活的生命力。

家庭因"格序"得以存续、稳定、平衡发展,不断交互于社会环境,形成作用力和反作用力的主场域;家庭成员在这个主场域共同生活、发展和变化,又相互联系、发生作用,形成更小的有着各自特质的"子"场域,形成丰富多彩的家庭生活,枝繁叶茂地发展。不想让家庭凋敝破败、杂草丛生,延续家庭能量和功能,就要借助教育的外力和资源,在各个方面发挥、推动和促进,使家庭呈现旺盛的生命力。

教育可以减"熵"。如果家庭出现问题并任其发展、堆积、腐化,当形成一个较大集合时,辐射于周边的影响就会越来越大,问题叠加缠绕,陷入困顿和停滞,最终走向消亡。如同屋子总会越来越乱,手机电脑总会越来越卡,机构效率总是越来越低,人总会变得越来越懒散……德国物理学家克劳修斯提出一个物理概念——现代的流行词"熵增"。奥地利物理学家薛定谔在《生命是什么》中说,生命是非平衡系统,是以负熵为生,通过消耗外部环境的负熵,即有序能量,来维持其内部的有序状态,从而对抗自身熵增的自然趋势。

薛定谔利用"熵"来诠释生命能量的走向和达到平衡状态的内外联系,我们是否可以理解为:有机体从自发无序到主动有序发展的过程中,它的功能运动不断减少,系统无序或混乱的程度势必在一定范围内增加,这时需要利用外力定期清理其中制造的垃圾和减少熵增的机会,才能保证它的能量往复循环,生命力蓬勃发展。

对于家庭生命力的构建也可以从这个角度来理解。当家庭日趋呈现衰败衰弱的景象时,往往是教育出现了问题,影响到整个家庭的能量状态和发展趋势。欲使家庭生机盎然,减少个体熵增,就需要合理解决教育中面临的问题。

>>> 如何发现家庭教育问题的根源及线索

当教育问题不断发生并影响到家庭时,我们需要尽量去分析,找到原因,以期达到对问题本源的彻底解决。在这个过程中,可以利用简单的测试方法对家庭教育进行评估,从以下几个方面去发现家庭教育问题的根源及线索。

家庭教育出现问题的各种根源。好的教育能使家庭气象万千,也能使孩子更好地汲取营养和成长,让他们具备批判性思维和发展的眼光,以海纳百川的胸襟和气度,活出生命的底色。教育可以让孩子在充分体验生存—生活—生命的过程中,继承传统且创新,探索到自我的价值和意义,为未来储备知识和技能,提前预防特定情境下发生问题的可能,解决掉已经出现的问题。

家长的教育理念偏离、认知偏差、方法不当,以及孩子的基因遗传、性格行为、认知偏差,还有家庭资源缺乏等不同根源导致的问题,使家庭教育不断呈现出各种各样的状况。家长可以自行测评,至于具体的方法及原理,测评及量表的设计和使用,我将在《统合教育》一书中详细阐述、分析,这里只针对面询案例中的一些高频问题,提供给家长、老师可简单参考适用的方法。

依据情境寻找问题根源的线索。家庭面询中常被家长、学生认可赞叹的是梳理诊断的效果,即对问题根源的判断及疗愈方法,也即分析解决问题时有不断发现线索、及时观察捕捉的能力。所谓线索,是对于任一个由千变万化的刺激组成的生活情境进行假设、推定和概念化时,能立即捕捉到一些特定情境对应激活的图式,将它们聚焦在某个假设主题上进行串联,找出与主题相关的推定要素,并将之结合在统一模式中,形成案情主题判断和概念化的根据。

每个人有很多选择来决定提取情境的哪些方面,以及通过特定的方法对特定的情境做出不同的反应,可能得出截然不同的结论或推定。不过,一个人对相似类型的事件反应倾向,一般表现出相对的一致性,这是惯性延续的一种表现模式。这些惯性反应很可能是这个人所属文化的一般特性表现,在其他特定情况下才有可能表现出因这些人特别经验而产生的个性化反应,由此我们可以了解孩子相应的性情和性格,即先找到线索的主轴,再观察微线索。

性格部分是了解孩子的线索主轴。有个性化反应的性格部分,是了解孩子的线索主轴。沿着它不断进行微线索的汇集,从而可以为假设和推断形成一个有效链接的"依据集合"。比如,身边有朋友说"我不够聪明",可能是自嘲式开玩笑,也可能是对最近特定情境做出的反馈,还有可能是他本身的性格反映。那么,在其他情境中捕捉频繁表现出相同类型的个性反应,再结合对所处环境及经历的反复分析后,可以去推断过滤这种"自我贬低"在生活中是否反复出现的固着模式。

如果看到朋友在解决问题方面异常成功,但即使所有证据都表明她很聪明能干,可她还是不断认为自己很愚蠢,认为成功只是碰到了"狗屎运"或者别人不想要的机会,使连做梦也是笨拙失败、被人嘲笑的情景,还时不时感叹自己很累很疲乏……

一串联的表现,通过个性和特定情境的持续反应比较,差不多可以推断这位朋友出现了情绪抑郁倾向,或者是易感性个体。组织自身经验所用的特征性模式是以"我不行"这个执念,这是根据各类微线索推定结论,然后再去寻找导致这个结论的根源性线索,借助方法转化这个结论或迁移这个特定情境就成为可能,问题就可以顺势解决。

>>> 简单测评方法及应对策略

如果家长对自己的教育没有把握或想了解自家教育处于什么程度,可利用简单的方法对家庭教育的主要方面进行适当的测评,借此做到心中有数,并以此应对策略。前面所提的线索寻找,相对外人而言,对于一直伴随孩子生活的家长来说有着天然优势,一旦孩子有什么举动,家长立马能知道他们在想什么、接下来会做什么。

因此,家长利用熟悉、了解孩子性格和情绪反应模式等,可以简单使用反应测试方法。一般比较有效,只需要适当练习即可。我在测评孩子的时候,经常在复盘期间判断孩子的整体走向,用到第六章的图示总模型及其他子模型,以了解孩子的智商、个性、天性和环境的具体情况,根据有序性、社会性,再判断能量化和心智化程度,对应到某个事件。

测试主要集中在孩子的观察力、兴趣点、表达能力、思维能力及情感走向上,然后根据这些来设定教育的内容、方向和方法;依据孩子的独立性、规则性、吸收性、力量感和意志力等来建立孩子的学习机制,把道德价值观、美的意识、"先验素材"作为保证教育方向和达到教育赋能的大框架;实际上这是统合能力的测评方法,最终是为了培养出孩子对自我定义与事物联系的统筹整合能力,简称"统合能力"。

家长对孩子统合能力的测评方法。在统合教育理念和方法中,所有的测评都是自然顺应孩子的话语、行为和情感上进行,不断在相关情境的细节和环节上添加随机所需的测试变量,再通过一定的观察、倾听和相关设置,得到需要比对的思维方式和出现频率等,对孩子的性格倾向、反应模式及问题的卡点痛点等进行推测判断,就大概知道孩子的统合能力情况。

一般情况下有效利用统合能力的测评方法,十有八九能判断出孩子问题发生的可能性或者已出现问题的根源及影响程度。例如,通过日常观察来加深对孩子发育情况和真实情感的理解,达到对身体素质、情感走向以及真实意图的预判,而不仅仅是对孩子的行为表现做出预估。这对于熟知孩子个性和特点的家长来说,更容易实施操作。

当然,除上述测评方法外,也可以设计成家庭教育量表形式进行测试,但这种比较正式的测试一般都是在家庭教育前期,即在"预防阶段"的具体操作,家长不太会教育引导孩子或者孩子的情况比较特殊时才会使用,否则是不建议搞这么正式的测试。

1. 图(表)示法。例如表 1:从陪伴时间、主题交流、走心程度(亲子关系、语言模式、态度表情)等三个维度来加减分,进行陪伴质量的计分评估法。可以适当学以致用,以相关测试和评估方法形成"前端预防、后端解决"的模式,逐步消除或弱化家庭教育过程中的负向影响,不断内化自家教育理念和实践经验,有效整合成家庭保持一致的教育框架。

表 1:家庭教育陪伴质量计分评估法

A 陪伴时间					
长时间持续陪伴	短时间持续陪伴	较少时间持续陪伴	偶尔陪伴	没有时间陪伴	不愿陪伴孩子
3分	2分	1分	一1分	一2分	一3分
B 主题交流					
有主题且能引发孩子反馈交流	无主题交流但能引发孩子愉悦心情	无主题交流且无法引起孩子反馈	有主题但常常扫兴,无法交流下去	无主题也无法和孩子有效交流	无主题且常引发孩子哭闹
3分	2分	1分	一1分	一2分	一3分
C 亲子关系					
亲子关系亲密信任且有权威性	亲子关系亲密但无权威性	亲子关系良好,有信任无规则	亲子关系欠缺信任或规则欠佳	亲子关系一般,缺乏情感和信任	亲子关系冷淡,缺失信任和规则
3分	2分	1分	一1分	一2分	一3分

续表

D 语言模式					
语言风趣幽默，让孩子信服	语言具有说服力且具有权威性	语言具有权威性但沟通效果一般	语言具有威胁性，往往沟通无效	语言具有评判性且常导致孩子情绪较大或争执	语言沉默引发孩子与家庭几乎无交流
3分	2分	1分	—1分	—2分	—3分
E 态度表情					
神情丰富极具感染力	神态平和	神情严肃	喜怒不定	神情冷漠	
3分	2分	—1分	—2分	—3分	
F 整体环境加扣分					
学业辅导从知识点±2分、准确率±2分、速度±2分三个角度来评估加扣分					
家庭成员从教育程度±1分、性格特点±1分、视野远见±1分、兴趣爱好±1分、工作性质±1分、经济收入±1分等进行加扣分值					
总分					

（计分：15分以上质量高，10—14分质量较好，6—9基本合格，5分以下较差）

2. 利用认知原理及动机图式进行反应测试评估。在组织家庭文化浸润和渗透过程中，需根据成员的文化背景和认知程度来确定家庭教育框架，包括对孩子的测评、内容设置及方法。教育本身是对传统和当代文化的融合重构，具有承上启下的作用，它的效能涉及家长和孩子的现实认知程度和能力水平。我在测试孩子的反应速度、知识吸收及习惯性思维模式时，常会利用认知的运作机制和原理，让孩子由浅入深认识事物，进行自我指导、审查、修正等动机图式的反应测试评估。

在认知的形成中，记忆图式会对原始材料进行浓缩及塑造，提供概念化的框架，而特定细节则由外部刺激所填充，出现新的认识图式；新的图式是对作用于当下现实的刺激进行拍摄、编码及评估的结构，不论思维过程是否被即时情境所引发，它也能无分别地引导这些思维过程，这对于理解知觉、思维、语言和记忆等信息反馈有巨大的帮助。比如，当现实特定情境刺激作用于一个人时，对应的图式就被激活，这个情境图式就被分解、拆解，并组织为众多的心理对应面和多个单元，这时适当配合一点辅助技巧就容易分析和捕捉到线索，达成对问题的聚拢和反应效果。

测评主要是为了预估判断问题或治疗提供依据。我们通过不同的方法和策略进行简单的测评，主要为了判断出当下孩子是否存在阻碍其成长或偏离轨道的问题，或预估判断将来是否容易出现一些带有个人特质问题的可能性，包括家长的教育方法是否妥当、孩子的功能发展是否完善等，最终为判断问题或者选择治疗方法提供依据。

在心理学上，判断是可以通过分析个人结构化与特定类经验的特征方式来推断，或者用诱发的心理活动表现来进行推测，还可通过个体在专门设计以考察有关自我及世界刻板观念的心理测试中的主题或情境回答来推断。各种心理测试方式和判断，主要是围绕着个体表征特征、行事风格和社会性方面来进行。

我在个案面询中常用的是现实主义的教育方法，就是从实际问题出发到解决问题开始，沿着问题发生的主要情境和主题进行教育，化解问题的根源，消除孩子内心的痛点、卡点，以及让孩子从社会、生物、哲学及人文等不同角度，重新构建自己的认知和思维模式。

通过不同形式表现出的重复性主题来推断，还可通过态度、偏见、迷信和期望的直接提问来测试推断。例如，我在与学生进行解题、家常及社交话题测试中发现，他重复出现"别人不欣赏我"的判断倾向，并以此预设为前提来理解他人的反应，就不喜欢与人打交道。从他自身强有力的语言表达感染性来判断，是认知模式导致自尊的不适和防御回避，并非社交障碍或社交能力问题，这为后期调整"把好了脉"。

》》》 家庭教育进行的评估内容

在家庭日常生活和个案面询中，我都会进行测试并找出根源和线索，但目的不同。前者为了提高教育效能，后者为了诊断调整治疗，两者都是家庭教育框架设置实现效能的保障环节。为此,可以从以下方面来了解加强家庭教育的评估内容及其类型的利用。

家庭教育中对认知和理解能力的评估。每个人的理解能力受到认知水平的限制,而认知能力主要由文化观念及知识积累决定。只有当家长和孩子各自的认知、理解达到一定程度时,家庭教育才会由里到外发生质的转变,因此在家庭教育中要重视对认知和理解能力的评估。

家庭教育评估当中,可以用观察、比较及诱导等形式,自行设置略低于孩子自身年龄段和略高于年龄段的能力测试集合媒介,比如科目、艺术、棋牌等。还可以根据特定情境的实际发生,把孩子喜欢或讨厌的相关科目、图片文字、绘画音乐、游戏环节等元素加入其中,对想要了解的主题进行各种测评,比如情绪、性格、逻辑等。还有家长可适时静观一段时间的实际操作,再结合前面的一些形式,进一步了解判断孩子的动手能力、畏难情绪、应急能力及承受力等方面的综合情况,从中发现孩子的行为倾向、情绪模式、性格发展等优劣势。

在现实生活学习中,通过日常评估可以使孩子充分认识并利用优势,适当辅导理解能力不足的部分,从实效上再次检测预判的准确性和偏差,进行新的融合方式的调整、纠偏。这样反复循环的评估使用,能促进家长更高效地做好"预防阶段",及早消除已经发生的、对孩子成长有较大影响的认知和能力问题。

以家庭文化的构建进行家庭道德价值观的评估。不同的文化主张将对孩子的道德生活产生不同的引导作用、教化引力和家庭"格序"的转向。利用家庭教育这个手段塑造提高他们的价值观,进行家庭文化的解构和巧用,可以从文化的"知觉""观念""理想"三个层次构建道德价值观的评估,并依此判断孩子在哪个层次进行教育。

其一,以孩子具体的需求为主要考量,营造满足感官刺激为目的的家庭文化氛围,形成真实直观的知觉感受,再以乐趣与实用性为主,以实际体验的过程为媒介或迁移,允许各种认识和理解的发生,对的加以欣赏,错的加以引导,完全以如何使生活更轻松、更舒适、更愉快为出发点,较少考虑到抽象的原则。

其二,孩子满足了具体知觉感受后,就会逐渐开始在家庭文化的影响下,对过去的传统加以辨识提炼,对现代的加以理解应用,趋于自我审美性和精神性的目标追求,开始强调抽象的原则,能够在一定程度上把文学、艺术之中的精神秩序和能量融入生活的"良知体系",对现实精神添加"善的元素",达到自我形而上的完美价值观念。

其三,当孩子结合具体的知觉感受及形而上的完美观念,成功整合思维模式和心灵意志,学会利用环境和内在优势,在真善美的核心道德价值观中形成帮助自己升华精神世界及积极实践的理想,把人生整理成在生活现实和想象中交集、创新、流淌的美好心流活动。

教育要从整体去考量及测评学习方法。既然是家庭教育,肯定也涉及许多学习方面的问题。那这方面又是怎么做的呢? 前面略有讲到依据孩子个性及建立学习机制方面的相关因素。其实,许多家长在低龄孩子学科成绩表现比预期落差大时,总会习惯性、情绪化地认为在孩子的每一个细节和环节中,都会隐藏着注意力分散、多动、反应慢、拖延症、厌学等问题,甚至自动形成以性别差异来评定女孩理科差、男孩文科差等思维定势。实际上,教育应该从整体来衡量评估孩子的状态,而不是纠结孩子的某一点表现、某一个细节动作,那是心理出现问题需要调整的时候才需要关注的细节和环节。

家长的习惯和定势需要打破,才能客观评估孩子是否存在学习方面的问题,即如何判断上述问题的可能。可以设计情境描述、行为特点、心理活动、情绪反应及思考模式等综合状况为教育孩子的测评内容,但无须像明显出现心理问题或不恰当行为高频率固化那样,需要多加关注某件事某些细节,只是需要对孩子的整体考量即可。

这些简单易行,熟练后可以使用家庭自行测评的教育方法。比如,依据某句话中的几个关键词,或者做题逻辑、完成速度,以面带点统合记忆理解等,成为家长测评判断孩子学习能力的选择线索;或根据解题过程中的步骤、思考方式及字迹笔触等,去判断孩子可能存在的学习行为和情绪状况。如果发现可能涉及各种情绪障碍等心理疾病或精神状态问题,须到专业的心理咨询或者专业机构门诊去测定诊断。

教育不是心理学,只要涉及人的教育问题,一定不要纠结在某个细节上,而是要从孩子的整体去看待、调整,才会有更为合理和客观的真实评判。人无完人,教育中要学会抓大放小,才能让孩子自在地平衡自己,进行细小问题的自我修复。如果总是从一件件事情放大去看,每个人都会存在这样那样的毛病和问题,教育也就失去了意义。

家庭教育的测评方式越简单越好。在家庭教育中,类似于机构或医院使用的情绪障碍量表、具有大量分析指标的测评方式是绝对不合适的。一是过于复杂和精细的要求,在家庭落地操作很难实现;二是家庭成员大多数达不到这种专业分析能力,很容易造成误差或歪曲,反噬到孩子;三是孩子的认知、情绪和思想状态一直都处于变化发展中,单纯以量表测试是不靠谱的,需要配备其他的真实反应测试,否则容易以偏概全。

家庭教育中,一般的测评内容常与个人的态度、目标、价值观和构想相对应。可以设有模拟特定环境或事件的主题,主要是为了从中发现典型的长期错误构想、扭曲态度、无效前提和不切实际的目标与期望等问题,这只是一个大概性的关于某个教育主题的整体评估,比如前面所说的性格、习惯、智商等,由此再进行特定细节的量化比对和确定。因此,对于家长来说,测评的方法越简单越粗线条,就越可操作越能达到效果。

》》 预估测评需匹配相应的干预策略

在家庭教育中,对于评估、测评等只要能够大致有个推定判断结果就可以了,无须太过于精准细化。如果感觉把握不定,可以加上辅助手段多次测评。当然,最重要的是在教育预估测评过程中,家长对孩子要有耐心,有观察、了解和沟通,并匹配相应的干预策略,才能得到孩子更真实的信息和想法。具体可以从以下方面来理解。

干预策略对教育的作用和意义。当设置家庭教育框架执行时,家庭可能会遇到能否破局或者转换轨道的问题,以及突发事件或意外的发生,涉及家庭整体状态、资源和能力储备等因素。这时，为了解决问题、消除影响，并保证一定时期的框架效能，就需要以实际情况预估判断及测评为依据进行的干预策略。

在对家庭当下或者未来的教育状态和效能做出大概的预测评估后，根据其中发现的可能性及其程度会否升级，进行相应的干预，并做出一定时间内所需要使用的策略计划。做出干预策略时，不仅要考虑局部，也要考虑整体问题，不仅要考量现实情况，也要考量今后的影响因素，还要坚持预防框架的方向和侧重性，以此来保证框架的方向和效果不受影响。干预往往是针对具体细节进行，配合粗线条的家庭教育框架。

家庭的破局重塑，是轨道重组或者寻找新的增强家庭关系的动力引擎，如家长学习或换合适工作，请家庭教育诊断的专业人员来帮助家庭等，都是教育效能及其资源配置的框架发展需求。要配备长远充分的干预策略和计划，保持对家庭的框架作用，这样，哪怕遭遇了重大问题或意外，对孩子的影响也会有限，在未来不影响他们的整体发展。

配备不同干预策略须注意三个方面。一般是对家庭教育现状进行评估后，配备干预策略时要注意三个方面：一是重点发展家庭文化和规则，给到家庭可发展的空间，既有各自能量又有"同频共振"；二是整合资源优势，形成家庭策略，针对当下的现状获得破局的可能；三是拓宽自身的家庭教育效能，让方法变得灵活，通过局部改变获得整体效能的提升，可以做到以点带面、融会贯通。一般家庭在整体发展或者阶段性时需要评估、适当转换轨道，总框架的应对策略对它的实现有着重要的促进和保证作用。

但是，有三种情况决定了家庭很难转换轨道或破局，要在设置框架时匹配不同的干预策略：一是家庭本身处于形成初级阶段的摸索期，还没有很好的家庭沟通模式和生存掌控能力，谋生都较为吃力，但对未来还有一定预期，不愿换轨道，希望通过坚持来观望这个轨道是否有成长的可能；二是长期以来没有形成转换轨道的资源和能力储备，不管是软实力还是硬实力，家庭都没有，情愿保守安于现状；三是家庭恰好处在非常复杂的特殊环境中，没有可供选择转换轨道的机会或空间，只有过高的期望和由此形成的抱怨情绪等。

这三种情况都直接关系家庭教育的整体状态,作为家庭核心要素的父母,面临不同干预策略重点,遇到第一种尽量协助改变生存环境,碰到第二种则需要不断提高能力,处于第三种则先干预理顺现实环境及情绪状态,再计划其他策略去改变现状。

总之,在家庭关系良好及资源配置的合理时期,更要为家庭关系转变、家庭结构分化、资源配置匮乏的特定时期,去储备家庭潜能和创造条件,进行必要的评估、配备相应的策略。做策略时,需要根据现实条件和资源,在合理、有效和正向的教育发展框架中,把家庭经济的变化、家庭结构人员的增减、家庭轨道转变等可能性考虑在内,积极发展出家庭教育理念稳定、应对灵活以及持续不断得到小框架补充内容的计划。预估测评及干预策略是进行家庭教育各个环节、功能都可适用的手段。

基于家庭对孩子行为表现和道德的影响,对孩子的教育达到既有约束又有自由裁量权的技巧平衡,正是在家庭教育模糊框架下的策略实现。家长对自我认知检阅扩展和发展出新教育能力的实践感知过程,实际上是不断评估及应用策略解决问题的过程。家庭教育功能的实现和创新,把未来教育效能激发出来,持续发展、创造和融合理念和方法,在技术创新百花齐放的今天,需要一个明确稳定的策略框架,可以随时根据实际需要进行预估测评,为家庭所用。

第十二章　社会影响和应对形势

社会对教育的影响是巨大的,比如现代制度化教育学制与现代出现的非制度化教育思潮,社会媒体舆论的导向,以及教育政策变化等,都对现代教育形式、理念的转变有着深远的影响。在这种背景和教育发展变化下,家庭教育一样深受影响。如何应对当前大环境形势下的教育发展趋势,正是中国家庭教育苏醒和焕然一新的契机。

>>> 大环境形势下的教育趋势和思考

制度化教育发展下出现非制度化教育。教育是人类特有的一种社会现象,与其他社会现象一样,经历了从简单到复杂,从原始到现代逐步发展的历史演变过程。具有完备学校系统的制度化教育是人类教育的高级形态,它与制度化的社会形态相伴相生,是教育发展史上的一大进步,推动了人类文明的发展,也为丰富各族人民的文化宝库夯实了基础。

但是,随着现代学制的发展,制度化教育的不断扩张,以及工业标准化流水线的集体生产对统一人才的过度影响,其中弊端日渐明显,严重阻碍了第四次教育革命个性化教育发展的蓬勃势头。历史总要发展并对教育形成推力,现代各国也应运而生与之抗争的教育理念、形式和变革趋势。

例如,现代出现的非制度化教育思潮在 20 世纪 60 年代开始产生于美国,是较为激进的教育理论流派,是西方反理性、反现存体制、反文化运动的教育领域的先锋表达。它从一个特殊的角度,强调教育的灵活性、开放性以及多样性,向我们揭示了现代学校的教育功能所引发的局限性和负面影响;相对于制度化教育而言,非制度化教育改变的不仅是教育形式,更重要的是教育理念,还有广大学生自由参与、选择和探索世界的教育机会,由此产生对生命和社会发展的重新思考。

慕课引发对现代家庭教育的思考。当下日趋流行的慕课开创,虽然只有几年的历史,但全球已有数百万学生报名参加,且一直趋于高速增长的态势。对于这一新鲜事物,有人认为慕课可以开创一个便捷、低价、全人类享有的基础和高等教育的新时代,但也有人提出了以下三点思考:首先,慕课需要学生有极强的个人主动性、专注性和自律性;其次,慕课的开展使学生的现实交流和社交受到局限,很难替代传统学校里集体学习的社交氛围优势;再者,慕课的发展潜力可能是巨大的,但目前也不太可能取代学校和大学体系,改变现代教育学制的根基。

因此,在学校还不能被取代的时候,家庭面对这种新形势下的发展,该怎么应对、利用和做好家庭教育是重点考虑的问题。家庭教育不仅是家庭内部的事情,更与社会有着千丝万缕的联系,家庭是社会组成最小的基本单位。慕课增加了孩子选择的机会,学习资源也多了,并且很容易获得大量所需要的各种各样知识和技能。但如果学生没有自律性,也很难达到课堂系统学习效果的吸收,影响现实社交和日后情感发展等心理活动。

在全球教育发展新形势下,结合本土文化,围绕教育主题的四大元素,即天性、个性、智商、环境,以更广阔的视野和新的角度思考,如何促进青少年的秩序性和社会性发展,提高他们适应环境发展和创新的能力,提供更多路径帮助他们在心智化和能量化发展方面更为完善。不妨尝试将类似慕课发展中欠缺的方面融合到家庭教育功能中,增加青少年社会功能发展机会,这也不失为一种新的思考和探索。

》》》社会导向和变动对家庭教育的影响

媒体舆论带给社会、家长、孩子的导向。在教育自媒体及公众媒体上,常出现一味要求家长怎么样、如何做,但对孩子却没有任何要求的内容,语言笼统而粗暴,既没有解决问题切实有效的途径和方法,也没有良好的教育修养呈现,只批评家长、归因于家庭,这让家长感到前所未有的新压力和新焦虑,也造成孩子认知上的许多困惑和偏差。

各种新闻媒体时常爆出家庭因孩子学习问题发生激烈冲突,甚至造成家毁人亡等突发事件,这些正在不断激发人们对现行教育的质疑和拷问,让我们这些家长痛心之余,谈之色变,诚惶诚恐,一脸茫然。

于是,当孩子出现不当言行或不端品行时,家庭不敢管,学校更不敢管,导致孩子原本可以及时教育调整的小问题变成严重的社会问题。如不婚论、恐育论、不生论等声音此起彼伏,正打破着传统家庭的婚姻观、生育观和道德观,生育率日趋下降,这将导致国家人口结构和老龄化问题,使教育的受众体和教育认知现状受到影响,增加了家庭教育的难度,也造成了社会人口发展问题的各种隐患。

社会变动对家庭教育的冲击和影响。在经济快速发展之际,过往庭院经济、大院生活被逐渐消灭,大量资本运作下的个体循环经济也遭到破坏和消除,邻里之间相互照应的关系逐渐消失。生活于同个社区,却无所交流,使得整个自然安全熟悉的社交生态和生活圈子沉没,在追求绝对自由的环境中人变得越发寂寞孤独,自古以来形成的人类群居属性可能因此受到破坏和影响。

同时,造成个体承担的经济和危机压力比以往任何时候都大,从而也严重影响着人们的身心健康发展,导致如今心理疾病频发,以至于人的性情和人格发展都受到影响,包括生命观。在这些因素影响下,传统的家庭教育观必将受到严重冲击和改变,真正到了家庭教育苏醒和重新建构的时候了。

家庭变动对家庭教育的影响。据国家民政局统计,至 2023 年四季度,离婚率居高不下,这在一定程度上必将造成家庭教育的主体混乱无序,也必将影响孩子的身心健康和婚恋观。时常听人坦言生活工作平淡,夫妻拼的是合作或凑合,而不是思想情感和精神交流,对于家庭规划、父母赡养、事业上的矛盾挫折等没有分享欲,似乎存在很多沟通障碍和晦涩情绪,甚至无性婚姻伴随终生,这对孩子的教育势必造成严重影响。

毫无交流欲、缺乏生机动力的家庭,失去了"爱",哪还有孩子教育可言？面询中出现综合性问题的孩子，多数遭遇不幸或单亲家庭，性格和言语间流露自卑，内心却又充满怨恨愤怒，对父母似无动于衷，可每每说起潜意识中隐隐作痛的卡点时，泪流满面。

有个面询的男生，其父四婚生育五六个子女，他是父亲三婚所生；他轮流居住在已婚的同父异母哥姐家，不曾与父母同住，饭也分开自己单独做；他每天笑眯眯乐呵呵的样子，谁能想到夜深人静时他几次离家出走、抑郁割腕想放弃自己，根本看不进书、听不了课，成绩一塌糊涂。

双减政策后家庭教育的现状。双减政策后，有段时间人心惶惶，许多家长担心校外机构减少，存在学习困难或者偏科的补习课程一下子被停掉，于是手忙脚乱，不知如何是好，造成新的家庭教育问题。大量辅导机构被遣散后，老师为了生存不得已做起了私教，导致家长承受着比过去更大的经济压力和负担，却无法保证教学质量和安全性，人越发焦虑。对于教育改革，是牵一发而动全身的社会大问题，措施必须严谨而慎重。

可见，已经习惯于依赖校外机构的家长，一旦改变这种关系，就不适应而担心，产生各种情绪和现实问题。现在的学科比家长的学生时代复杂许多、难度更大，高年级的数理化、英语等学科早已让家长力不从心，基本辅导不了。具有教育学或者心理学专业背景的家长，遇到自己孩子的教育问题也频频出现状况，焦虑迷茫，如果还要全科辅导或监督，想想都头炸人裂，何况普通家长呢？

当然，那些把校外机构补习权当家庭教育，只负责接送孩子到补习机构，自行逛街、聚会的父母，很少了解孩子状况，也联结不强，逐渐失去共同话题；孩子随着年龄增长失去了倾诉欲、表现欲甚至是学习欲，身心很难积极阳光起来；许多孩子越补习越不开心，越补越厌学……从哪些方面去改变当前的家庭教育现状，是全社会需要面对和思考的问题。

导致越来越多学习心理问题的重要原因。现在学校的焦点基本在分数排名上，如果家庭教育再以成绩为中心、分数线提高为目的，对孩子来说生命真是无趣，这只会引发孩子更多的学习负性体验和感受，不断造成这样那样的身心及厌学问题。

双减政策刚开始时,上海市教委基教处处长杨振峰说过一句话:少数人参加校外补习,可能会提高学生的分数,但所有学生都参加校外补习,那只会提高整体分数线。对此我深有同感,也就是说,大家过度去补习对个人价值和社会价值来说都没有太大的作用和意义。

有些家长确实因为孩子某些特殊情况需要补习强化或加固,但有些家长是急切面对孩子的学习,认为只要学习好,任何家务或孩子可以完成的事都不让沾边,在幼儿阶段就要让孩子卷入"不能输在起跑线上"的怪圈中,这使孩子原本自我发展的可能性、多样性、认知性被阻碍甚至割裂,学习的审美疲劳导致孩子的本能和童真逐渐被抑制和扼杀,最终变成学习机器。这样长大的孩子,多数对生活和社会很难产生热情主动、积极参与的自信心态,也是出现越来越多学习心理问题的重要原因。

〉〉如何理解当前形势下的家庭教育

家庭教育是学校和机构不能替代的社会功能。如果家庭把孩子的课外时间、精力、兴趣等都寄托在校外培训上,造成孩子和家长都过度依赖,长时间浸泡在为了成绩而学习的目标上,那只会挤压孩子的个性发展空间,使孩子失去生活的乐趣和自我感知的能力。这是家长盲目从众、攀比、怕丢脸的心理驱使所致。当孩子"为了学习而学习,为了名次而努力"时,学习已经变成了"死学习",教育变成了"死教育",一切以"成绩为中心"。

家长没有针对性地分析孩子的学习需求和能力程度,不管是基础差还是能力弱或偏科,看到人家孩子能学好就报,完全忽略自己孩子的个体情况,不仅浪费钱,大概率也是无效的。家长无法意识到是自身认知出了问题或是环境造成孩子目前状况。

当把家庭教育问题推向功利化、等价化、流水化的社会大一统轨道,致使孩子本真的世界单一而乏味,孩子慢慢就丧失了探索欲及家庭应有的教育功能和责任。每个孩子都是不同的个体,不同的家庭成长环境、家庭组成及家庭特质都会养育出孩子独特的个性。父母与孩子之间的情感是任何人都无法替代的,只有父母最了解孩子,是做好家庭教育的主力军。

由于许多个案涉及这个问题,我询问一些家长,为何上学的每天晚上及周末都报满了孩子所有科目的补习班、托管班?有些孩子的科目成绩挺好,为何还要从小学开始大量补习,甚至报两三家?家长说,优秀的同学都报了,害怕自己拖孩子后腿,担心孩子比其他同学少了补习就吃了大亏,不完全是担心跟不上。当补习成为孩子学习的拐杖、替代家庭教育时,再丢掉拐杖时孩子自个就走不动了,家庭教育也成了"行走的瘸子",与校外补习等同挂钩了。

实践中引发对家庭教育的深层次思考。有次面询时,学生指着视频对我说:"老师,你看视频里说的父母要一二三……才合格,我爸妈一条都擦不到边,摊上这样的父母,是不是很悲催?"当时就这个问题我放下先前设定的面询内容,向孩子释义疏导了近两个小时,最后才消除孩子的负面心理影响。如任其发展,这将对孩子的家庭认知、亲情感受及安全感带来否定、痛苦和盲区,若再遇到其他相关情境刺激影响,有可能成为家庭矛盾冲突的"导火索"或"威力火药"。

还有几次我从学生父母口中听到心酸话语:"早知这般负担?真不该生!累得半死不说,我们为此过不好,人家还不领情,哪还会生第二胎?宁愿孤独终老,一个都不要生!"身为父母,孩子的到来本是缘分,是一件美好、生动和丰富人生的事情,也是父母再一次成长的机会。

建立良好的亲代关系和深厚的情感联结,不仅是社会发展和人类繁衍生息、群居属性的需要,也是舒缓、化解由于社会不断导向的压力、焦虑和孤独,消除现实家庭不断出现紧张对峙和彼此痛苦的解药;否则,将造成对社会人口增长、家庭结构及家庭价值观的各种冲击。这是现代家庭教育研究的深层次问题。

家长在家庭教育中存在的误区。目前在家庭教育中,许多家长存在误区,把自己当成孩子学科专业老师的角色,要求自己懂全科、懂心理学或具备较高的教育水准,能够迅速理解、帮助孩子,才算具备家庭教育能力,并以此要求自己孜孜不倦地学习,整得人筋疲力尽。这是许多家庭焦虑的主要源头。

其实,在孩子遭遇挫折或失败时,适时关心、善解人意,或适当提供相应的分析指导,不单纯指责和否定就足够了,要相信孩子自有生长力。犹如大学教授指导、引导和解惑答疑大学生一样,帮助他们达到专业领域更深更新的视野和平台。可能有些大学生在专业领域的能力、追求目标和创造力方面早已远超教授导师,可是教授依然能够帮助大学生提高见识并实现其梦想,因为他们知道如何应用方法推进思路和方向。

家庭教育也一样,最重要的是应用方法,而不是像学校一样只考量知识的传授。来本工作室咨询家庭教育方面的家长,文化程度参差不齐,但总体来说,大多数在大学以上水平,完全可以做好家庭教育。父母真心实意心疼孩子、在意关心孩子,但如果方法不对,付出都可能成为负担。经过面询,回归正常生活或回学校上学的学生有了较好的转变,实际上是学生、父母和老师共同努力的结果,并非父母一定要高智商高学历背景,才能让孩子往后过好自己的生活,活出精彩。

家庭教育需要遵循的规律。一般来说,中国人习惯在一定的条件下才会接受外来文化和思想,不过,这类接受也只有在自己"思想和精神王国大乱"、本身的价值体系陷于冲击破灭的时机才会出现。家长教育孩子时,不妨尝试遵循这一规律:当孩子自身意识和价值取向混乱痛苦,面对现实问题不知所措、无法解郁和理解、深陷"死胡同"时,恰恰是家长最好的介入良机。及时有效的沟通能让孩子具备置之死地而后生的大逆转,再辅助引导教育的技巧和方法,就能有效地改变孩子。

当孩子进入青春期,潜意识开始自我分离并想获得更多自主权时,就会从家庭转向更大的世界舞台,比如小伙伴团体或社会群体,在家庭以外建立新的依恋情感和模仿来源。这时父母需要不断调整自己的心态,了解每个人成年之后必定遵循"分离独立""离巢展翅高飞"的自然规律,学会适应和理解孩子的变化,而孩子也需要理解与沟通父母产生的担心和疑惑。

家庭教育影响家庭价值观的宽窄。家庭教育不仅是个学习问题,也是孩子个性化成长及社会性发展的重要组成部分,是家庭稳定、和谐、幸福的内核。一家人的舒适度、松弛感和幸福感体现在彼此的理解、支持和价值观上，由此从各个功能发展成家庭的整体价值。而一个家庭的整体价值则是由经济价值、社交价值、情感价值、生命价值、社会价值等组成。家庭价值能够给予家庭教育有力的支撑，但家庭教育反过来也影响家庭价值的宽窄，是实现上述家庭各个价值的主要路径。

因此，家庭教育不应像学校一样进行知识的传授解惑，更不应以孩子成为"学霸"为终极价值导向，而是要从孩子的动手能力、独立意识、思辨精神、乐观善良、责任担当等方面融入家庭日常生活教育中，进行浸润和渗透，逐步唤醒孩子的主动意识和探索激情，启动想象力，激发生命力。这样，孩子的心智、个性和道德观才能平衡地完善发展，家长就可以省心、放心、悦心。现实生活中许多没有高学历背景的家长，一样可以培养出优秀的孩子，拓宽家庭的价值，便是这个道理。

》》》怎样做好现代趋势发展下的家庭教育

家庭教育是对家庭资源的弹性激发。教育是在孩子渐进成长过程中培养与人相处的同情心和同理心，主观认知环境、提高技能、修复情绪与环境联系的总和。父母深爱孩子，有时却用错误的方法让孩子觉得不理解、不懂他们，这正是父母不懂如何"爱"所导致。

当然，除了方法，彼此之间缺乏沟通的技巧和内容，也会造成不当的结果甚至恶果，这是中国家庭教育常见问题的原因。良好的家庭教育是对资源的弹性激发，通过资源替代及组合方式进行，由环境及规则培养适当的竞争意识和责任，形成孩子交互社会的有效情境启蒙和途径，成为孩子认知和探索的动力。

孩子能够在家庭提供的资源比较中感知环境的差异性，以及自己与他人的需求差别；在差异化中慢慢真实感受到荣誉感、遇挫感、荣辱观是怎么回事，发展出自我平衡、调整、修复的能力；孩子在模糊意识中能够逐渐聚焦生存资源的能量，在判断和方向中使出自己的力量、做事为人上形成个人风格，这种个人风格具有天性的成分，也有不断与环境比较、斗争、适应或者征服的欲望。

家长不能对家庭资源弹性激发，一味回避、逃避和无原则迎合，既不符合儿童自我发展规律和权利表现需求，也消减孩子适应成长的动力，使之成人后出现退缩、佛系、避世等行为。家庭教育上不能满足孩子自我的掌控感和支配感，也是孩子日后成长中出现许多社会问题的根源。

现代家庭教育需要培养孩子的责任心。梁启超说，现代人要"通心思，通耳目，通身体"。可如今许多父母对孩子过于溺爱，包揽孩子一切，生怕累着烦着、磕着碰着，恨不得把自己当做孩子日常生活中无处不用的"软外包"，防止孩子受到一切磕碰摔倒的伤害机会。殊不知，正是这样的过度保护，让孩子失去了真实体验认知的能力、感受联结环境的能力以及逐渐学会处理问题的机会。长大后孩子要么变得自私，要么以"自我为中心"的意识更被强化膨胀，导致他们与周边关系不协调、不适应，那怎么还能"通心思、通耳目、通身体"呢？遑论责任心的培养问题了。

责任心是在承担必要的责任基础上培养起来的有力量和能量呈现的一个结果。而责任是由人性中的"善根"即利他思想支配下的倾向、自己可能不想做但认为有必要去做、呈现在个人意愿之外要求自己践行的意志力，以及付诸行动的实践能力等组成。现代家庭洗碗、拖地等都可以借助机器人来完成，孩子能在家务小事及活动中不断培养责任意识的机会少得可怜，但培养他们的责任心却需要一个一个"通心思、通耳目、通身体"的实践机会，有责任心才能应对现代社会的突飞猛进和对综合能力的发展需求。

相信孩子的智慧能帮到他们自己。如今，科技高速发展，不断应用到教育上，国家政策环境也在不断变化，如何面对孩子当下及未来的发展，做好家庭教育，已经成了每个有生育家庭的重头戏。只要家长相信孩子，对孩子有耐心和坚持，细心读完本书，适当掌握一些教育原理和理念，利用书中的各种方法来认知自己，与孩子共同成长，通过家人共同努力形成框架、目的和原则一致的家庭教育观，孩子的问题都能够通过家庭内部进行消化和解决。

每一个孩子都有自己的力量和智慧，只是所学知识和禀赋各不相同，生成的智慧也大不一样，因此才会有各自丰富多彩的不同表现和兴趣爱好。家长要允许孩子成为学习的主体、自己的主导者，积极带动他们而不是要求或代替包办，这样，他们就能在试错、改错、掌控感中成长起来。

教育是用来启发孩子的思想，解放孩子的创造力，促进他们的个性和社会性平衡发展，从而在未来才有更多的力量和智慧去探索和改造世界，活出属于他们自己的价值和意义。不能让成人的迷信、成见、固执、曲解及控制欲去阻碍他们的想象和发挥，打击他们的积极性、进取心和好奇心。

家长相信自己就可以帮到孩子。在现代教育个性化发展趋势下，不管学校课堂还是线上"幕课"，或者国家教育政策突变，如"双减"，家长只要秉持自己在实践中学习内化的教育理念，把家庭教育做好了，自己内核稳定、意志坚定，不受外界干扰误导，其实都能够做到"以不变应万变"。

游戏不可怕，叛逆也不可怕，只要家长自己不做无效耗能，不把自己弄得什么都要学、都要懂，像个陀螺转个不停且焦虑不安，因为这样对自己和孩子都无益。家长有情绪、有偏差、有可能做不到的地方都是正常的，不要自责自怨。

只要坚持清晰的边界和教育框架，甘愿当孩子成长的助推器，不把自己当成学科老师或控制者，不拘一格，做个陪伴孩子助跑的家长就可以了。人有所长亦有所短，只要能整合资源，观察孩子的优劣势，认知、接纳自身的局限性，带着情感的目光和语言，针对性助推和支持孩子，相信所有的家长都可以帮到自家的孩子。

≫ 现实案例中的孩子带给我们的思考

家庭生活可能是我们记忆中最深刻的情感来源，也可能是最痛苦的冲突来源。不管孩子是何种状态、与家长的关系是否和谐，家庭永远是孩子们获得爱、支持、保护和归属感的重要来源。

我经手的个案里，有几个被威逼利诱、恐吓洗脑而涉黑涉黄、诱导涉嫌违法且被强奸、从被霸凌者成为校园霸凌者的男孩女孩，曾经在社会最底层、最阴暗、最暴力的环境中浸泡过半年、一年或两三年的时间。

这些孩子,如按亲情—友情—爱情的情感发展线来说,在亲情和友情的联结发展上是极其匮乏的,基本经历过与家庭决裂、同伴欺凌、同学孤立所造成的情感疏离、孤独和自卑,他们本能地向校外群体寻求归属,渴望得到该群体认可和保护。

这样的孩子很容易被社会不良人员、不法分子、恋童癖者盯上、诱骗和利用,后者使用一些恐吓、洗脑、控制及下作的手段,还有混淆视听的伎俩,扭曲孩子们的认知和情感,一步步诱使他们走上违法违纪、毫无良知廉耻的道路。甚至有些孩子在脱离控制虐待后还产生畸形的依恋情感,患上斯德哥尔摩综合征及其他创伤后遗症。

那些使坏诱逼者对社会祸害不浅,需要社会、学校和家人对这些未成年人多想应对和护全之策,而法律更要严惩那些钻空子利用未满 14 岁儿童实施犯罪行为不用负刑事责任的不法分子或"变态"人。所幸的是,个案中有这样一些孩子,通过一定时间的面询调整、抒郁解困、引导教育,最终被挽救回来了,他们可以基本回归到正常的生活学习状态,让家人生出"浪子回头金不换"的感慨。

被挽救回来的孩子可以改变对父母恶劣的态度、有各种出彩的表现;力所能及帮助家庭做一些事务;有的还成为学习勤奋、努力进取的积极少年和学霸;有的回归正常生活、参加工作养活自己和照顾家人,没有成为家庭和社会的负担。如果早期家长能关注并意识到异常,及时帮助和引导孩子,这些代价、创伤和不幸的发生是完全可以避免的。

在现代个性化家庭教育趋势中,家长以孩子不同的个性和生长环境观察取舍教育方法,最重要的是让孩子感受到家庭持续给予他们在成长路上的信心、爬坡的温暖和抵御邪恶的力量,而非焦虑、恐惧、愤怒产生的不信任、回避和逃避,从而被外界带偏误入歧途,造成终生遗憾。

第十三章 教育素养和面询步骤

20多年来,在接触社区、家庭、团体及个案时,常会发现一些孩子除了生理或精神疾病等原因外,在认知和意识上还存在许多并非原发性的问题,但引发这些问题的往往是完全可以避免的人为因素,其中涉及执业人员的教育素养、心理专业等问题。这一章具体探讨有关这方面的内容,以及专业人员如何做好面询步骤来解决问题,提高家庭教育效能。

>>> 案例中的方法、困惑、疑问和建议

当社会现状及实践带来的思考给我们的心灵以撞击和沉重时,便会产生对目前严峻混乱的教育心理咨询现状的担忧,我们不妨从以下案例中探讨分析,看看行业内需要什么、能做些什么。

需要加大对孩子的保护和帮助。有些孩子在心理咨询及浏览网上相关信息的经历中,受到不专业或根本没经验或本身还没疗愈解决自身问题的咨询师反噬和影响;还有受到一些不负责任、污化父母和异化教育的网络多媒体内容的负面影响,加固扭曲了个人价值观、家庭伦理观、社会道德观及人生观;还有那些放大了原生态家庭影响,弱化孩子在社会化成长中自我学习、修复和社会生存能力意识的社会导向,造成更大的观念冲突和混乱,使孩子受到更深的次生伤害,再重构正向的价值观和学习意识,反而有更大的阻碍和反噬作用,需花更多的时间去解决疗愈。

遇到这种案例,常让人心痛唏嘘不已。这些年厌学、停学、休学个案日趋增多,许多孩子蜗居躺平,既无学习能力,也无生存能力,甚至连生活的欲望和热情都渐渐消失。正如有学生回忆评价之前的自己"像一具僵尸":

除了吃饭、睡觉和游戏外，几乎家门不迈一步、家事不参半件、社交不说半句。

各种论调、方法和形象涌现在家庭教育中，教育泛心理化趋势也日益严重，有些家长直接把家庭教育等同于心理学，产生更多的问题。教育就是教育，心理咨询是心理咨询，不同的社会功能所产生的作用肯定不能同日而语，遇到问题需确定性质后再做选择处理，这才是对孩子最好的保护和帮助。

利用统合方法面询帮助孩子。有位家长，他的孩子受益后，推荐许多家庭来面询。他问道："老师你是怎么把这些有问题、有病的孩子治好的？简直太神奇了！"其实对于来面询的孩子，我始终都把他们当成正常的孩子，并没有当成某一类细分症状的人群。就像走了岔路迷途的孩子那样，需要帮助的时候，助推、疏通、引导一把，把问题及时解决掉，把不利的事情变为有益的事情，没有把他们当成"问题"或者"病"人来看待，而是从一个整体的状态去调整。这大概就是教育面询和心理咨询的不同之处。

当然，这并不等于说他们什么问题、什么病都没有，而只是在这个阶段，他们需要借助外部的一些力量托举、支持和帮助。我所做的就是大概率准确判断问题及精准利用不同方法进行各类干预、不断阻断负面影响、给予高频率正向覆盖。其中涉及内容可能会广泛一些，根据孩子的特性及表现，采取一些相关哲学、社会学、生物学、心理学等方面的内容作为辅助手段，利用统合方法对孩子进行教育认知及化解不良情绪。

比如，在面询重度抑郁孩子的自残自伤问题时，我首先是用教育、生物和心理统合分析的方法，释疑痛苦的根源以及产生极端方式的心理机制，让孩子了解自己的现状并努力转化这种方式；其次，在理解痛苦表现及呈现展示的基础上，我用哲学探讨的方式，引导孩子思考生命和价值观等问题，破除固着的抑郁判断和情绪反馈模式，重新审视自己与现实的联系，逐步化解、转化痛点和卡点；再从社会学角度剖析孩子遇到的问题和困难，在没有得到相应支持下，如何统合资源帮助自己，顺应情势借力解决问题；最后，又回归纯粹的教育方法，在帮助解决问题的过程中引导孩子打开认知禁锢和精神视野,埋下可能被未来唤醒力量、意志和责任的种子,赋能孩子的整体状态改善。

从思维测试、言行观察、情绪走向、学业分析,我一丝不苟地琢磨内容、方法和技术,从面询前分析学科资料,到构思面询内容大纲,再到面询记录和复盘分析,有时会把几个疗程的相关记录汇集起来进行类似点的数据统计和推断。一次个案的面询准备工作有可能就是半天一天甚至两三天,尤其在面询早期,工作量之大、所耗时间和精力远超一般心理咨询,比较劳心费力。不过,每次看到学生通过统合教育面询后有收获时我还是非常欣慰,所有付出都是值得的——教育帮助孩子改变一生、改变家庭。

关于精神类药物治疗的现象和疑惑。有个学生被心理专业机构测量诊断为重度抑郁症和中度焦虑症,检测当天通过父母朋友的介绍来到工作室面询。那之前我没接过重度抑郁症个案,担心帮不了孩子,出现意外或错过治愈时机。但在家长一再恳请下,我带着试一试的心态用了三个疗程,幸运地调整疗愈了这个孩子。至今这个大学毕业走上工作岗位的孩子,没有出现复发情况,过程中没吃过治疗精神或情绪障碍的处方药。

那时我甚至怀疑检测出了问题,认为孩子可能没有达到重度抑郁。当时接手类似个案不多,没有对比性,但后期案例增多后,才发现统合教育的方法对重度抑郁及其他相关情绪障碍也有出乎意料的效果。过去认为"精神之癌"只能依赖药物治疗的重度抑郁症,可以通过这种方法调整疗愈。这是非常重要且令人兴奋的事情,让早期注重偏科、多动、轻微症状的个案有了转向,增加了重度症候。

根据我的测试方法推断是中度抑郁症的,我一般会要求家长带孩子去专业医院检测进行药物或物理治疗。经过一次性梳理诊断后,我认为可以接收的,在吃药的也会要求个案配合处方医生吃药,这个原则到现在也没改变。当生命卡顿陷入险境时,药物控制可能是至今最有效最直接的手段。不过,对一些个案进行观察和统计后,我有些困惑和不解:吃药没问题,但是一直吃,还是有些不能接受,这或许是与我调整的目标和方法不同所引发的困扰。

在公众号《教育案例故事集》第 22 集里,我描述了一位为了在美国读大学得抑郁症的女儿来咨询的父亲。我发现他有吃 YY 药的迹象,问了多次,最后他才说出吃了 20 多年的双相药,六七种。当时我非常震惊,或许我对抑郁症、双相等情感情绪障碍了解得比较肤浅,尤其对药理方面更是不懂,但当时能够让我看出来的是他长期吃药后很明显的退行性表现:语调、表情、反应与他原本做企业的能力反差很大,所以会有疑惑,希望这个需要不断探究的专业领域有更好的治疗方法创新。

呼吁循序渐进创新药物治疗方法。20 多年前因为人才、设备及其他相关条件的限制,在心理测量和诊断时肯定会存在一些无法预判的问题,保障患者生命为第一原则。但如今各方面设备条件成熟,专业人才辈出,精神类药物处方权也不再局限于公办专科医院了,在许多社会和商业咨询机构里也可以开药配药。那么,如果没有严谨的科学处方标准和严格的管理要求,如何去把控和检验这些用药标准以及严防出现损害病人长远利益的可能性行为,这里面难免会存在一些因怕担责而产生过度治疗的可能动机,或者其他一些社会倾向问题。

我不是处方药物领域的专业人士,本不该谈及此事,但因为面询个案中根据自己的一些判断和尝试方法,有过成功脱敏药物的重度抑郁症和双相个案。因此,希望利用现今的发达科技,对处方药物有条件研究和管理系统的专业人士可以在这方面多做些尝试和思考,能否有更好的或者创新组合"预防—调整—治疗—巩固—脱敏"循序渐进的药物治疗方法和药量控制,尽可能杜绝避免此类倾向和动机的发生,更加有效普及并帮助更多的家长和孩子摆脱长期依赖药物过度治疗。

》》》家庭教育从业人员的基本素养

教育案例中大多数学生都经历过至少一个心理咨询师的帮助,调整过程中我发现对孩子存在反噬、过度心理强化、教育心理泛化等许多问题,对教育问题的实际解决貌似没有起到作用,这涉及从业人员的基本素养问题。

对家庭教育从业人员的要求。教育本身涉及面广泛，尤其是面对白纸一样单纯、缺乏社会经验和知识经验的未成年人，从业者要从儿童的成长特征、家庭需求和社会责任去考虑，利用新视角与实践理论相结合的方法，有效结合自身特点，选择万全之策，谨慎而行。例如我通过面询的教育个案与其他心理咨询个案的方法和效果比较后，才发现两者截然不同的原理、用途和效果，以及相互作用和促进的整合策略，得到一套行之有效的家庭教育方法，多方面帮助家庭和孩子。

前面章节强调过教育学和心理学的概念、应用及原理等区别和联系，不能用心理咨询理论替代家庭教育的理念和方法，更不能把未成年人当成小白鼠作为自己学习、疗愈和成长的练手靶标，那是极其不负责任的表现，也是违背教育良知和教育道德的行为。相对成人而言，未成年人的心理咨询效果难以呈现、比较难做，除了各类艺术疗愈和沙盘治疗外，内容和方法上还是比较匮乏单一的，想达到调整效果，心理咨询师还需融合教育原理和方法，具备教育素养。

自古以来，要么是学富五车、才高八斗、学识渊博的人做老师，要么是德高望重、睿智豁达、博古通今的人做老师，不是随随便便谁都可以为人师表的。面对未成年人的家庭教育事业，既要面对家长，又要面对孩子，还要面对整个家庭家族，因此，对于家庭教育从业人员的基本素养必有其要求和条件。首先是良知和道德，其次是热爱和责任，再是知识和经验的丰富性。

想成为一名合格的家庭教育执业人士，就不能像做家长那样简单了解一些知识方法或者有个教育框架设置就可以了，必须系统进行一定时期的学习和实操临床训练。根据时代教育变革的需要，由浅入深，对教育理念、内容和方法系统深入一遍，不断模拟、打磨；同时，需要对未成年人的心理发展和机制、生理基质和结构、思维模式和能力等各个阶段的需求等进行学习了解；还要站在个人发展和社会发展的融通角度，从生物性、哲学性、社会性等角度去分析现象和问题，整合打通跨学科的迁移方法，促发建立孩子的学习机制和生活激情。

除了这几个方面,还要逐步学会洞察家庭教育模型及分析、设计预防和诊断问题、实操判断问题等知识技能,才能避免出现因急功近利反噬孩子和家庭的诸多咨询乱象,真正服务于家庭教育事业,当好家庭教育面询师、教育咨询督导,或者家庭教育指导员,或教育相关的团体培训师。教育为师者,不是单纯做一个家长,必有其专业的特殊用途、指向和社会意义;为人师者,必正心、正德、正行,方可长远。

作为家庭教育行业的执业人士,并不是总对家长和孩子用言语做"指导"或"诠释",而是面对家庭教育问题,与他们一起思考、一起努力、一起去解决。教育者绝不放弃任何一个孩子存在希望的机会,温和而坚定的情怀,宽厚而有底线的坚持,与这样的人相伴一程,最终必让家长和孩子得以成长和获益。

现在很多儿童教育方面的书、视频课程,读起来、听起来都颇有条理和道理,但使用起来却让家长备感压力,仿佛在任何节点上,对家长总有一种无限拔高和无限连带责任的要求。比如强调"孩子出生时……出现情绪时,家长应该做什么,要学什么",似乎父母陪伴孩子成长的每一步都得设计好、拧紧发条,否则就将亏欠或错过孩子的成长,这样下去即便孩子没问题,父母也会出现问题。

如果不管孩子什么原因出了问题,都要追究"原生家庭",让父母和家庭承担责任,似乎这是"原罪",使家长感受更多的无助、绝望或挫败感,而不是帮助,那会钻进死循环的黑洞里,看不见一丝光亮。万物皆有瑕疵,只要父母和家庭存在,肯定有问题存在,可是怎么看待处理这些问题,主要在于个人的理解和感受意识上。让孩子学会解决问题本身就是一种成长,老师是去协助孩子如何面对、处理这些问题以及在这些过程中如何联系、看见自己成长的导师。

我一直强调家庭教育没有标准和模式,本书也一样遵循这个规律,教育是越简单越有效,只要掌握了教育理念和操作原理,就知道该怎么做了。作为教育者,一定是协助家长和孩子消除这些负面影响,去繁化简地解决家庭教育现实问题,而不是使其更复杂化和归因化。

  家庭教育面询师是个新生的行业概念。现在家庭教育个案面询师和面询督导，都还是个新生行业的概念，处于一个行业雏形的前期阶段，没有什么成熟的可以直接应用的理论和配套方法。家长相对于外人而言，能教好自家孩子，正是因为家长有着天然熟悉孩子习性特征的优势，在一般情况下知道采取应对的养育管教措施，不需要专业人员那样花费大量时间和精力去摸透孩子的各种情况，不需要多高深的教育背景文化知识，去学习大量跨学科知识，及比较分析的各种方法，了解其他孩子的发展特征等。

  作为家长，只需要爱孩子、适当关注孩子、适时支持和引导就够了，但是作为家庭教育行业的执业人员，却需要注意上述家长所不需要的各种情况和专业要求，最好有教育学的基础，热爱教育这个行业，关切未成年人的成长，具有担当责任的意识、专业和分析引导能力。在这里，我根据自己在教育行业多年的实践经验、个案观察和研究分析、反复实验和调整等，结合补充学习大量相关知识，才逐步形成一套家庭教育的面询步骤：诊断、分析、商议、共识、方向。

⨠⨠ 实践中摸索形成的家庭教育面询步骤

  首先，要了解家庭诊断的重要性和意义。家庭诊断和通常的诊断形式有什么区别？它是否能超越传统咨询方式，带给现代家庭不一样的价值？还是能够基于诊断带来什么样的洞察和判断？家庭诊断涉及三个层面，一涉及家庭的首要难题和普遍问题；二涉及是否需要帮助家庭转变教育观念和认知；三涉及怎样给予家庭教育有序、优质的效能提升。所以，家庭诊断始终围绕着家庭的管教、转变和高效三个方面展开，这是我在统合教育理念里阐述家庭教育面询的核心作用和功能。

  作为家庭教育个案面询师，最难的也是家庭诊断这部分，因为诊断不准确，甚至出现与实际调整相反的结论或相反的方向，那不仅仅是浪费面询家庭的金钱、时间和精力，也是面询师个案最大的失能、失责、失败，更有可能因此耽搁错过孩子最佳治疗时间、浪费孩子最好的学习年华，还有可能造成许多不可逆转的局面和结果。

家庭诊断需要聚焦五个方面的内容和步骤。家庭诊断涵盖了家庭经营和策略、家庭结构、家庭文化、核心规则及家庭能力等五个方面。为了确保诊断的准确性和高效能，除了精通专业和技能娴熟，家庭教育个案面询师还要聚焦以下内容和步骤：一从家长里短闲谈中获得相关信息，比如家庭概况、案主性格等；二穿插需要测试的主题，比如学习或游戏等，观察状态和反应能力；三通过前面两个步骤，确定主要问题及其根源，据此补充提问激发事件、矛盾冲突上的具体细节，进一步确保前面的判断；四与孩子、家长交流感受、想法和判断，再次实证诊断的准确性及初步调整的方向和方法；五使访客理解合作关系，确定疗程和面询频率，建立面询关系。

前面每一步都是后面的铺垫，后面每一步都是前面的关联和深入，初学者最好依次练习面询步骤，熟练者则可根据情境择其一二，达到目的和效果即可，不用像初学时逐一进行。

家庭诊断的四个作用。许多时候，家庭问题频发和持续影响，往往隐藏着很多盲点和盲区，包括观念、资源和功能结构等。如果对此没有意识或留意到，可能对家庭生活和家庭关系造成负面影响，尤其会对家庭教育造成冲击和破坏，这时需要借助外力的专业帮助，进行家庭诊断。这往往是个案面询的首要任务。

一是家庭策略和经营的出发点，有效推动家庭策略的实操及生营目的、方向达成；二是顺应家庭策略和生营需要匹配的家庭结构，进行家庭教育的资源优化和整合功能，形成家庭教育优势；三是通过诊断家庭功能的重叠度、缺失性、冗余性等，暴露家庭教育中正在处理的核心问题、潜在问题及框架规则的有效与否；四是诊断出家庭文化的传承性或氛围，不仅可以看到传统文化的渗透影响，还可以看到当代文化的新观念形成，从文化表层深入家庭内在运转的文化机制上。

诊断需要三个关键点才能达到理想效果。不过，家庭诊断若要达到理想的效果，可以借助社会心理学家海德在"平衡理论"中的三个概念，来寻找家庭教育的关键突破点并加以全新的语义诠释。

其一"根本解"。每个家庭都希望通过诊断寻找到家庭病灶和教育问题的"根本解",认为发现问题就解决了一半的问题。但通过实践发现,很多家庭没有"根本解",这时要通过家庭诊断去寻找"最优解"。如还没有"最优解",那要寻找适合家庭结构和资源的"优化解"。就是解决问题要循序渐进,尽可能达到过程和结果的价值性价比最大化,这是第一个突破点。

其二"杠杆点"。撬动家庭效能的杠杆点是什么?策略?文化?还是框架规则?家庭诊断寻求的是教育效能的杠杆点,只有通过家庭诊断去逐步确认,通过这些杠杆点去撬动家庭其他目标和家庭效能的实现和发展,利用不同杠杆点的着力角度和用力程度,不断刺激家庭观念和教育认知的转变,去寻找一个新的可能支点,即以效能的杠杆点,打开家庭教育的全新局面。

其三"平衡点"。整个家庭强化的是内部的规则还是外部的灵活适应,追求侧重的是个性化部分还是集体规则性部分,既体现过程价值又保证结果价值等,这些对立且协调的发展关系,需要寻得它们的平衡点,而家庭诊断更多的是在这些关系中建立更好的平衡机制和框架原则,以此相互牵制,保证家庭的共同关系和运作。

其次,要学习如何进行教育面询第二步:分析。诊断是面询环节第一步,第二步则是分析。分析是教育个案面询师基于诊断出来的问题和方向,再根据现实整体环境资源和发展趋势,进行解决或者优化的关联环节;主要依据相关情境或事件来解构单元、拆解成分、逐一实证、释义深化诊断结论的准确性、解决和优化方法的匹配性;让参与面询的家长、孩子一起识别问题的表象和本质,对自我、家庭、社会、教育和环境发展等关联因素再一次解构和表达,从中找到大家共同认可有利于家庭和个人的确定部分。

一般面询时,分析包含四个方面内容:一是面询主体的情绪和心理状态;二是内、外引发变化或激化的因素;三是具体情境的设问和实证;四是确定诊断的准确性或者识别偏差异常。分析包括情境分析、事件分析、复盘分析,以及个人分析、家庭分析等,当完成这个环节时,就可以明确采取与诊断有关的需要解决和优化的措施了。

需要特别注意,分析的时候还需要根据孩子的承受力、理解力、表达力以及所处的年龄段特征进行不同层次的语义、语法使用，进行多角度的概念化诠释；另外，如果孩子有告知自己比较隐私且不想让家长知道的事情，在没有安全问题的情况下，尊重征求孩子同意之前，无须告诉家长，避免孩子的情绪受到激化而波动，影响治疗和调整效果；采取这些策略往往是在面询的前期疗程中，因为孩子的年龄较小，或者正处在某些认知意识还没打开和提升时期，尤其是价值观扭曲没有得到调整直至恢复正常状态前，在某些内容分析和引导时必须不动声色、潜移默化地进行，用孩子听得懂、理解、能够交流的语言进行简单分析。

当完成分析后，一般会就此做出相关解决或优化措施的具体选项，以及大家有可能依然存在的某些顾虑或者疑问等，这些将成为接下来的商议内容，也就是面询环节的第三步：商议。

再次，要做好面询的第三步"商议"与第四步"共识"。当进入面询的第三个环节时，也将快速完成第四步，即"共识"。通过诊断和分析，此时面询双方已经有了较好的联结和信任基础，再进行相关事项的探讨和确定，包括仍存留的顾虑疑问等，逐一总结和商议，删减和定项，基本完成"商议"。这时所谈话题和幅度都已较大收窄，主要聚焦在家庭诊断出来的关键性问题和普遍性问题，经过分析后商定调整治疗的主框架方案，可让家长、孩子各自发表自己的意见和看法，由面询师再进一步释义、归纳、迁移和阐述总目标，家长和孩子对方案框架均认可无异议，则进入第四个环节。

实际上，"商议"是在"分析"后，是为了给予家长和孩子一个共同强化梳理认知的过程，再一次以收窄范围的议题选项作为媒介，让面询几方都清楚各自当下需要去做也可以做到的事项，减少误会和抱怨，即达成"共识"。"共识"可以使面询检验偏差，是接下来操作的基础，也是对诊断、分析和协商的又一次检视和共同总结。

最后，就是面询的第五步"方向"。前面四个环节步骤都是有联系和框架设置的，可以说环环相扣、步步为营，以前面一个环节的达成和收效程度来确定下一个环节的内容和方法，逐渐建立面询双方的联结和信任，从而达成一个总的框架方向，也就是进入整个面询的第五步"方向"。在家庭诊断后也会有方向,但它只是解决和优化的可能方向,而不是整个框架方案的大方向确定,因为这一般是需要经过双方或几方的多次分析、梳理和商议,达成共识后才能确定下来,为后期的面询保驾护航,可以利用各种技术手段及设置小框架,沿着这个既定的大框架开展调整和疗愈的过程。

不过,任何一个框架大体上都是一个方向而已,并不是给家庭或个体定上一条康庄大道,而是帮助孩子和家长更深入地认识自己,了解外部世界,主动拥抱不确定性,在变动中掌握自我实现的主动权,能够起到防止后期实操时偏离既定方案和目标轨道的作用,避免做无用功。

面询的五个环节可以机动组合和灵活应用。以上环节步骤贯穿在家庭教育个案面询的整个过程。教育个案面询师能够对此熟练操作后,到了一定时期,在一次性梳理诊断的面询中就能走完所有环节,也可以根据疗程进展状态及依据孩子的表现设置相应的教育面询内容,分时分段进行每一个环节,还可以根据家长的表现临时穿插一些有关家长面询的小框架要求。也就是说,每个步骤的时长和具体内容是不需要确定的,也无须确定,只要有个框架,可以根据实际情况而定,机动灵活应用。

教育个案面询的重点,主要涉及孩子在校内校外及家庭学习中人际相处、家庭矛盾和学习问题等三个方面,但教育引导孩子的倾向则更看重精神、价值观层面的探索和确定,这是孩子生活学习的动力和灯塔,也是他们启动自我学习机制和自明的觉知过程。只有达到这些层面,才能打开视野和意识流,更好地创造性地提升能力,开拓自身成长的渠道和路径,创造有利于所处环境的影响和资源。

》》》家庭教育是一种生活教育

家庭教育的效果检验都要从实用主义经验和客观出发,这既是一种生活教育,也是个体精神升华、家庭幸福途径之一。

每个孩子的性格、智商和所处环境不同,学习过程和效果也不同,学习目的和经验体验也不同,即使在表述和内容方面相同,也未必有同样的理解和同样的感受;不同的家庭生活背景和基础,形成各自的学习兴趣、能力或风格；每个孩子承压能力和敏感性不同，生活学习中遭遇的问题与困难也不同，感受也不同，有效学习所需的帮助和资源也不尽相同；自我学习行为的管控和思考能力不同，影响到各自的学习效率和品质。

任何教育方法要达到的结果，都需要以经验和实用效能做出评判和决定。只有从实际出发，灵活适应调整疗愈方式和治疗方法，才能最终帮助出现教育问题的孩子。对于家庭教育来说，不仅在于孩子的学习能力和学习成效上要有所建树，更重要的是对孩子各方面的素养品行进行培养和提升，尤其在批判性思维和统合能力方面，注重客观事实，达到与生活和学习相匹配的精神领域高度。

影响家庭教育的基本要素。家长、孩子、文化等作为影响家庭教育的基本要素，在家庭活动中都有各自的作用和位置，任何一个要素的变化或不同的组合，都必然导致家庭教育系统的改变。因此，这些要素既相互独立，又相互制约，形成一个有机的整体，共同构成完整的家庭教育体系，这对于孩子的陪伴、预防等阶段有着重要的意义。

当然，任何一个系统都不是孤立存在，与社会有着广泛的联系，家庭教育也一样，受到社会外部因素的巨大影响，比如说学校老师、机构老师和教育面询师等，包括孩子信任并对其成长影响较大的重要人物。前面提到的一些社会现象主要是针对已经出现问题的孩子和家庭，作为专业人士如何去帮助这些孩子和家庭，找到匹配的专业技术、流程措施和组合方法，是直接解决现实问题的关键因素。

这么多年来，我一直在关注学习动机的内在影响因素与外在影响因素的随机试验和量化比较，在实践中反复测试方法和比较成效，主要融合传统文化要素和现代各种创新方法的相对优势，运用到家庭教育中不断尝试，取得明显效果。

孩子和父母形成双向而行的关系。实际上，孩子在每个成长阶段都会有"麻烦"，父母可能好不容易解决完这里，而那里又出么蛾子新花样，还有可能出现身体健康问题，或者被人欺凌等。人类幼儿养育，大概是哺乳类动物里时间最长的。在朝夕相处中，出现纰漏或瑕疵或冲突，都是正常的，毕竟父母和孩子一样，有承受极限和必须成长的经历，实际上这都是深入家庭关系和情感打磨的过程。作为家庭教育的专业人士，要理解这些问题的客观存在，意识到"麻烦""问题"就是家庭关系中的组成部分，某种程度上是孩子社会化发展体验早期情感、社交及学习处理问题的需要。

家庭教育不是单向的，而是双向的，不能只尊重孩子的自由意志，忽视父母的自由意志。父母也需要被尊重和不断激励，允许孩子做真实的自己，也要允许家长做真实的自己。孩子的自由、独立、社会担当必是建立在善良、责任和正义的教育大框架中，磨砺其天性中的顽劣、自私和恶，才能实现个体价值和社会价值的统一。

学会做一个具备统合教育能力的家长。作为家长，自然会付出旁人无法预估的精力、金钱和时间，甚至愿意付出生命来换得孩子一生的幸福。但是，当孩子和家庭出现问题时，有太多家长在做无用的反省和自责，怪过去这样那样，急火攻心，忧心忡忡，看似都把责任揽在自己身上，但实际上没有任何意义。这可能是潜意识里害怕担责和改变现实，用内疚的心态代替无力解决问题、改变现实的窘境。

我们常说教孩子，要让他们敢于试错、犯错，那是成长必须经历的过程。其实，父母也一样，从成家到养育孩子，方方面面都要考虑兼顾，都是第一次经历，都是在犯错和修正过程中成长。所以，教育要用粗线条的模糊策略，从整体上去看，而不是纠缠于某个细节。家庭总在发展，解决问题要看今后如何做、怎么行动才是最重要的。遇到问题可以反省，但反省不代表结束或放弃，而要统筹考虑下一步怎么办，积极找出解决的办法去行动和处理，让自己逐渐具备统合教育能力。

孩子的成长就像蜿蜒的河流。家长不能只关注孩子目前所处的年龄段，要保持高标准、长远发展的眼光去引导和教育他们，同时要放松期待和心境，不求结果为必然。父母有对孩子不符合年龄特点和发展阶段的期待，这并不是件坏事，只是需要花些时间观察孩子，而不是急于求成，平衡掌控好现阶段与未来发展的适应性、合理性，以持续的耐性和时间去支持孩子。常说对待儿童最好的态度是信任，不要总想方设法约束他们，在一定规则和框架下才能增强信任的价值,不至于任其肆意妄为、剑走偏锋,放纵以至走偏走邪。

教育孩子,不能以催熟、功利、拔苗助长等不符合年龄理解和承受的方法,更不能把狭隘、错误的认知当成教育真谛。要知道孩子早早学会阅读写字并没有比同龄人更胜一筹——"不要让孩子输在起跑线上"的这种功利内卷心态,会蒙蔽孩子的眼睛和心灵的自由,把教育直接当成目的,失去了教育本身的意义,萎缩了孩子成长的生命力。孩子的成长就像一条蜿蜒的河流,在教育这个"地心"引力下,有自己的方向、速度和力量,旁人无法让它流得更直或更快。

跋

在公众号"一点星光"第九章中提到统合教育对孩子、家长以及学校老师、心理咨询师等都能起到相应的作用和帮助,它的理念和方法的适用对象是多层次的。如果是家长,你只需要学习做好家庭教育那部分就可以了;如果是学校科目老师,那就掌握适合自己的教学方法、传授知识、建立学习机制和教育学生技巧的那些内容就行了;如果是心理咨询师,则重点了解与自己咨询技术手段有补充增值的部分就可以了。可见,与孩子相关的角色和职业,都可以借鉴统合教育的不同内容和方法。

我坚持的初心就是想减轻减缓家长的负担,让孩子得到相应阶段的不同资源和支持,使家庭教育的理念和方法经得起推敲和检验,并且越来越简单、方便操作和推行。既然这样,为何还要写这么多内容?其实,教育是做人的工作,涉及人的精神层面和生命力,是无法量化和标准化的。教育就是生活,是生活的媒介和工具,由此涉及家庭、学校和社会等各个层次,不仅有表象还有原理,再进行现象背后更深层次的原因分析等,把里面的门门道道都捋一遍,让家长和老师看得清,在家庭教育的路上越走越近,直到看见孩子和自己,让家庭教育在第四次教育革命中苏醒。

关于儿童教育面询,需要拥有尽可能多的相关儿童信息,包括儿童的行为、情感、人格、过往史、文化背景、学习状态和生活环境。对于儿童教育方面,每个历史时期都会有丰富的理论知识和方法,但是人们依然被愤怒、狂躁、嫉妒等社会环境和负面因素所影响,这就需要有足够的教育学基础为主导,以社会学、生物学、心理学等辅助技术来弥补许多存在重大缺陷的价值理论和方法论。统合教育的理论也一样需要大家不断地添砖加瓦,丰富、弥补现代家庭教育存在的不足视野和理论空间。

至此,根据自身经验和自创的统合教育理论,抽炼出关于家庭教育的大部分内容,已经详述完结,相信这里面肯定会存在许多不足和缺点,请予以指正,或给予指导。

最后附加了 12 个案例,一一呈现给大家,将家庭教育理论与具体案例的解决措施、方法等进行融汇陈述,希望借此让同行对教育个案面询有更多了解,形成自己的咨询风格,系统推广普及教育理念,惠及更多家庭。

如何把家庭教育的具体操作细节和要领运用在案例问题的纾解上,本人将在下一个线上环节(线上课程)进行一一拆解、点评,并增加一些实战综合案例,敬请关注。

附：12 个教育面询案例

前面就家庭教育方面的理论、实操等进行了比较全面细致的理论逻辑概括和分析。在具体案例中如何运用这些理论进行应用、诊断，将问题一一破解，下面将列举 12 个综合案例的具体处理过程，展现给大家，以供参阅使用。

教育案例，主要是对家庭具有代表性的特殊缩影，对孩子的特征、案情的复杂程度、问题倾向和解决方法等进行展开阐述，让更多面对家庭教育处于无望、无助、无奈的家长，能够从别人的镜面中看见自己和孩子，看见问题的关键和解决的方向；也为了让当下那些正处在特殊时期或状态的孩子放下包袱，对小伙伴的经历感同身受的过程中，受到启发和明智，获得自救的力量和信念，相信自己可以帮助自己，一定会好起来……

教育案例全部来源于本人亲历的面询个例，以及一直以来做个案的记录、分析和复盘的内容。为了避免给案例中的来访者造成不必要的顾虑和敏感，所有面询的案例均已经过模糊处理特定身份、性别及案情内容，把许多原型案例的经历、问题及调整过程拆分成单项或多项或重新交叉组合，形成一个或几个案例。涉及的所有案例问题、情节、解决方法和过程都是真实展现，但案例中所有人物都已虚化，如有雷同，纯属巧合，请勿代入。

案例一

女生 A：12 岁，高个，一米六以上，休学半年多；父母之间的关系尚可，但由于工作忙，一直很少陪伴孩子，孩子大多数时候是由保姆和老人陪伴带大。在小学四年级之前一切正常，成绩曾有两次名列前茅；六年级下学期开始，孩子出现一些反常举动，一紧张就会手抖出汗、脸色苍白、面部抽动，愤怒时大吼大叫、撕东西；起初回到家就把自己关在房间里，不愿意和家人交流，后来又和要好的女同学断了往来；休学后不愿再外出，拿个快递都不愿意下楼，基本上躲在自己的房间里玩游戏。用女生母亲的话说，孩子的状态是突然一泻千里，让他们接受不了。

第一次来面询时，女生 A 眼皮子都不敢抬，似乎唯唯诺诺的，说话也是弱弱的，声音很低。她表达不太流畅，一句话断断续续要半分钟才能说完整，对人警觉且紧张。我想让她放松点，握手时才发现她手心出汗，大气不敢出的样子——这很难让人想象家长所说的孩子脾性大、性格倔强等行为表现。当时家长认为孩子出现了严重心理问题，推测可能是学校欺凌或社交所致，并说咨询学校的心理老师一个学期后一点也没有改善。

因为一直不见好转，她又去看了专科医院的临床心理科，被测试出重度抑郁及中度焦虑等情感情绪障碍，持续吃药休学半年多。第一次进行面询梳理诊断，我花了 1 个小时倾听两位家长的具体描述，并设置了几个诱导话题，与女生 A 进行了长达 1 个小时的单独面询；再分别单独面询两个家长半小时，问询实证有关女生 A 叙述和回答的一些问题的关键性记录；这期间，我已经找到了一些线索并自行在面询记录过程中做了简单扼要的分析，心里已经有了大概的判断和需要商议的事项。最后，组织一家人一起面询半小时，相互质询、讨论、商议，确定了调整方向和一些建议在家实施的方法，结束时恰好 3 个小时。相对来说，由于女生 A 表达有难度，面询起来颇费脑力和时间。

在面询时，我利用了一些方法对孩子的情绪和思维进行了灵活机动的反馈测试，包括通过对孩子日常作业、大考试卷的字迹、错题、写题步骤及知识点掌握的程度等，逐步梳理出一个关于家庭现状、家长及孩子性格、学习状况、关键性问题的大致框架判断；再根据这个框架判断，拟定几个需要再深入了解的主题，经过家长和孩子的质询和证实，得到反馈后筛选一至两个当下最主要且短时间可以推进的问题，进行商议确定，其他问题同时兼顾观察和不断促进，初步判断女生 A 的现状并非社交霸凌所致。

调整疗愈需要较长时间，我就在每次面询中尽可能一点点推进。前期将一些认知固着、思维模式作为重点突破；多次面询后不断诱导孩子说出一些东西，才发现几条可以确定第一次面询判断的小线索；再次迅速进行分析比对后，去假存真；最后确定当下女生 A 的状况导致的根源是性别模糊，她认为自己是"同性恋"，喜欢女孩，但觉得爸爸妈妈会很不认可，难以启齿所致。这是在性别自我身份意识上产生了错位，导致羞耻感和恐慌感，产生有人要害她等心理幻觉，相应地对环境过度敏感紧张，以至于出现一些症状表现。

问题根源诊断明确后，对于当下症状的调整方向就有了，那么适用什么技术和方法就相对简单一些。从她第一次的沉默寡语、神情紧张开始，我切入相应时机诱导她说出心里的顾虑。当时她只说了一句简单又磕巴、意思并不完整的话"我想和……妈妈……坦白……"。就是小小声的这么一句，我捕捉到一些东西，比如她面临的心理压力以及与母亲的微妙关系。于是我顺势把话题展开来，并在第二次就此设置内容面询进行了近两个小时，效果还不错，从而为整个家庭的调整治疗打开了一扇窗，后面的情绪效果也开始有了变化。

听到孩子那句话后，我当场并没有对问题的本身表现出多大兴趣，也没有去深挖"为什么会喜欢女孩？"之类的问题，更没有对她的性别倾向说大道理，只就这句话的"坦白"一词进行了"迁移"，结合一些试卷错题的某些表现特征和判断，适当诱导孩子说出尽可能多的真实的东西。再根据女生 A 的年龄段进行适合她理解的释义表达语言，从她的情绪到学习很自然地进行了连接、深入。不过，在解决问题和调整过程中，我完全是用统合教育的框架方法，不断帮助家长在家里进行相应的教育方法强化训练。

女生 A 经过两个疗程后，手心出汗、抽搐、紧张和幻听幻觉等症状逐渐消失。第三个疗程结束时，抑郁焦虑症状得到明显改善，能够正常与人交流交往，外出也不再害怕，药物脱敏也逐步进行，药量由过去的四五种药、早中晚吃两三次的状况，减少到只剩两种，每天只吃一次。在学生 A 父母的积极配合和坚持下，家人之间的关系也融洽起来。妈妈说，她比以前爱说话了,特别是能和父母说一些原来从不说的"小秘密"。

终于,在一次面询过程中,女生 A 有点兴奋地说:"老师,真奇妙,我现在怎么越来越发现自己是异性恋而不是同性恋了!"其实,孩子不知道的是我已经不动声色地给她做了社会性别意识的理解、引导和唤醒,并逐步教给她如何去甄别和判断自己是同性恋还是异性恋的具体方法。这之后她对异性的接触交流也逐渐主动而轻松了。

在第三个疗程的尾期,父母已经基本学会掌握了一些与孩子相处并带动孩子的简单方法,孩子的压力和焦虑自然也减少许多,我就让孩子结束疗程,再给予一些方法和建议,让父母自行在家陪伴,直至 3 个月后回校。后经客服电话回访,女孩已经上高中两年,无复发现象,学习和社交状态良好,成绩处于中上游。

案例二

女生 B:16 周岁,清秀气质脱俗,高一学生;父亲经商,长相英俊,话多音高,脾气火暴,对妻女有多次家暴;母亲性格温和,语速慢音低话少,是个特别传统的广东家庭主妇,大学毕业后一直居家照顾家庭。父亲在家较少时间陪伴孩子,基本都是母亲陪伴左右,如果看到孩子在玩游戏或者在做学习以外的事情,他会时常生气训斥孩子,也会当着孩子的面指责母亲的管教无能。

女孩自小放学、周末、假期一般都会去校外机构补习,少有课外自由活动。初三开始,按母亲的说法,她断断续续找各种理由请假不愿上学,后在母亲的哭泣哀求中勉强考入一个较差的普高。可是高中开学一个月后,任父母怎么说她都不愿再去学校,说压力大、胸闷头疼。有经常割腕自残、扇耳光等行为,以及自杀倾向,情绪激动时出现手脚发抖震颤的躯体反应,有时歇斯底里砸家里的东西,被专科医院检测出中度抑郁和轻微躁狂等精神病症,即双相症状。吃药休学一年多,与初中比较要好的一两个同学偶有联系。

在仔细翻阅了孩子初三及高一的几份科目作业和试卷,做了相应的重点记录和分析后，我在线上与其父母进行了第一次梳理诊断。当时孩子的父亲要出差，来回线下面询时间比较紧，准备不参加。我们及时沟通后他答应在线上进行。爸爸一开始嗓门比较大，主要都是他在说。当我针对性地向母亲抛出几个问题、就其可能性情况质证时，爸爸会不断代替妈妈回答。我微笑着问爸爸："是不是在家里也是这样的，孩子问妈妈的事情，你也会替代回答？"他说："是的，因为妈妈搞不清楚状况，信息闭塞，瞎说八道会误导孩子。"

于是，我收起笑容且认真地对女孩爸爸说："现在我们安静地听听妈妈的想法和看法，我是老师，自会辨别她的反馈，否则就不需要妈妈参与面询了，等下我也有需要你回答的问题，那时请再详述，现在听妈妈说话，不要打断干扰她，请尊重老师以及我们的游戏规则。"爸爸在视频那边愣了一下，有点尴尬，似乎还想说点什么，但抬头看到视频这边的我一直在看着他时就不再出声。后面的面询还算顺利，爸爸对问题的回答确实思路和表达比较清晰，但能明显听出他自己有意遮盖和掩饰的东西，而这些东西恰恰是破防他刚愎自用、大男子主义比较霸道的地方。

面询结束的当天晚上，爸爸微信发来了一大段话，首先是为自己的鲁莽抢话道歉，主要还是怪太太说话和思维太慢，担心浪费时间和说不清等等；其次还是责怪母亲的无用和失责等才造成孩子今天的样子，好好的一个孩子变成这样，感到很痛心；最后说凭自己多年经商与人打交道的直觉，认为赵老师的责任心和专业程度一定能帮到女儿等等，希望这次能扭转乾坤。

对此，我没有直接回复信息，到了第二次线下面询时才逐一提到他的三个看法，并一一进行解析和释义，包括指出了孩子的一些可能性情况及家庭需要注意和需要调整的地方，也趁机根据爸爸的性格和他们的家庭情况，进行了相应的面询内容设置和进度的大致安排，夫妻俩一致认可。从这次开始，孩子参与了面询，由于父母提供的相关信息及我所了解并经他们实证确认的一些预判，我提前做了充分准备，与孩子聊得比较高效。这一次，她对父亲积压许久的一两个卡点疏通了。面询完后，她说感觉轻松了很多。

女生 B 恨父亲的霸道独断，尤其是有一次抓着她的头往墙上撞的事情，她说一辈子都不会忘记，她独立后一定会远离这个家，不再与父亲来往。我能理解孩子的这种怨恨和愤怒，也能看见她控诉父亲时那种歇斯底里、痛哭流涕的背后深含着一种复杂的情感，也能看见她父亲很容易被她激惹而陷入失控。于是，我随意问询她小时候的一些记忆，我注意到她回忆的几个快乐瞬间大都与她父亲相关，我就有意在理解与不理解之间的情感发展原理上多说了一些能够给予她这个年龄去理解和感悟的东西，这有助于舒缓和改变她面对现实和自己真实的痛苦，带动自身的一些力量与家的能量流动起来。

自此之后，又经过多次类似情况的面询，女生 B 终于稳定并固化了一些积极的情绪模式，同时，她父亲的心态和说辞也有了一些变化，对妻子的攻击和否定少了，开始注意自己的言行，情绪也有了相应的控制。妈妈也渐渐意识到自己害怕冲撞的回避、逃避态度给孩子和丈夫带来了负面影响，逐步敢于表达自己的意见和想法。夫妻俩在后期的面询中一直保持着较好的配合和积极的状态，没有一次请假缺席，这对快速达到调整治疗孩子的整体状态，以及家庭的日常陪伴等疗效，起着非常关键的作用。

当然，我一开始凭经验和直觉，把女生 B 爸爸预设为破局的首要因素，是因为整个家庭都受她父亲的气场影响，这个结不打开，家庭的能量就没法流动起来，也就会失去家庭"磁场"的作用。因此，怎么让其父真正理解一些家庭的现状和妻女的感受，比什么说辞道理都重要。但在面询的时候，如果让一个大老爷们主动谈及刚认识妻子、刚生孩子以及夫妻生活之间的感受琐碎和细节记忆，是比较困难的，把不经意间与他沟通时发现特别敏感又不断遮盖的几次流露出的线索，融合成家立业、创造财富的走向、匹配精神世界的追求等等，他反而像重新感受和回忆一般，主动滔滔不绝地谈论起来，慢慢地也就理解到自己当下的变化和根本原因所在，对家人的言辞就不会再咄咄逼人，而是像妻女所说，多了一些铁汉柔情。

作为面询老师，想破除他的这些执念和沟通模式，还必须能够看到他心地善良的一面，并且是从言语和逻辑中察觉到某些"线索"，逐一破防并让他意识到一些语义对家人的伤害和对家庭关系的破坏。女生B父亲的狂躁情绪逐渐被抚平，他看到自己实际上非常在乎妻女和这个家，因为作为孩子的父亲和妻子的丈夫，他也有柔情似水的一面，只是被创业的节奏和压力带跑带偏了，周边的人捧惯了自己，自己也命令惯了，就有些膨胀，目中无人。

每个家长面询初始，一般都会带着一些情绪和自己的看法而来，这是很正常的。尤其是有些类似家庭在治疗时还会发生夫妻争吵、亲子争执、暴怒或者话题纠结到面询以外的一些琐碎事情上，揪扯不清。作为老师，这时一定要有定力并迅速做出干预反应；并且做到不受影响，能较为客观地加以甄别和寻找线索，看到一些问题的关键点、破解点和打通点，才是最为重要的，这对面询能否有效以及进度如何有着非同寻常的意义。

比如，家长喜欢临时提出看法和对面询内容的意见，这就会影响早期设置面询内容的安排进程，会影响时间进度，且对当下问题的解决毫无意义。这时，可以适当对家长提出一些要求，而不能任由其抢话语、过多争吵或过度控诉，这对家庭治疗时长及效果有很大影响。而当家长基本上能理解你在帮他们省时间和提高效率，配合自然就更好了。这个案子也一样，夫妻个性差别明显，男强女弱，想要听到妻子更多的心声或见解，必须适当帮助她接住来自丈夫的霸道和压迫感，这样才能让孩子不因同情母亲对父亲产生更多的愤怒，面询才可以继续并有效进行。

在帮助促进父亲的同时，对女生B的调整一样在进行。通过多次不同的测试和刺激观察，我感觉女孩的理解、反应和逻辑方面都不错，但性子比较倔强，不似柔弱的外表。了解到她与父母发生冲突时的表现，一般是开始不怎么说话和反驳，保持静默，似乎在听的样子，但到了一定时间就会表现出不耐烦，蹦出几个短句"那又怎么样?""你们看着办吧""算了，就这样吧""你们爱说咋说"……最后，往往一甩身给父母个冷背影，重重地关上自己的房门，任凭坐在客厅的父母怎么说，她就不回话，也不再开门。

很明显，女孩与人的联结感不是很强，对父母不太认同，这也是刚开始面询时对老师还有些敌意的原因,不管老师问什么她几乎不做正面回答,顾左右而言他,有一种你自己看着办、自己猜的局外人意味。第一次面询如没有帮她疏通对父亲的卡点,可能后面她就不会再来继续面询了。不知是第六次还是第七次面询时,我特别设置了一个环节,就是让她阅读一篇文章,在其气息和节奏上精准把握住了与孩子气质相关的特点,以及对她阅读此篇文章的面部表情和行为的细微变化进行了相应的诱导。终于,孩子的话多起来,说着说着,哭了起来,几乎一盒纸巾都被她用完了。

那次之后,孩子再提起这个情境的细节,认为触动到她小时候某个模糊的记忆了,隐隐约约的东西,内心深处潜伏的很痛苦的"阴影"。那种可以让她看到自己潜意识里的憋屈、局促不安以及恐慌焦虑的过程,以及让她找到了某种力量去深挖自己隐藏的痛感和卡点,慢慢地在那里就会结疤愈合了,再去想它们时就不怎么疼和难受,也就不会在潜意识里折磨自己、内耗自己。比较幸运的是,女生 B 恢复得很快,每天难受想自残攻击自己的痛苦症状减轻减缓,不再割手了。她问妈妈,很神奇哦,为什么自己之前一点都没有想起过的东西会在赵老师的面询中清晰地呈现出来? 好像是很小很小时候的事呀,赵老师也没具体说过什么呢!

看上去,面询的内容可以设置,也可以随意根据当下即时发生的事件进行,好像有点漫无目的。面询者开始往往不知道老师的目的,都是不知不觉进行的,到了一定的时候才会被告知。事实上,整个面询是有主轴的,一切方法是配合这个主轴,就是第一次梳理诊断后调整治疗的大致方向是不变的。比如,女孩对爸爸的感受和评价非常不好,诸如"大男子主义""盛气凌人""自以为是""像个混球'搅屎棍'""搞得家里乌烟瘴气"等等之类;女孩也一直认为妈妈太懦弱,没用,自己长大后不想像她那样,不想谈恋爱,不想结婚,觉得婚姻很恶心、没意思。这些问题就需要不断引导、调整,持续撒下一些种子,直到某一天种子发芽抽绿,见到阳光。

面询过程中,肯定会不断听到孩子的一些伤情描述,作为老师有心疼和担忧,但必须防止自己代入其中,更重要的是如何把这些有效地让父母看到和理解。当爸爸听到这些话时是愕然的,甚至在一次交叉单独面询时,一个大老爷们双手紧紧地遮住整张脸,拼命地揉搓了多次。我知道,这个男人湿润的眼睛已经说明了一个最好的结果,孩子可以得到帮助了。就这样,由于父母的共同努力,逐渐在孩子心中埋下的种子也就有了一个个生命力,唤醒打开了孩子的一些意志和认知,自身的力量感就出来了。

孩子能意识到并能正视自己存在的问题时,对父母的理解和信任就有了较大的转机和突破,可以和父母敞开心扉聊心事或者困惑的东西,对自己也有了相应的认识和理解,力量感和行动力逐渐增强。经过四个疗程后,孩子逐渐脱敏了药物的依赖,回到学校。起初学习成绩较差,但经过一个学期后,孩子就处于班里中等水平了,并且没有了之前的那般压力和紧张。就像孩子说的:"我能感受到学校的美好和意义时,学习成绩已经不是我的阻碍了,能不能突破自己才是我现在真正的目标。"

案例三

女生 C:刚来咨询时是小学六年级学生,满 14 周岁,一米六几的身高;父母早期在金融投资行业,工作忙碌,无暇照顾孩子;自幼在老家由爷爷奶奶带着,上小学后才回到父母身边。小学一至三年级前,不太亲近父母,也不爱说话,后有改观,与母亲可以交流;曾经被 5 所不同的公办、民办学校劝退转学,小学六年级整整读了 5 年。这期间,出现抽烟喝酒、化妆、交往社会异性闲杂人员等表现,"男朋友"谈了 5 个。父母规劝和责罚都无效,只要父母对此有说法,她就突然玩失踪,外出一周、半个月或一个月不回家,以致父母后来不敢再多说她。

母亲辞去高薪,为此专门待在家里想守住孩子,年迈的爷爷奶奶也为此来到深圳居住,但孩子的表现始终不曾有大的变化,依然继续与社会闲杂人员交往密切,染上不良行为。上学基本在混、不做作业,也听不懂课堂上的讲解,都是趴在桌子上睡大觉,根本听不进大人的话。说话异常狠毒、刻薄,常把父母气得够呛,母亲因此住院多次,爷爷奶奶实在看不下去,都回老家去了。

这是十多年前我在工作之余零零散散帮朋友熟人带过的几个"问题"

较严重的学生之一。这也是第一次正规按月收费的一个特殊个案，并且收费还是女孩母亲根据当时情况帮我估算定价出来的。孩子的母亲在这个案中扮演着非常重要的角色，也是一位推动我不断去尝试和成长的家长。如今女生 C 已经二本毕业，走上工作岗位，一切和其他正常孩子没两样，生活工作状态都挺好。她是我辅导过的一位偏科学生的同学亲属热心推荐过来的，说是邻居，彼此情况非常了解，私人关系也很好，就请老师尽量救救这个孩子。在电话里女生 C 的母亲和我说了近一个小时关于孩子的情况及当时让她们特别心焦无奈的一些非常隐私的问题。

听了女孩母亲的叙述，起初我还是有些忐忑，犹疑着要不要接这个案子。这之前接的大多数是一些轻微行为偏差、多动、注意力分散及偏科的孩子，没有遇到过这么小社会关系就这么错综复杂的孩子。于是，见面之后，也没谈收费的事。可当天晚上，女孩母亲来电话主动说起要按月提前支付个案费用，并且提及的费用在当时来说还是非常高的。

女孩母亲之所以特别郑重其事说明这些，主要是希望我能接受这个孩子，帮助她回归正常的生活状态，她就觉得算是很好了，不管还能不能再读书。她用先支付后消费的方式，来表达她的信任和诚意，以及表示今后无干扰地全力配合老师。母亲做事是个非常有条理和严谨的人，她还详细用以下两点来说明她的本意和想法。

第一，她认为老师能帮到她女儿，希望老师能认真对待这个可能花费时间较长的案子，要像做一份职业一样，不要轻易在中途放弃，只要坚持下去，不管用多长时间；第二，她认为我这种助人积德行为应该有社会价值体现，以固定的报酬代表老师个人做这件事的价值和应得的回报，以便老师有更多的动力持续去做这件事。虽然我在开玩笑时说当时是看到"大钱"的份上才敢斗胆接活的，但实际上是被她的诚恳态度感染且感动。她连达成什么目标和要求都不提，可想而知作为一位母亲的绝望和无助到了什么地步。我也是个母亲，能够理解她的不易和所承受的折磨，如果不尽量去尝试帮一帮这个孩子，也真的说不过去。

于是，在一个周末开始了女生 C 的面询。第一次，我俩在咖啡店 2 个小时的相处中，几乎没说过一句正题话。当时，我还在做其他事、上着班，没有设立工作室，做个案始终断断续续的，有空想接就做一下，不想接就停下来，有时一年就做一两个孩子的案子。现今工作室的物业当时还在出租，每次面询地点都是临时定在相对安静的咖啡屋独立小包间里，放上 1 张小桌子、2 把椅子、2 杯学生家长点的饮品，面询就开始了。

那天刚见面还没打招呼，女生 C 看也不看我就把双腿摆放在桌角上，身子往椅背靠去，椅子的前脚离开地面，她整个人呈 30 度斜躺状。然后，从精致的摩尔烟盒里熟练地抽出一支，两指优雅地夹着细长的摩尔烟，一口一口，徐徐吐出烟圈。不一会小包间里烟雾弥漫，但我什么也没说，偶尔她挑衅的眼光投过来与我相撞时，我就只是微微一笑，喝口咖啡，定睛看着她。

一屋子的二手烟第一次让我吸了个够，可能是之前吸收二手烟所有的量加起来都没这次多，我眼睛有些不适。我不时地看下时间，2 个小时刚到，我就对她说："今天就先这样吧，你可以回家了。"她有些不可置信地死死盯了我几秒钟，撇了撇嘴，似乎想说什么，但最终也没出声，往桌腿上摁了摁熄灭烟，又弹了弹手上的烟灰，头也不回地上了她妈妈在外等她的车，鼻孔里似乎"哼"了一声。

晚上，我专门打了个电话给女生 C 的母亲，让她当晚务必把付给我的费用计算出当天 2 小时的价格，让她故意装得不经意地让女儿知道，其他什么都别说，也别多问，如果她有什么具体反应就告诉我。她母亲照做了，当时女生听了有点小小吃惊的样子，然后说了"SB"就没再说什么。在妈妈第二次安排面询时，她比第一次应允得爽快了许多。

面询时，她一进屋，看我的表情比较愤怒、不屑，她恶狠狠地盯了我一眼。她依旧抬脚放桌上斜躺着，烟吸得更猛了，我也依旧不出声。大概过了十多分钟，她一下子跳起来，把烟狠狠地扔到地上，指着我破口大骂："TMD，还称老师呢，你就是个大骗子，我妈的钱那么好骗吗？上次 2 个小时一个屁都没放，还敢来？没什么鸟本事就别揽活，老子就想看你有什么招数！"她的表情像要吃人的样子，手指直挺挺地伸到我的眼前，就差一点截到我了。

我随之站起来，大笑，伸出手去，说道："××同学，来握握手，我们终于可以开始面询了！以后请你每次都把腿放下来，坐好不吸烟，可以吗？"见她愣了一下，我接着说："上次看你抽烟特别优雅享受的样子，不忍心打扰你是因为要尊重你，尊重你当时的享受。所以也请你尊重老师，可以吗？既然你能跟妈妈来，说明我们有缘分，但面询要有面询的样子哦……"

我们就这样艰难地打开了话匣子。不同的冲突、愤怒和怨恨以及极端的想法，都一次次倾泻而出，再一次次被化解消除和沉默。这期间，尤其在开始带动她时，是比较辛苦的，因为她还一直和一些社会混混有来往，生活昼夜颠倒，没有一点规律可言，连面询时间都是她妈妈用条件换来的。既不能贸然提及她所处的人群特性，也不能否定她现在的生活状态，只能顺势而为，对应她的任何话题，不断地从整体上覆盖阻断负向的一些东西，用增加频率来巩固带给女生C的正向影响。有时候效果明显，有时候又会反复无常，得花几次时间再调整巩固。我真是花了不少心思和时间。

就这样来来回回，像拉锯战一样，进行着面询的调整治疗。慢慢地，女生C母亲反馈，孩子不再抽烟了，也不怎么口吐脏字了，逐渐远离了那些混混，也不再歇斯底里地说自己是垃圾了……可喜的是，女生C终于回到生活和学习的常态，尤其在社会价值观和自信方面开始有了明显的变化。面询安排是前三个月每周2次，每次2个小时；后三个月每周1次，每次2小时或减少1小时，在看见一些变化后逐渐降低面询频率和减少单次时间，加强她母亲与她的陪伴和沟通；半年后又根据实际效果另外商议每月1次或2次，每次2小时。

女生C正如我早期的学生，并不是情绪障碍之类的心理问题，主要是叛逆和厌学。叛逆是因为与父母长时间分离，到新环境后相对敏感，加之父母陪伴不多，有时有点小事就容易触发对抗；而厌学也不是一开始学习不好或学不进去，而是某次早读迟到了，刚剪的头发被当众取笑乱糟糟的，像鸡窝头，因年龄小觉得丢脸不想上学。可父母只批评她太过于注重外表，强调她要把学习抓上去，并没问她具体原因。孩子觉得上学有压力，心情很烦躁,就开始常请假旷课和一些社会人交往,后被社会混混盯上了。

原本是一件小事,但父母没意识到女儿的异常,于是女生 C 渐渐地过早滑向社会,甚至被"社会人"带偏洗脑,做出违法犯规的事。尤其是被诱骗跟了一个混混后,她的认知和价值观出现较大的问题,几乎脱离了社会正常轨道,爆粗口、发脾气、做事发狠、不尊重人等现象时有发生。所以当面对女生 C 时,老师自己也得沉住气,不能因为她令人心疼的经历而表现出一丝怜悯难过,或者是讲大道理,这时候她最需要的是能够"回头"看看自己,此刻最需要的就是教育的无声浸润激发她的自省和警醒。

每一次深入,我都以她母亲描述的事件以及面询时看到听到的一些言行直接作为切入点,从中寻找判断可以消除问题及引导的线索。例如她的口头禅 TMD,是经过几次面询逐渐消失的,我借此展开了一些道德价值观的探讨和认识。开始时我既不说她不能说脏话,也不说这样不好,只是慢慢引导她美好起来,学会尊重人。当她自己意识到这样不好的时候,我才开始在她习惯性口吐"莲花"的时候直接提醒她。

有一次正在聊对过去的看法时,我插问了一句:"你会不会对过去还有些留恋和纠结?"当时她直勾勾地盯着我,没有作声。直到一年后的某次复询,当时她已经考上普通初中,我忘了当时聊到什么,她第一次突然泪流满面,抱住我说:"老师,我真的好对不起妈妈!折磨了她那么多年!我一直记得你上次的问题,也在问自己,到底那样垃圾的生活有什么好留恋的,自甘堕落被骗,成为混世女魔王,应该后悔呀!我是不是骨子里坏?"

一瞬间,我的眼眶也湿润了,在这一刻,才舒一口气,确信她的心灵真正找到了回家的路。我告诉她,任何人走了这段路,在记忆里或多或少都会让人像吃了罂粟一样浸淫其中,一下子是无法走出来的。但当你自己有了是非观、已经意识到过往带给自己的创伤时,就会有一个纠结阵痛的心理冲撞期,再往后余生就会好好保护自己、珍惜自己,过好自己的日子了。她紧紧地咬着下嘴唇,重重地点了点头。多年后我回想起这个情景,总有无限感慨,因为一条生命鲜活地重生了。

不管是什么样的孩子,只要母亲有坚定的爱,在旁人慢慢指引的美好天空里,或多或少都会带给他们回家和飞翔的新的机会。女生 C 记性非常好,反应快,观察和理解能力都不错,是个读书的苗子。以她的行为、所涉事件等刺激诱导作为突破口,我一边重塑社会价值观,一边根据她的理解能力使用知识串联法,较快地带动激发了她学习的动力和热情。一次英语期末考试前,她问:"老师,我这次能不能考及格?"

我看着她有些紧张的脸,笑问:"你自己觉得有多大把握?"她咧嘴笑笑,摇头,可能觉得希望不大,又黯然低下了头。我拍了拍她说:"没事的,我们现在才刚起跑,人家比我们快一些,是很正常的,只要我们自己不放弃,哪怕是走,也能到终点,现在是打磨我们能坚持的恒心,而不是成绩。"随后,我要来她最近的英语作业和小测卷,针对错题发现当时的学习情绪和问题所在,在一些关键点上帮她强化巩固一下,其他的都是用统合方式教她自行自学和复习。

当时效果还不错,她有些兴奋地说:"我初中后成绩肯定能跃升到班级上游去!"短短 5 天,没想到她的英语从往日的二十多分提到八十九分,名列班级前九。我也感到有点意外,可见孩子的爆发力是多么强大。完结疗程的那一天,女生 C 的母亲额外给了个牛皮文件袋装着的厚重红包,她说:"这是惊喜外的心意,不是报酬。"当时我望着比自己还小几岁头发却早已花白的她,感慨不已,我们彼此拥抱,互相拍了拍,我也坦然接受了她需要释放的心意,因为这里面所倾注的心血、爱和期望,是许多人无法体会的沉重,是重塑女儿人生最重要的加持和能量之源。感谢这位母亲,不仅带给孩子重生,也带给我新的信念。

案例四

女生 D,某名校初三学生,人长得清秀,善于表达,成绩一直处于中上或名列前茅,当过班长,却突然休学达三个多月。他有个学习不太好的弟弟,但姐弟关系还可以。父亲做了十几年小企业,母亲是全职家庭主妇,两人自由恋爱,感情基础尚好,但沟通上常常引发争吵,尤其在孩子的教育问题上,会发生互骂互殴等情况。

父母先过来把面询的目的和来龙去脉说了一遍。原来是女生D与父亲发生了严重冲撞，发展到打架报警，并以"有我没他，有他没我，否则就死"相要挟赶走父亲，不让他回家，要与父亲脱离关系。当时因为女生D以不上学作为对抗父亲对她学习的指责和威胁，就发生了激烈冲突。据父母反馈，在此之前，女生D在线下线上进行过一段时间的心理咨询，可父亲认为女儿咨询后，与父母关系、学习状态越来越差，就对两个心理咨询师都有不满、质疑和不信任，可能也影响到女儿，后面她也不愿再做心理咨询。

这次女生D父亲已经在外"流浪"了近两个月，有家不能回，心觉凄凉，才通过他同学求助本工作室。在对女生D父母进行了一个半疗程面询后，她母亲多次在女儿面前对老师做铺垫，又在老师的指引下，适当设定了一些主题与女儿沟通，帮助女儿解决了几个对她来说一直有些难受的卡点。于是，女生D对面询有了松动，愿意尝试一次。因为从父母处了解到她的一些日常状态、个性等大致情况，这一次面询还是非常顺利的。

当然，刚开始女生D的表现并不令人轻松。一见面，还没等我开口，她就噼里啪啦向我丢过来四个要求，语气和态度异常坚定，不容置疑。我边听边用笔记下来，没有对她说的话做过多反应，偶尔会做一点细节上的延展质证或问询。她说，一绝对不谈"那个垃圾"（指她的父亲），一个字都不可以；二不要"劝学"，她肯定不回学校，厌恶那个鬼地方；三自己是双性恋，不要以庸俗的观念对此大谈特谈，不爱听；四一具皮囊能活哪算哪，但为了闺蜜可以奉献生命，千万不要长篇大论讲生命多么珍贵，让人作呕。

记得当时她一口气说完这些要求时，眼睛死盯着我，气氛变得沉默而尴尬。于是，我抓住她所提到对朋友"可以两肋插刀，让我替朋友去死都OK"这句话，展开了几个角度的分析和释义，也对她的感受和想法做了个判断和征询。她很认真地听着，并不时点点头，仿佛我的话正在揭开她"为什么这样想"的谜底，以及自己为何那么在意朋友。渐渐地，她眼神变得柔和一些，似乎与老师通上了电，有了信任和想沟通的欲望。

但在那个时候，我却适时打住了这些话题，转而把第一次面询要强调的事情都说了一遍，包括我和她的关系、与她们家庭的关系，还有我的角色担当及她的角色担当，以及家庭的经济担当等等。有些孩子面询根本不用这些，但我向她特意强化这些，是根据孩子的个性反应，为了今后面询"打埋伏"、定规则。这个孩子的语言逻辑性很强，叙述内容非常有条理，也很清晰；第一次见老师就敢提出自己的要求，力量感是非常强大的，个性也比较强势，我可以感受到性子的刚烈；她对父亲的愤怒鄙视已经严重影响到她的整体认知和情绪，处在一个失控的状态。

根据以往的经验，我觉得有这样个性和表现的孩子，往往在家庭、同伴以及性别等角色中没有边界感，容易越界代入自己，如没达成自己所愿，就会较冲动和极端，包括提出过分要求，以及深入某个主题时的崩溃反应等等。这时候，第一次预设让她清晰角色边界会为后面起到了很好的"拦网"和预防作用，便于后期顺利进行，不浪费时间。为了进一步证实在倾听、质证或询问时得出的一些推测，我还会不经意让女生D做几个简易测试，只有那样才能得到更为真实的呈现，可以比对。

当面询框架设置涉及孩子的性格或相关因素时，一般是在对孩子比较了解的基础上进行的，目的是对他们的一些行为情绪进行非语言的调整促进和约束。这在做青少年教育个案时是非常重要的一步，可以不知不觉增强孩子所欠缺的部分能力。比如，女生D的冲动激进个性，在设置中会让她更为理性地思考问题，也会让她逐渐正视自己提出的极端想法。当第一次面询时，常有突破她最初提出的四个要求底线，但她也没有过多反应。这是因为，在实际调整过程中，那些预设能让她逐步感受到自我边界、自我角色和自我形象的存在，情感意识上从"以我"为中心到"以家"为中心。

女生D的问题看起来比较复杂综合，多线纠缠在一起，许多是死结。除了她的性别倾向、自杀情绪、厌学问题、叛逆对抗等，在后来面询中经过不断深挖，陆续知道更为隐私的一些严重问题。比如，在校园被严重霸凌、挤兑的经历，还有幼时被猥亵侵害的创伤阴影等，有些问题一时半会是没法治愈和解决的，需要一定的时间。如果把问题汇总在一起同时进行调整治疗，那是异常艰难，也不太可能实现面询效果。

根据几个方面的测试和线索寻迹，找到关键迫切需要处理的问题，可以先解决，再综合权衡，考量利弊，逐一进行，更为合适。比如，以时间紧迫性为优先排序，兼顾创伤阴影的程度和影响辐射，这样就能理顺和把握住问题的主次以及治疗调整长短时间的搭配，有的可以同时进行，有的需要组合安排，才能达到较好的疗效进度。一般是情绪先解郁舒缓，再创伤疗愈，而道德价值观的塑造和完善则是贯穿整个过程。

这里需要提一下女生D对弟弟的态度。她非常操心弟弟的学业，甚至父母对弟弟的教育态度，她都会情不自禁地参与进去。按母亲的话说，对父母会指手画脚。爸爸特别反感她这一点，有时会将小问题引发成大问题。我问她为什么喜欢管弟弟的事，她说长大了不想自己过多承担家庭负担，因为他是男孩，需要更多承担家庭责任，而父母不懂教育，弟弟现在这个状况根本考不上大学，连自己都养不活，那自己岂不是累死？

听上去，这种认知和顾虑似乎非常自私自利，但在她的年龄出现这种想法也是无可厚非的，当然可以看出孩子的一些价值观，以及家庭教育存在的问题。因此，这些不经意的"小事件"都可以成为引导她的线索。她为自己考虑的出发点没有错，也有对弟弟的关心和担心，但在思考问题的逻辑、边界以及方式上是存在问题的，这就与第一次面询时我向她特意强调的关系、角色和担当有关联了，具体疏导，慢慢理解。

女生D因父亲言行拉低母亲时，会替母亲出气，对抗父亲，但她自己对母亲有时又会忍不住怒吼或辱骂，这些问题都涉及家庭传统人伦方面，因此我把她对弟弟的、父母的事情结合起来一并梳理引导，同时增加孩子的家庭生活观和责任感，且把创伤阴影、休学、自杀和性别模糊等问题融合起来，不知不觉打开她的认知和精神世界。效果就慢慢出现了，创伤得到正视和化解，暴躁和激惹情况有了明显的好转，学习动力很强，道德价值观也有了肉眼可见的转变，同时父母之间也改变了很多，他们很少争吵了。

在女生D第五次面询后，与父亲达成了和解，一个疗程后，回到了学校；在离中考最后一个多月里，她使出百米冲刺的劲头，自觉复习到深夜，最后超常发挥，以高分考进普高。可以看出，女生D的一系列好转，是因为对家庭及周遭事物都产生了相应理性的认知和感受，这都是在不知不觉的疏导、引导和辅导中发生的，慢慢地，同理心有了，价值观也有了较为正向的转变，也就逐渐调整疗愈了抑郁和自杀倾向。

当孩子认为自己的成长出现了瑕疵或者风险，想逃离让她害怕的地方或者人，出现极端失控的行为，这都是合情合理的"正常事"。但是，如何面对这种"正常"的意识和行为，为他们添加一些什么，启动他们的思考，并打开他们的认知和精神层面，让孩子不再困于混沌压抑的情绪中，能让他们自己意识到边界和角色，知道什么是对、什么是错，再进行疗愈调整，就一定要进行必要的教育，得到的效果有时是出人意料的。教育埋下的种子是会生根发芽的，不在此时，便在未来。

案例五

女生 E，高二学生，上学断断续续请假，很不情愿去学校；语言表达尚可，喜静不爱动，人长得清秀高挑，成绩一般；独生子女，与父母的关系尚好；父母都是工薪阶层，夫妻关系较好，相互能沟通配合。女生 E 是女学生 A 大舅的孩子，经学生 A 母亲的推荐介绍，得知该女生自小受父母宠爱有加，但由于他们工作忙，平时上班都由保姆陪伴照应。

父母当时的焦灼点是女生 E 自高一以来，住校期间经常打电话让父母帮其请假，尤其是周末回家再返校时常常找各种理由不愿回校，或者让父母必须答应在周三或周四接她回家，才肯回学校。总之，周一最令父母头疼烦心。为此，他们苦口婆心地进行各种劝导、沟通，均无效，以至于发火责备、威胁退学，女生 E 仍无动于衷，认为家长不理解自己，情绪变得易激动。那段时间，除了回家要钱，她越来越少与父母说话。

女生 E 一开始不愿来面询，觉得自己没有问题，嚷嚷着父母有强迫症，是他们需要治疗。通过与孩子父母的第一次梳理诊断后，以及根据孩子的作业情况和考试状态，我初步判断孩子心智上应该没有什么问题，解题思路清晰，条理性强，准确率高。根据父母的反馈情况，初步判断出现的状态不是厌学情绪造成，更不可能是情感障碍等心理问题所致，而是有可能存在一些阶段性认知上的问题，或者与青春期有关的意识问题，调整起来应该不难。

针对女生 E 不愿上学的现状,我做了简单分析,并让孩子的父母按我教的方法,回家尝试与孩子沟通,就说老师根据爸爸妈妈的一些描述,对学习、学校的一些感受以及当前困惑的可能原因等进行了分析和诊断,直接问她是或不是。诚然,里面也有意留了一点破绽和空间的设置,想看看反应如何。母亲反馈,刚开始孩子不以为然,还时不时故意戴了只耳机听歌,但当她听到一些原因判断时,神情突然缓和下来,摘下耳机,接过妈妈的话说,老师的分析还可以,但没有说全……母亲趁机帮老师做了一番介绍和铺垫。

看到孩子有点意愿,母亲就进一步说:"宝,你干脆直接把一些问题面对面抛给老师,我觉得老师比我们还了解你的心情和想法,而她只是根据你的作业试卷,以及爸爸妈妈告知的一些情况,进行了一次梳理诊断,你看对你的卡点都分析得挺准的,如果直接参与面询,会不会更好一些? 毕竟爸爸妈妈的转述不能代表你内心的真实感受,你觉得呢?"孩子同意了,还认真地和妈妈说了句:"面对面分析会更全面,老师应该可以看到更多我自己都无法意识到的东西吧,我也想听听有关她对你们两个的分析。"

从女生 E 的这句话,可以看出一些心思、性情和期望。这句话也成为日后面询中常开的玩笑,并在面询内容、方法和方向上围绕这句话组成框架。再经过后面多次面询,女生 E 对自我的探索欲倾向大过其他方面,表现出较为明显的兴致,而这方面又较多涉及人的精神层面。不过对待这类孩子,必须用她们能听得懂的语言和多角度去沟通,否则哪怕你说的话再有道理,她们都听不进去,视为大道理。处于青春期的孩子,思绪就像个万花筒,不时有烟花升空和降落,单一的方法有时很难解决他们当下的心理、行为和思想上的问题,也很难让他们切实理解当前的自己需要做出什么样的改变,因此,只能不动声色地进行情感上的促进、精神上的感染和拓展,再结合目标有效地教育孩子。

像女生 E 这类孩子的个性当中有其独特的一面,表现安静但在思想上有深度,情感细腻但比较脆弱,对于环境和青春期的一些变化会比其他孩子更为敏感，加上内在意识叠加时就会有冲突，引发情绪的不稳定，有时对学习会产生较大的影响。另外，女生 E 从小学开始就在校外补课，学习上已经养成依赖的习惯，丧失了自主学习的动力，父母对她又一直比较宠爱，本该和同伴同学愉快相处的初中阶段，她都是黏着父母，不怎么和同学社交。

这些原因叠加起来，她的情绪波动自然会大一些。加上高中的科目知识又比较艰深，作业量大，一下子难以适应，有畏难情绪，就总想回家，也在情理之中。还有一个细节，班里有个男孩对她有好感且向她表达过，她的心理一下子接受不了，认为这种行为很恶心，不想看见他，但又不知道什么原因会这么讨厌男生，所以说自己也很苦恼，还连续说了几个"想吐"。可当我直接说出她其实对这个男生是有欣赏和感觉的时候，她睁大眼睛又连续说，这怎么可能？这怎么可能……

我没有对她的反应做出任何表态，只是针对青春期的一些情愫萌动做了理性的诠释，包括性活动、性冲动及性心理的一些问题。她听得很认真，也会时不时增加一些班里有人谈恋爱的故事，还会突然插几句对那个男生的一些表现细节描述。后来再问她我的感觉对不对时，她就回了句"有可能对吧"。其实，这些都是从她的性格和一些行为模式判断出来的，她内心不愿承认自己会喜欢这个男生，而用言语空洞地否定人家，也只是不断给自己打气制造一种假象，在掩盖自己潜意识在意这个男孩的真相，如果没有一点感觉，她可能根本不会说什么，也不可能说得那么细那么兴奋，但又紧张羞涩。

因此，在青春期懵懵懂懂的时候，比较害羞或者比较骄傲的女生，总会有些莫名其妙与自己真实意图不相符的表现，那是因为她们需要遮盖掩饰自己，她们自己也不太清楚那种说不清、道不明的东西到底是怎么回事，需要有人帮她们梳理一下、指点一下，表达出来，内心就会清晰起来，变得轻松，否则有可能会不断否定攻击自己，甚至会害怕那些向自己表达出来或者不断接近自己的男生，从而有可能产生抱怨甚至攻击他们。

半个疗程后，女生 E 很少请假了，对学习和上学不再排斥，愿意留在学校,对某些同学的看法和担心也逐渐消除,能以比较轻松的状态住校,与男同学也能正常交往,情绪稳定,学习向好。我们常常会聊一些人文哲学,以及最近的一些学习状态和感受,似乎女生 E 的卡点慢慢被打通了,面询时也很少提问了,但会不断要求老师一起探讨学习以外的话题。在女生 E 的认知和视野被不断打开的过程中,她对生活学习的兴趣就有了不同以往的表现,自信心和力量感也逐步加强。

有的孩子,可能因为受到创伤而需要治疗,有的可能因为应激事件的突发而需要一定时间的休整和帮助,还有的因为认知和行为上的偏差需要调整,还有仅仅因为个性上的一些表现需要适当引导……每个孩子出现问题,都有各自的成因和不同的表现,或环境或性格或教育方法等导致,不管怎样,只有找到"根子上"的原因,针对性辅导调整,大多数孩子都会好起来的,尤其这类相对比较容易的个案基本上都会有较快的效果。

女生 E 的家长在结束面询时说:"老师,我们现在才慢慢理解了您那句话,即教育就是一点一点在孩子的心灵中不断注入某种力量和精神元素,像播下种子一样,等着在不同的时间里发芽、抽枝、开花、结果。"我对着她说:"谢谢你自己能这样理解教育。是的,直到孩子的精神世界里长出一片森林,才会展现各自的天赋、奔赴的力量、自主向上的牵引,拥有这个世界的精彩。"

案例六

女生 F,有一弟弟,高二第一个学期她病情复发,上学时断时续。父亲性格暴躁,易暴怒失控,伴有暴力行为,经营了一家十多年的公司;母亲性格柔弱,是个家庭主妇;父母争执冲突较多,时有吵架打架现象,家庭经济主要依赖丈夫。女生 F 个性较为自我,易激惹,在初三时有过厌学停学的经历,后到工作室面询调整一个多月时顺利回校,考上普高。

女生 F 当时有轻生和抑郁焦虑倾向。我让她中考完再持续一段时间的面询治疗,也让其父自己持续调整,但父亲觉得孩子已经调整得很好了,整个人积极向上,还能自主学习和复习,当时情绪稳定,认为不需要再面询,就自行中断了疗程。直到一年半后的正月初四深夜,女生 F 打电话给我,狂哭不止,说想死。当时我还在春节回老家过年,一下子从刚眯眼入睡状态清醒过来,电话里进行了紧急干预。慢慢等她情绪平复后,再一点点听她倾诉这一年多发生的事情。

原来,每次女生 F 提出想法或正当学习要求时,比如选择专业或按自己的学习节奏,父亲还是像小时候那样喜欢用威逼利诱的方法达到他的"预期目标",如以考到前十或前五作为条件,达到就满足她选择专业的需求,达不到就不答应任何要求,包括经济上的断供等。这样的激将倒逼法,一来二去,次数多了,在学习上不再有当初面询后才培养起来的学习自洽和愉悦状态,整个人绷得紧紧的,心情总是被包裹在父亲的"硬指标"下,患得患失。

女生 F 说自己也想努力学好,但越来越力不从心,整日心慌慌的,感觉什么事都做不好。在一次达到父亲要求的前八后,由于用力过猛,整个人犹如弹簧失去了张力,反噬到自己后再也使不出劲来。面对父亲,她常觉得他话里话外都有"要挟"的意味,父女关系再一次严重恶化,只要听到父亲说她,她的情绪就非常激动,愤怒对抗,出现歇斯底里咒骂其父的"脏话""毒话""狠话"等,面目狰狞,说话时两手控制不住地狂舞,比初三刚面询时的状态还让人担心。

有时,她还会出现幻听幻觉,见同学聚在一起就觉得在议论讥讽自己,老师稍说她一下就觉得在嘲笑挖苦自己,甚至觉得自己不配有朋友,就是人人嫌弃的垃圾、累赘、多余的东西。一到考试,夜晚睡觉时耳边就会"叮咚叮咚叮咚"地响个不停,长时间甚至整晚都不能入睡,出现严重幻听。

这种状态女生 F 坚持了一段时间,一到学校就胸闷紧张,晚自习周遭有点声音喧哗就受不了,想逃离。她感觉整个环境都在疏远、排挤、恶意针对自己,又不去上学了。当时,我打电话给父亲,可他认为孩子在作、在糟蹋自己,说话时怒火中烧的样子。我极其严肃地反问他,你没觉得孩子激惹、狂躁很像自己吗? 她天生是这样? 假如孩子没了,你还会觉得是她的问题吗? 当时,电话那头不停解释的人,沉默好一会儿。女生 F 的父亲有很明显的致命性格缺陷,执念自己的想法,强迫思维,总要给妻子、孩子预设"标准要求",认为她们犯错是因为不听他的话。

妻子说丈夫平时太在意成绩、太逼孩子了。她说,初三考入高中后,情绪障碍问题原本还没稳定,不能突然停止面询,他自己也不坚持。现在父女俩针锋相对,水火不容,又发生了激烈的冲突,出现暴力,我该怎么办?我建议他们要么继续面询,要么到其他心理机构做下咨询。女生F的个性有些像父亲,两个人一旦争执,眼神都是恶狠狠的,整得惊天动地,弟弟哭、妈妈哭,他们俩大吼大叫,吓着邻里报警。母亲曾以离婚为要挟想逼丈夫变好,好几次与女儿搬离了家。只有在这些时候,女生F的父亲才会慌乱,四处求助。一旦妻女回家,情况有所好转,就如女生F说"立马好了伤疤忘了疼,谁也不信,只认为自己是对的"。

当父母再一次过来面询的时候,父亲虽有自我检讨,也有承认自己的不妥方法激发孩子的现状复发,但还是固执地不断在妻女言行中挑剔着找理由,给自己发怒失控或暴力行为推脱责任,说一大堆自认为成立又真实的推理,可是妻子自始至终都不认可。我耐心地听着这位父亲的反问、疑虑、不满,作为面询老师,需要给予他一些空间和时间来释放情绪。但当夫妻面询过程中他又对太太失控时,我还是及时喝止了他,请他坐下平静一下再说话,不能吼骂人。这个时期让女生F一个人住在奶奶家,进行了适当的隔离,避免激化她的情绪。

女生F的父亲可能接受不了孩子出现了焦虑、抑郁和幻觉等严重倾向,又觉得女儿天资聪慧就应该有好成绩,对孩子不合"要求"的表现和行为始终耿耿于怀,因此,自己也时常陷入气愤和激恼状态,家庭环境和亲子关系难免恶化。如果他还按自己的认知"标准"衡量孩子、要挟孩子,可能我也帮不了他们。妻子说,丈夫每次面询后能好一段时间,但没多久又重犯,他总认为自己没啥问题,都是别人的错。女生F说,父亲自我感觉太好了,有着别人必须服从他的优越感,错的永远是别人,自己不会错。说这话时,她满脸充斥着对父亲的不屑和鄙夷。看来,妻子和女儿都不怎么认可他,轮番说着他的种种不是以及各种令她们失望、绝望和无助的表现。

女生 F 的父亲认为父女俩关系好了、孩子有自学能力就不用面询,而在他情绪失控产生暴力行为导致妻女离家后,又慌不择路地请老师出面干预,反反复复。我和他长谈过几次,既指出了他潜意识里故意忽略"孩子生病"这个事实,也了解到他小时候父母对弟弟偏爱及对他的忽略,造成性格敏感多疑、不太信任人。比如,他和弟弟一起做错事,父母总是打骂他,尤其母亲嘴上不饶人,最喜欢揪他出丑、不好或者他最害怕提的事情,直到他激怒跳起来为止,活脱脱养成了发生争执时像刺猬一样的脾气。在大学毕业刚参加工作时,为了帮父母解决困难,他问遍同事借钱给弟弟出国留学,也就在这个时候认识太太的。

从这些经历可以看出,女生 F 的父亲心底还是善良有责任的一个人,为家人家庭也是不顾一切地付出,这可能导致他过于苛求自己和他人。他小时候母亲经常性的否定造成的自卑心理一直在作怪,不能听别人对自己的否定,后因生意做大,习惯了虚张声势和夸夸其谈的商业氛围,形成了对下属说话快速直接、给人压迫感、没人敢反驳他的心理优势,也就滋长了这位父亲有些表演型人格及自恋的意味。自卑和自恋两种情绪都膨胀相撞起来,表面好强、内心脆弱的双面性也就出现了。其实,妻女以离家威胁他,他就害怕,对妻子说软话、痛哭流涕,半夜还曾跑到女儿房间下跪认错,吓得孩子立即发信息给我,说害怕得想逃离。

趁着机会,我也为此和女生 F 聊过多次关于如何看待父亲的话题,以及如何面对现实让自己变得柔软一些,而非活成自己最讨厌的"爸爸的样子"。她一直不断吐槽她父亲的种种滑稽可笑之处,还给她父亲判了"死刑",将来一定是孤寡老人,没人愿意和他一起生活。对于她的一些真实感受和看法,我也给予耐心倾听,并借机和她进行了哲学探讨,结合家庭"格序"等问题,让她逐渐意识到,我们认为很多不好的事情并非完全由现实环境来决定,而是可以通过我们自己的力量和方式,遵循一些必要的伦理道德规律,来加以改变,这既是在帮助自己减轻痛苦,也是在给亲人递一把力,帮助他们减缓来自过往的伤痛烙印及成长自我。

客观地讲,我们需要理性处理问题,但是让我们痛苦和难受的往往是感性尤其是亲情的东西。在女生F上初三一家人来面询时，我就发现这个案例的核心问题是这位父亲。我给他做过一两次成长分析，让他看到自己在妻女面前的一些小事反应模式，时不时激惹刺痛别人，放大妻女原本很小的生活和学习问题。这跟他小时候的成长有关，以至于不懂得包容和理解别人，只要他的话不被认同或遭反对就会暴跳如雷，以各种说辞责骂对方，直到对方认错为止，他的行为习惯像个孩子，心智的成熟似乎滞留在青春期的发展阶段。对于女生F来说，确实存在情绪障碍和青春期叛逆等综合问题，但对于其父来说，则不只是家庭关系、夫妻关系、父女关系的问题，更重要的是他在一些认知观念上的转变和方式上的转化。

当他们都能意识到这些问题时，就能相向而行，情绪慢慢向好，趋于稳定，处理方式和意识也就会有很大的转变。尤为重要的是对彼此更加了解后，接纳度和信任度有了不同的表现。按母亲的话说，现在说女生F一般不会像以前那么动不动生气极端，哪怕父亲态度一时还没能控制，她都能听进去一些，眼神柔和了很多。比如，父亲在砸了女儿的新电脑后来面询时也说，发生了那么大的冲突，她的眼神中没有之前那种要吃人的样子，如果是以前一定会有更恶劣、更激烈的反应和对抗。总之，相比他自己反而是女儿理性了很多。听到这话时，我的嘴角都上扬了，作为父亲能观察和意识到这个程度，离转变也就不远了，至少在行动和情绪上会有较好的控制和自我审视。

在后面的面询当中，女生F的母亲也说了丈夫有了很多改变，当然一些固化的模式不可能彻底消失，但至少不会对家庭以及孩子造成过大的影响和伤害了。解铃还需系铃人，如果系铃人实在无法在短时间内配合，那就需要适当的情绪隔离法，让孩子站在中立者更为客观的角度去看待父亲，而非急于亲情的联结和升华，或者急于对他父亲下结论、做审判，这些都是不妥当的。女生F需要一个舒缓、平复情绪及调整认知的过程，而她父亲也需要持续面询调整他的教育观和方法，因为教育理念的构建不是一时半会就能达到，还有他个性上的缺陷需要逐步梳理，让他看清带给妻女的伤害，以及对自己的伤害和影响，在意识层面强化控制住与人争胜负的冲动。

当然，四五十岁的大老爷们，想彻底改变重塑他的价值观和骨子里根深蒂固的东西，那是根本不可能的事情。那是不是就没办法了呢？也不是。只要这位父亲发自内心还有对孩子的一点关心、责任心或者牵挂，就可以做一些设置和"顺势而为"的情境影响他的意识行为，缓和矛盾和解决问题，逐渐构建新的教育理念和亲子关系，这些可以逐步做到。而对于女生 F，也需要影响她的认知意识和行为，改变一些相处的策略和方法，两人有了一定的配合，才能达到长久持续的效果，尤其是复发期。

另外，女生 F 的父亲在生活中对金钱的掌控欲特别强烈，比较在意钱的性价比，例如在面询时常会看向时钟，打断太太的言语，强调"快点，找重点说"，似乎总要争分夺秒，生怕浪费了什么，希望一二三能立马完成。这种要求"高效、快速、比价"的工作姿态，一旦侵入生活，对身边的人来说无不是压力，还会产生做不到的焦虑感。长期处在绷紧赛跑的状态下，对已经出现问题需要调整的孩子来说特别不好，而对这位父亲本身的调整也非常不利，这些负面的因素都需要阻断或不断隔离。作为老师，当然能理解女生 F 的父亲不继续面询或眼见孩子好些突然停掉面询，主要还是想省钱。谁挣个钱都不容易，每个人都有自己的消费观和安排计划，但是要让他自己意识到这些因素如果影响到家人身心，对人对己只会有害无益。

当我一点点客观指出这些问题时，他有些不好意思，面询时大致也能安静地听太太说完，较少抢话了，也不再争辩。我们就具体问题一一展开，讨论孩子的现状，以及如何更好地帮助她。慢慢地，女生 F 的母亲说，丈夫不再像先前那样因生意越做越大、是家庭顶梁柱而吆五喝六了，没了"老子是王"的那种霸道和肆无忌惮，平时也会做些家务帮助太太和关心孩子了。环境因素基本解决，孩子的情绪就能稳定下来，再重启学习机制或激发专业热情就容易多了。如今，女生已启程去外地进行自己的专业强化课培训，发过来几次适应新环境及学习的心得，感觉劲头十足，希望她这次能彻底"毕业"，顺利考上大学，不用再到工作室回炉。

案例七

男生 A,深圳某名校二年级学生。父亲在一家国内大型企业上班,长时间在国外出差,与家人聚少离多,陪伴孩子的时间较少;母亲是银行系统高管,经常加班,工作较忙;夫妻俩是大学同学,关系非常好。平时孩子的起居、接送均由从学校退休的爷爷奶奶负责照应,与父母的关系亲近信任,无疏离感,无任何交流障碍。

父母带孩子一同前来,主要聚焦在他不能完成任何科目作业。班主任就此已经多次委婉对家长说过"你家孩子,我们实在教不了,建议尽快转校"之类的话;还有,每次外出逛街,孩子一定要购买 50 元以上的东西,一旦大人不应允,他就会当众撒泼打滚,躺在地上生气。这是我 15 年前在做教育机构时的案例。当时对于家庭来说,50 元不是小数目,但因为孩子在大庭广众之下耍无赖,母亲觉得特别丢脸,只能狼狈地拉起孩子,满足他的要求,时间一长,她为此很焦虑。

男生 A 的母亲说,家里谁也管教不了他,他软硬不吃。深入了解后得知,从一年级开始,孩子就没怎么完整做过一次作业,成绩自然不好,但也不是最差的。父母和老师嘴皮子都磨破了,教育无数次,还是油盐不进。他理由更多,嚷嚷"不是我不写作业,是老师布置的太多太多……""反正我受不了、完成不了,那就不写呗!"……有时候怼得父母很无语,但又感觉孩子说的也没啥大毛病。听完对孩子的一些描述,我大概率猜测他是个任性且个性较强的小祖宗。

男生 A 的母亲还说了他的一个习惯。每次要写作业的时候,他总是把书包往地上一倒,"哗啦啦"一堆书本全倒在家里地板上,再脱鞋用脚一个快速扫荡,一本本一览无余,让他能即刻寻到。在机构过道上看到这个情景时,我问孩子:"你为啥要把书本都放在地上啊?"他说:"方便我找书啊,想找哪本就能找它。"我大笑,伸出手去握紧他的小手说:"膜拜你啊,偷懒都能想出这等方法来,不简单。老师小时候也很偷懒,但和你比起来,真是小巫见大巫,哈哈哈。"他开始被我笑得一脸茫然,听到后面有点不好意思,咧着嘴傻笑。笑过,我问他:"这些书本每天都背着上学回家,是陪伴你最多的朋友吧?"他快速回应"差不多吧"。

我接着问:"那如果人家踩过厕所、各种旮旯角落里的狗屎猫尿,甚至还不知道啥脏东西的鞋子,不小心踩到它们,你想想有啥感觉呀?"他看了看我大声说:"谁敢!"我说:"这不是敢不敢的问题,这是提供方便给人行走的过道哦,你放书的话,会不会给大家造成不便呢? 如果有人被绊倒、摔伤、撞破头,要你爸爸妈妈赔偿,那怎么办? 不过,老师相信你也不想其他小朋友摔倒碰伤的,对吧? 只是在你图自己方便的时候要不要也顾及一下别人方不方便呢?"

接着,我又补了一句:"如果同学都想学你这招偷懒的话,那可怎么办呐,天啊不能想象!"我说到这又笑了,他摸摸后脑勺,也笑了,然后把书本全部捡了起来,放到课桌上。我拿了对书夹,和他一起一本本整理放好,最后摸摸他的头笑着说:"这样才配得上我们英俊的×××!"后面孩子再也没有把书本扔到地上的现象了。男生A的母亲反馈孩子在家里也开始注意卫生和整洁了,她问,老师是怎么让他做到的?

其实,低龄段孩子本身就会出现各种天马行空的想法和行为,并非他们的习惯或者本性如何,只是本能地照应自己,只要顺势引导,孩子理解了就会有变化,并无大碍。反而过于批评指责才会强化"错"这个结果的焦灼点和担心,而没有让孩子去理解自己的行为到底会怎么样、能够怎么样更合适。真正的好习惯形成,一定是润物细无声的。包括就地打滚强行消费50元才罢休的问题,也是经过这样一两次的引导后解决的。

当然,对于这类行为的教育引导也是有框架的,就是方式方法要与孩子的天性、个性和心智程度相匹配。孩子能接上话,理解了,才会有感受有效果,否则就变成了孩子感觉最讨厌最抵触的"说教"了,如果一味以这样的方式教育孩子,到了初高中时他们就可能出现更多更大的问题。有些行为可能一时就会调好,有些情绪化和心理上的东西就未必了,比如有创伤或者情感情绪存在障碍的孩子,还有多方面造成综合性问题的孩子,都需要一定的时间才可能痊愈调整到正常状态。

　　关于写作业,这小家伙真够让人头疼。几个辅导老师和店长轮番教他,都没什么进展,头几道题就磨蹭一两个小时,直到晚上机构关门也没能完成一科作业。面对此事,老师和家长都很崩溃。在听取店长的汇报后,我有意无意在老师辅导他时观察了两天,然后叮嘱店长在学校布置作业较多的一天,让男生 A 到独立小课室,准备好运动秒表,我亲自带他做作业。起初,他摆出一副死猪不怕开水烫的样子,两腿直挺挺地往前伸过了课桌底部,整个身子倾靠在幕墙玻璃上,嘟囔着这么多作业咋完成、恶心死人了、反正我不会做的,不会做的!然后白我一眼闭上眼睛,耷拉着脑袋装睡,不再说话。

　　我安安静静地看着他,过了几分钟,他忍不住睁眼抬头拉长声音问:"干——嘛? 我——头上——没长——花——有啥——好看的。"我学着他的调说:"你头上没长花,那老师的脸上有没有长花? 眼睛看向老师!"他看向我,我说:"老师脸上也没长花,但心里长着呢,只是朵蔫不拉唧的花,就是×××同学!"他立马做出反应:"我是男的,怎么是花,好笑!"我说:"你也知道自己是个男子汉啊,但看你现在的怂样,有点娘们哦!"接着迅速坚定地说:"来,坐好! 我们先不理完不完成或者做多少,一起看看数学卷子有多少道大题,你数一数告诉老师。"

　　他依然在说,不要,反正很多,做不完的,但身体还是听话的,脚收回去了,人坐直了一下,可旋即又趴在桌子上了。我直接用手托住他的下巴,把他的头抬起来,大声地说:"坐好,看着老师的眼睛!"他吓了一跳,又坐直了,可嘴里反复说,反正我做不完的,不做,就不做……我当什么也没听到,严肃地说:"老师一直很尊重你,你是不是也要尊重老师呢,这也是对你自己的尊重,因为这是一个人的素养和礼貌。现在老师只是让你数一数有多少道大题,你怎么像和尚念经一样,难道不会数数?"

　　终于,他懒洋洋地数起来,然后告诉我题量。这时我把秒表拿出来放到课桌上,挑了数学卷中题量最少的第二大题,共 6 道小题,说:"这几道简单量少,老师要看看你做题的速度和反应怎样,你先给自己一个估算,10分钟还是 15 分钟能做完? 老师也估算,看看最后怎么样……"他不情愿地给自己做了估算，15分钟。其实，从对孩子的观察以及对这类题型的普遍了解，快的大概也就两三分钟，慢的也只要五六分钟，很少需要10分钟以上的。所以我说，老师估算你五六分钟一定能完成，你信不信？他说不信。我说，按下秒表马上开始，等下看看我们男子汉的实力在哪。

结果肯定在我的预料之中，孩子3分钟不到就完成了。后面也是这样时断时续，他各种作，我各种化解、分解、转化，直到把整份卷子完成。后面连续半个月左右，慢慢地，孩子从拉锯战到能进入安静写作业的状态，从完成一门作业到全部完成。过程是有起伏的，也有遇挫耍赖的时候，但让孩子从感觉不可能到看见自己的可能，从不相信自己到相信自己。即使后面每次写作业的时候，还会有各种作妖法和不断说"怎么可能做得完呢"，但不管我们做老师也好，做家长也罢，只要敢于面对问题，能够顺着当下的情境去坚持，想些办法去解决，一至三年级的孩子是比较容易调整的。

当初和家长谈完再面谈男生A后，几个老师包括店长也打退堂鼓，但我还是坚持接收这个孩子。因为听到家长对孩子说："你不到这里，再不能好好学习写作业，学校会按班主任说的勒令退学。"当时，孩子安慰妈妈："那是不可能的，我又没有违法犯罪，或者犯大错搞破坏，至于作业不是我的问题，是老师的问题啊，布置得太多，况且我学不好那是老师的责任，学校是有爱护学生和帮助学生的义务，受教育是我的权利，怎么可能让我退学呢……这在吓唬人，不用怕。"听听，一个如此调皮、机灵、可爱的孩子，偶尔扭歪了脖子，走偏路，如果放弃有多可惜啊！

当时看到这个孩子，我就有了初步的判断和教育方向，再加上一些技术和教育方法的结合，我始终相信这个孩子一定可以成为比较出众的学生。果然不出所料，在机构坚持一学年后，机构上百个孩子里，同一年级5个三科得满分的孩子中，只有1个是男孩，就是他，而我们从来没有给他额外补过课、刷过题。从这个案例开始，我特别喜欢接一些顽劣和各种"作妖"的小男生。事实证明，他们确实都是本质很不错的孩子，有时回想起他们的种种过往，让人心有领会"扑哧"一笑，天空顿时变得很干净，湛蓝一片。

在这里,我特别要提醒一点,就是男生在低龄阶段,很多时候家长不要将其与女孩做比较,那是不合适的,也容易伤到孩子的自尊和自信,尤其是长大以后的力量感,男孩子的成长中需要保护这一点。因为女生发育比男生早两三年,心理成熟也比男孩早点,也就是我们常说的开窍比较早,在小学阶段有的甚至是初一、初二时都比男孩更能集中注意力和心绪稳定一些,相对而言,这些时期的女孩成绩容易排在前列。男生 A 的父母有一段时间,为了教育孩子,老拿他和妈妈同事的同年级女儿做比较,那个女孩基本名列年级前五。男生 A 说:"一听这些,没劲,特烦!"

案例八

男生 B:15 周岁,初三学生,独生子,休学一年半,长得与高学历博士后、国家重点人才的父亲一样,身形高大俊朗。其父阳光大气,对妻儿较为尊重爱护,母亲是重点单位技术骨干,长得清秀,说话温和但有主见,做事不急不躁,把家里阳台都能收拾成花朵盛开、绿植葱郁的小花园。夫妻俩青梅竹马,感情甚好,陪伴孩子不曾分离过。

男生 B 家在江浙地区,由学生家长,即其父母的同学推荐而来,进行线上面询。我在翻看他的小学经历及原创发明作品时,看到一张曾经他带队参赛获奖的照片,站在同学中 C 位的他,浑身上下散发的精气神以及坚毅机智的眼神,让人无比心疼。很难想象,眼前中度躁郁、躲在家中不愿与人交往说话的孩子,会与照片上活力四射的他对上号!男生 B 没有校外补习的经历,数学方面一直比较突出,获得不少奖项。小学早期,虽偶有顽皮,但父母没操过什么心,他们忙工作时,都是孩子自己在家写作业,与同学相处也是那种比较铁的关系。

在校期间,男生 B 表现优异,受父母影响,三观很正。他热衷集体、同情弱者,富有正义感,个性和自尊心较强。他因帮助一个有些低智商被羞辱欺负、暴力霸凌的同学,遭遇霸凌者的多次报复。因对方个子在班级最高,威胁同学、恶意孤立挤兑男生 B,还多次扭他衣领,将他反手剪摁在地上,让他丢脸。打也打不过,说也没人说,那些积压了许久的愤怒、不甘和屈辱感，逐渐让他敏感、抑郁、激惹，造成了一定程度的心理"阴影"面，再出现其他一些诱因时，就导致了情绪的不断激化，出现割腕伤害自己等行为。

最终，他被医院诊断为中度躁郁症，即双相障碍，定期复诊，需要服用抑制情绪和助睡眠等药物五六种，初一下学期开始休学。起初，B 同学不愿接受面询，父母怎么沟通和反复劝说都没用。据父母反馈，之前去到国内享誉青少年儿童心理领域的专家那里，有过一次门诊咨询，但当时可能孩子感觉不好，咨询半途就愤怒甩掉手中水瓶，自行离开了。从此，他就再也不愿到任何机构咨询，只能靠药物维持和治疗。据其母描述，半年来他甚至连医院复诊开药都不愿去，只能是母亲去医院，让医生简单电话问询孩子几句，他几乎不愿视频露脸。

他不仅吃药复诊不愿意，还有外出连下楼拿快递都不愿去，似乎除了游戏，与外界线下接触为零，大多数都在自己房间里待着。除了网上零星有个别交流的游戏玩伴，他没有与人交往交流的欲望，有明显的退行性反应迟钝和记忆力下降，包括语言表达功能都有些受损。之前有过一些中度或轻微抑郁症等单相抑郁的孩子，调整后回归学校，有的还取得较好成绩。但是遇到男生 B 双相病情，在线上进行远程面询还是第一个，况且孩子还不愿面询，只有父母先行面询，我自然有顾虑和担心，心里没底。我坦诚告知家长，但家长还是非常信任，想尝试一下，并迅速交了第一个疗程费用，明确表达不用担心，不要有顾虑，即使调整不好都能理解和接受。

有时候，积极配合的家长能够带给老师更多的能量和信心，并激发出前所未有的能力和状态，包括敢于去尝试创新新的方法。于是，父母先行坚持了一个疗程，齐心协力配合，不断尝试一些方法，间接判断出孩子的一些问题卡点及解决策略。父母懂得进行具体沟通的技巧后，慢慢地打开了孩子的心扉，得到他的信任，终于他愿意面询了。前期时断时续，后面在父母结束两个疗程开始第三个疗程时，孩子基本能接受定期面询了，情绪状态稳定许多，逐渐不再伤害自己。男生 B 表现出我所没有预料到的快速效果和恢复进度。所以，家长的态度对老师的面询是非常重要的。

面询还是老惯例，我把孩子过去的学习情况以及科目作业、试卷等，提前进行了详尽的翻阅、分析和总结；结合孩子每天发病的时间点和症状感受情况，做了调整方向的大致判断，指导父母在具体关键细节上的重点做法。在面询过程中孩子流露出来的恐惧害怕，需要及时持续辅导化解，并在父母日常安排中想尽办法去脱敏。比如当他一个人走楼梯或独自待在家里时，视线有死角就会非常恐惧，产生有人要杀他或者绑架自己的幻觉，冒冷汗脸色发白，出现激化反应，有时难受得忍不住就想自残和轻生。我利用一些统合教育的方法不断带动孩子，以解决问题为导向，不断用正向的方法整体阻断及覆盖负向发展的趋势，再利用频率不断巩固调整的效果，比较耗心力和能量，但效果还不错。

因此，前面的疗程频率会高些，每周2次，每次2个小时；后面的疗程就根据调整的状态和家长的意愿，再逐次递减，缩短面询时间。通过不断诱导，慢慢厘清确定孩子的一些卡点和定点消除化解"阴影"，在逐步解决这些影响后，孩子就有了更好的转向；再进一步梳理出孩子发病的现状和时间点，尤其是得到孩子关于严重发病时很难受、脑子一片空白、记不住什么的真实叙述，就需要一些方法的测试和诱导去确定内容细节，从而积极帮助他去认识其中的原因或原理，就可以减轻一些症状。

男生B一般是在晚上10点多或早上6—7点会有严重状况出现：恶心难受，胸闷头疼，手脚出汗且冰凉，整个人往下坠，极度难受，处于失控状态，伤害自己往往就在这个时候发生。针对这种症状，我用了些点对点的方法，在心理和行为上，尤其是意识层面让他产生正影响，让他逐步控制住发作时的极端行为，以及减少发作的机会。在这里需要提醒其他家长，如果有这类症状出现的孩子，这些时间，家长更要多加注意和防范，尽量安排人陪伴在孩子身边，并给予支持和帮助。

一般情况下，抑郁或双相病情发作时孩子不会主动求助于人，处于最危险的状态，容易出现意外情况。前期面询比较困难，遇到些阻碍，孩子不太配合，话少沉默，但后期增加了一些方法的调整和力度后，就越来越顺利，孩子的状态也就越来越向好。尤其是视野打开后，面询非常流畅，无话不谈，无所不及；能够慢慢走出家门运动或玩耍，与陌生人可以交流，还与原来的同学有了联系和互动；能够看一些书并重拾一些原有的兴趣，甚至可以适当在线上被我带动下做一些计算或思考之类的科目了，如今已经开启了回校的征程。

男生B在小学及初中时，积极组织了同学团体项目，在以他为队长的创意想法、输出草图、购买材料工具、制作成品、实验启动等过程中，作品的废物利用、物理装置、机械运动等原理都被他自行研究出来，完成了几件耗时又耗精力的大工程，造型精美，团队近90%的工作量由他个人完成。在全情投入的状态下，他最终带动同学，为班级赢得了最高荣誉，得过全校科技创新金奖并获得体育集体第二名、个人一块金牌的佳绩。代表学校参加全国中学生比赛也获得过多次银奖、铜奖及优秀奖。有次参赛，那个霸凌者也很想进入男生B所组织的参赛团队，但因他平时的表现被拒绝了，这可能成为后来变本加厉让其他同学疏远并造谣威胁男生B的原因。

正如前面获奖照片上看到，当时个子比较矮的男生B是有多突出和优秀，透露出的自信和精神，妥妥的学霸气质。有段时间，因为投入比赛，他个人做了大量工作，参赛的大部分工作都是他独自在家完成，为此耗尽课余时间和精力。虽然他都努力去完成作业，可还是影响到完成度和质量，落下了许多进度，影响到学业。而他所在学校又是名校，各方面表现要求都比较高，为此受到了任课老师的当众点名批评，且语调和神情极其严厉。男生B回忆此事时说，当时自尊心真有些受不了。他说："老师，你知道吗？在这之前，我在班级、学校里都是行为和形象很正、很OK的好学生啊！那段时间，发生类似的事情不止一件，各种的，不知道为什么，都让自己遇到了，可真够倒霉的！"

当时他回到家，父母因作业被批评被投诉，更有微词于参赛的事情，对获奖直接忽视掉了，也造成孩子当时的心情从喜悦的巅峰一下子跌入谷底，十分沮丧和委屈，正因为这样，最终没有把被孤立受欺凌的事及时告诉父母。原本是件很棒的事，他通过努力和辛勤付出，自己花钱买工具材料，赢得集体最高荣誉，希望自己优秀并渴望得到老师同学的认可，本应为此得到更多的尊重、鼓励和赞许，却被迎面浇来一盆冷水，最后发生了匪夷所思的局面,也难怪孩子之前一直不太愿意提这些事情。如果当时班主任多留意一点,阻止霸道欺人的同学行为,批评孩子的任课老师多了解下当时实情,家长能够与老师多沟通,及时支持和疏导孩子,他就不会被激发那么多内耗自己、伤害自己的情绪了。

男生 B 在还没学物理和化学的小学,就已有许多原创发明:把废电机连接线路做成可以带动顶部的旋转马达送给妈妈做礼物;让一台小车的动能转化为电能,开始发动的时候灯亮起来同时带动输送的创意作品;以及许多手工繁琐却精美、被组装成能自动实现一些添加功能的工艺品……初中时他的体育表现非常出色,数学更是令人惊艳,当时老师常夸他逻辑思维清晰、想象力丰富、动手能力极强。在面询过程中,我也一样能感受到老师的这些评价,还有他认知和思维被不断打开后,哲理金句叠出、反应超快,对事物的分析很有自己的观点和思想。

一个非常优秀美好的家庭,养育出那么善良、正义、进取的孩子,就这样被一点点莫名其妙地蚕食掉热情、热爱和洋溢生命的鲜活,就因为积极的美好初衷,得到非常不好的感受感知,为此激发了可能影响一辈子的病。他本该拥有为这个社会乃至这个世界做出杰出贡献的高尚情怀,取而代之的却是屈辱、耻辱和愤怒。还有当他因为不好的感受对"好学生"的认知产生偏差时,也未能被老师和父母觉察,得到相应的引导和帮助。

古人虽说"不经一番寒彻骨,怎得梅花扑鼻香",但我还是希望孩子不要过早受到这种寒彻骨,否则如地基不稳,无法建瓴。作为家长、老师和社会,有责任规避一切造成孩子不幸的根源。原本这一切可以避免,但还是发生了,我们的教育,除了学习成绩,到底还缺少了什么呢? 个案中的遭遇不是偶然的,值得社会引起警觉和思考。

案例九

男生 C,个子较矮,高二第一学期出现状况,有个学习成绩出类拔萃的弟弟。父亲经商,常去外地出差,喜喝酒,且会撒酒疯骂人,兄弟俩特别嫌弃父亲的这一行为。母亲是典型的广东妇女,没有上班,对孩子照顾得无微不至。夫妻相处时常是三天一小吵、五天一大吵,兄弟俩以前会出面制止争执但无效,渐渐地也变得无感冷漠,与父母关系一般,但兄弟俩感情还不错。

经朋友推荐,母亲陪同男生 C 一起过来面询,主要诉求是现阶段孩子时常失控发怒,母亲对他管不得、说不得,只要声音稍大一些孩子就会大吼大叫,甚至多次对母亲动粗辱骂、拳打脚踢,有时还会波及劝架的弟弟。但是,令妈妈不可思议的是,男生 C 对爸爸却不会动粗,哪怕爸爸暴打他,他都不会还手,而且妈妈认为孩子对爸爸很反感、不亲近,与自己的感情好过爸爸。因此,妈妈十分不解孩子为什么仅仅对她这样,有一段时间她总觉得他是精神出了问题,带他去医院检查,诊断为躁狂焦虑等情绪障碍。

男生 C 常逃课,学校几次通知父母把他领回家停学一周。反反复复这样,学校彻底管不了他,家长劝告也无效,爸爸也为此暴打他,恨铁不成钢,扬言断绝关系,不再管他。妈妈提及,孩子平时不爱说话,与父母很少交流,偶尔和弟弟有说笑,一般回到家就窝在房间里不出来;她认为老大初中以前学习尚好,中等或偏上,脑子没弟弟灵光,比弟弟差一截,其他都还算乖的;到了高中,学习成绩偏下,提到学校就开始口吐脏话,什么在校就是坐监、老师学生都是 SB、课堂像菜市场,常找借口让母亲给他开病假条请假;为上学的事,母子经常发生冲突,提到儿子敢动手打自己,妈妈非常伤心和生气,觉得儿子一下子变了个人似的,感觉陌生。她说有时真想放弃,随他自生自灭。

我初步判断,孩子有厌学征兆,并且情绪相当不稳定,有激惹反应,具体可能跟学校适应及家庭氛围有关。面询时男生 C 倒没觉得妈妈怎么不好,只说她唠叨,不想听她说话,一说就烦,但她停不下嘴,常让他很恼火,控制不住自己愤怒的情绪。还有,他一直认为父亲不喝酒还好,一喝酒就不像个人样,最后轻轻嘟囔一句,反正这个家爱咋咋地,改变不了什么。听闻此话,我故意问他认为的"人样"应该是什么样子。他不置可否,耸耸肩回答"不知道",反正不是他撒酒疯的样子。再问他对家庭的感受,他沉默一会才说,他们都那样了,又不愿离婚,还能咋样?

我经过梳理了解到,男生 C 突然暴躁起来的时间在进入青春期后就存在了,并不是妈妈所说的高中后才开始,也弄清楚了他每周一两天不上学或只上半天的缘由,主要是因为有不喜欢的科目,不想上,因为根本听不懂老师在说什么,回家打游戏可以什么都不想。面询过半个疗程后,我大致对孩子的基本情绪状态、脾性和思维意识有了更进一步的了解,认为他的表现还属于正常范畴,并且发现他对理科较为敏感,不会具体步骤,但答案往往可以被他猜对,不过逻辑表达的条理性和耐心还需要训练。

男生 C 原来对参与学校体育赛事很积极,但因个子矮被讥笑讽刺过,人就变得相对孤僻起来,与同学之间交往不再轻松自如,逐渐对班级的事也就不再热衷,影响到学习,成绩一落千丈;后被父母指责,感觉没人能理解他当时的处境,加上弟弟的成绩一直很好,父母时不时会拿他俩做比较,更是造成心理压力和叛逆情绪,于是用游戏或者对抗行为来平衡自己的失落、不服甚至愤怒。所以,家长在教育孩子之时,尤其发现孩子已经出现一些症状时,更需要多观察和引导,而非一味地监督和批评。

我把其母拿来的情绪障碍测量结果等资料,直接忽略过滤掉,而是从他的一些表现上挖掘一些东西。比如,从男生 C 对一些请假的反应上可以看出应变能力强,人还是比较机灵的,只是需要强化规则和道德意识。他有几次中途不想继续上课,就到校医室避开校医,故意捏着体温计水银那头,狠命往下摔几下,体温计一下子就飙到 38 度以上,然后顺利被批准回家。不仅如此,他还假借其他方法征得班主任同意,回家打游戏。从这些方面既可以看出孩子的问题,也可以就借着这些问题深入沟通,比如他自己说的沉迷于游戏,我们就此展开了为什么会说自己是沉迷,而不是其他的一些隐性企图。

慢慢地,男生 C 愿意说出许多之前未曾和人表达过的一些观点。其实他还是挺能说的,并且能找到表达关键点。针对他的个性和一些表现,我开始用科目迁移法引导他,就从他最讨厌的数学开始,逐步蜻蜓点水般,一点点激发他学习的动力和自学掌握能力,由一开始 5 道初中数学简算题就错 4 道,直到慢慢完成一张完整的卷子,达 80 分以上。经反复刺激他对知识变化的感知和判断力,他对学习的信心逐步建立,学习态度得到了很大的改观。她母亲反馈说,他对数学开窍后,对偏科的化学、物理也发生了天翻地覆的变化。其实,男生 C 的数理化能力本身就不差,只是方法和信心的问题。

一次期末考试前,男生 C 主动请我用统合方式教他复习化学一周,成绩从上一次的 30 多分提到 80 多分,位列班级第四,这更提升了他的信心,消除了对化学的畏难情绪,物理也得到较为理想的成绩。在这段时间,我虽然没有因他对母亲的态度问题大说特说什么,只是偶尔从科目迁移到家庭关系及家庭"格序"问题上,时不时慢慢影响他的认知和意识,不知不觉他对母亲的态度有了根本性的转变,不再暴怒动粗,能比较平和理性地说话做事,也不再耍小聪明骗老师和父母,待人接物成熟多了。

当然,我后来也让他父亲过来面询,针对他喝酒耍酒疯及影响孩子的问题,我们进行了比较深入的交谈。因为男生 C 每当谈及父亲时,总不太想言语,或突然调转话题,有时会叹气。一次,他说,爸爸说过他养家,妈妈负责管家,但她连家都管不好,就是个蠢货,还能做啥。他强调,他觉得爸爸说这话有理,但不知为何还是觉得有点怪怪的。我问他,是不是听到这些话时,有种既同情妈妈却又有些瞧不起妈妈的纠结痛苦? 妈妈对你无微不至地照顾,情感上你是最依恋妈妈的,发现心里也有瞧不起妈妈时就会很矛盾,会烦妈妈甚至动粗? 是不是也会受到爸爸的影响? 他说,确实有这种感觉,很影响心情,就会无厘头地比较愤怒、鄙视她,但自己也确实很难受,甚至有点憎恶自己。

当男生 C 父亲听了这些反馈时,沉默了几分钟,承认自己有时生意场上压力大,心情烦躁脾气也大。他说,看到家里孩子这样,常会忍不住与朋友喝酒解闷,说白了我有时就是不想回那个家,哪怕待在车里坐上半个小时,都觉得比在家里轻松。我突然觉得作为一家之主的男士也挺不容易。显然,他的父亲也积压着一些情绪,无处倾诉,也需要帮助和纾解,夫妻感情可能出现了一些问题。由此我与他妻子谈及一些关于夫妻之间的问题,确定了夫妻治疗的几次面询。我从他们恋爱、结婚、生子的一些事情问丈夫当时的某些感受,以及现在对妻子一些类似事情的看法,包括对于一些事业上的压力。经过几次长谈,我给予他一些建议。

慢慢地,其父能够意识到自己在这个家庭的重要性和影响,以及梳理清楚自己心里对妻子产生的一些微妙变化、导致横竖看她不惯的主要缘由,释怀了许多,逐渐开始主动参与家庭生活,还在繁忙的工作中抽出时间陪男生C、弟弟一起运动和旅游,酒自然少喝了,一家人能处于生活自得其乐的状态。一个家庭的氛围,需要适时分离工作和学习,这是生活必需的调味剂和润滑剂,能够增进家人感情的融合、交流,也能自然化解、修复家人之间的分歧和矛盾。

男生C与父母的关系也越来越融洽,夫妻俩的争执吵架现象几乎不再发生。有什么问题,会由父亲主持开家庭会议一起讨论,发表观点,再商议确定;妈妈会适时提前做一些好吃的东西,让大家一边吃一边聊,自己有时也会提出看法和建议;而我与其弟通过一次电话沟通后,他也开始经常性与哥哥一起探讨学业题目,一起运动娱乐。渐渐地,男生C的情绪更加稳定了,对学数理化有了更大的兴趣和钻研,主动在做完成作业后提前自学了一些科目,玩游戏的瘾头逐渐淡化。

后来男生C曾给我写过一封关于对游戏感受的长信,其中,有一句令人印象深刻:游戏使灵魂日趋孤独,四肢麻木,躯体干枯,但大脑却犹如千军万马般奔腾而过,有过刺激和快乐,有过寂寞和悲凉……时间一晃过去了三四年,至今想起这个案我依然十分感慨。男生C早已考入外省某二类大学,还当过学院新生赛队的首席辩手,大三拿到学校奖学金,已经在多家公司实习过。有时回忆起来,我常在想,一些原本在某些方面有着天赋的孩子,如果因家庭或学校的某些影响遭遇挫败,对自己丧失信心而放弃对整个世界的探索和认知的机会,由此失去一生丰富体验和精彩纷呈的获得感,实在是太可惜了。

案例十

男生D,初中生,小学六年级末开始断断续续停学两年。他个子瘦小,性格顽劣冲动,对父亲既怕又恨,非常抵触其管教,对母亲稍有不顺会暴怒叛逆对打;有个大五六岁的姐姐及小两岁的妹妹;父亲是外企高管,母亲原是职场精英,后辞职做全职太太,夫妻关系和感情还不错,尤其是丈夫比较能包容和尊重太太。

第一次面询,只有男孩的母亲和父亲先过来。夫妻俩为了男生D去过几个心理机构和精神专科医院,也想过其他许多办法,但一直认为没什么效果,按夫妻俩的说法,男生D的状态越来越差。其母与邻居处得像亲姐妹,邻居哥哥曾因学习问题在本工作室得到较好调整,情绪障碍同时也得到很好的疗效,于是就把本工作室推荐给他们。其父为谨慎起见,想借一次性梳理面询的机会看下本工作室的环境,了解一下老师的能力,再做决定。

面询时,其父谈及男生D,言语中有些冒火,觉得孩子不仅不上学,还偷钱骗钱,经常打架斗殴,夜不归宿,甚至进过几次局子,但因年龄尚小又被释放,家长多次被叫去写保证书领回人。作为男生D的监护人,父母是崩溃的,母亲常以泪洗面,还有过因没满足男生D的愿望被卡脖子推倒的经历。为此,父亲曾狠狠揍了男生D,打得他鼻青脸肿,事后夫妻俩抱头痛哭。至今提及,父亲还是恨恨地说:该教育的也教育了,不听;该骂也骂、该打也打了,都没用;该关也关了,咨询的也咨询了,都没用;现在看他妈妈流泪,小畜生根本无动于衷……一个丈夫对妻子的怜爱和一个父亲对儿子的绝望,都在言语中撞击着他,撕扯着他。

看着男生D的父亲这么愤怒,母亲那么悲伤,作为一位母亲,能深切地感受到家长的无助、无奈。不过,作为老师也担心能否帮到这个孩子,因为据父母所言,这个"逆子"已经没有人性和亲情可言了。根据家长的描述,我初步判断,孩子除了父母看到的问题外,应存有其他问题。我隐约感觉孩子的伪装性很强,性格虽暴躁、情绪易上头极端,但内心还是有非常自卑和脆弱的迹象,这应该与认知及价值观存在关联性,而不是简单的发泄、叛逆或情绪障碍等问题。从父母的口中似乎听不到孩子的任何优点,哪怕是对人的一丝善意或同情心。

　　第二次男孩单独面询时，我才发现他的个性相当冲，身上伤痕累累。腿部、手臂、脚背和脚趾都有很深的烫伤、跌伤和刀伤，有的还翻出偏深红又带粉色的皮肉，叫人不忍直视。他看人的眼神凶狠，不耐烦时会直盯着人脸看，然后挑衅地怼人或者根本不作答。如果没有点阅历和定力，心中还真有些发毛，禁不住倒吸口冷气。他看上去浑身上下没有一点学生的样子，倒有几分装酷的"成人痞子"模样。因此，结束了对他的一次性梳理诊断，我就打了退堂鼓，不想接这个案子，把他父母叫到工作室二楼，坦诚地说了自己的顾虑和能力有限。

　　有时候，面对他人遇到的不幸遭遇，即使我们想助一臂之力，但往往心有余而力不足，有触动也深感无能为力，必须面对现实，接受自己的局限。作为老师，面对未成年人更应如此，这是对自己负责，也是对孩子负责。本以为这件事就这样过去了，可没想到男孩的父亲一直没放弃。大概过了3个月，有一天，楼下保安对讲机说有位先生找我。我刚要问是谁，对讲机那边另一个声音传过来："老师，我是×××爸爸，你可能不记得了，我们去过你工作室两次。"怎么会不记得呢？虽然没有接这个案子，但在那段时间我一直惦记着，还向引荐人问过这个孩子后来的情况。

　　到了楼下，我才知道端午节临近那几天，放在大堂的果篮和粽子是他太太拿来的。这还是第一位也是唯一打听我家住址并送东西的家长，而孩子还没有面询。这让我很有压力，更劝这位父亲打消念头，一来收费较高，搞不好会浪费他们的金钱和时间，二来面对孩子，真感觉自己力不从心、专业有限，很难带动孩子打开心扉，那还怎么调整和疗愈？有时候，我会以金钱付出和时间成本为家长计算面询的性价比，因为我一直认为付出也要有个限度，不能超出自己的承受范围，否则家长有可能受到二次创伤。

　　虽然我也很想帮助夫妻俩和这个孩子，但就当时来说，还从没遇到过这样复杂情况的案例，经验和技术都相对缺乏，也没有可以参考的案例，真是一点信心都没有。男孩父亲诚恳地说："老师，你肯定能看出来，我们当初就是抱着死马当活马医的想法来的，因为不只到过你一家，弄不好，一点都不怪你，都是成人，既然选择你，付出多少代价都是我们自己的事。"他继续说，之所以坚持，是那天孩子面询后回家吃饭时破天荒叫了声"爸"，当时他很激动，不记得孩子有多久没叫过他了。

听到这，我愣住了，突然回想到那天关于家庭关系释义时的情景，当时孩子眼都没眨一下，问他也没什么反馈，只"嗯"了声，扫视了二楼一圈后就开始玩手机游戏。当时我问过他在玩什么游戏，也很坚定地想着法子让他不断放下手机，具体聊了一些东西，但他很快又会拿起手机来，不断多次这样。那时以为他故意给老师下马威，根本没心情听老师说什么，但经男生D爸爸这么一说，才觉得可能是自己先入为主了，把爸爸妈妈的一些描述和所看到的现象放大了。

其实，男生D还是能听进去一点东西，这就有希望。再逐一复盘那天的细节，我发现孩子虽然表现冷漠，掩饰性强，不怎么接话，但在用一些技术不断测试及诱导刺激后，言语间还是能看出一些慌张，闪烁其词，包括他快速作答、声音模糊的反应，还是有破绽可以切入的。只是当时觉得他没说几句真话，加之他母亲也不断叹息自己一直不明白孩子为何啥都说谎，怀疑从哪学的还是谁教的。她说，我们家就他是这样，其他孩子都好好的。所以我当时没太多分析和比对，在看到孩子的眼神"杀气腾腾"时，就打了退堂鼓。

经过反复琢磨，最终决定尝试接这个案子。夫妻俩接到电话时不知道说什么好，一个劲地说"谢谢老师，谢谢……"但是，案子一开始并不是很顺利，男生D的警觉性和防御性实在太强，很多时候不能直接进入面询主题，展开费时费力。不过，任何局总是要破的，有破才有立，才能发展。两个疗程结束，男孩还是基本不说真话。很多固着的东西，必须得花些时间，设置一些环节来反复测试某些推断，不合适问询的，只能旁敲侧击从父母那得到证实，然后设置在下一次面询内容里。

经过观察和不断试探，一点一点抠出他的真实想法和经历，才慢慢发现孩子存在的问题远超父母所言和我的预判，并且我还发现了一些严重的"社会"问题。例如，从一些言语和表情动作上，我初步判断孩子有被侵犯或不恰当性行为的经历，问其家长并不知晓，但还不到时候问男生D，不合适直接问；在一些事件和表现中看出孩子价值观扭曲的问题，有反社会人格倾向；孩子在整个面询过程中动作不断，注意力涣散无法集中，这种状态很难激发学习意识和感知力；推断他情绪上可能有焦虑、躁狂及抑郁的成分。后来从母亲那里得知，确实在专科医院测试时他就被诊断为有反社会人格及情绪狂躁抑郁等问题，只是担心我不收，一开始他们没敢说这些。

与此同时，我也发现男生 D 的一点点可取之处或者说某些优势，结合起来逐一确定问题，并不经意诱导他说出一些东西，再逐步展开调整和疗愈。直到第三个疗程，我才摸清男生 D 的性格特质和思维模式。它们导致男生 D 在认知、价值观和自我意识上混乱一片，因此上课头晕、学习坐不住 2 分钟、与同龄人格格不入，这种状况下想回学校感觉比登天还难。早期判断男生 D 遭受侵犯的事应该还在持续，于是我不动声色做了铺垫，让父母及时采取措施隔离阻断，并让他们有意再进一步了解确定。终于孩子对父母说了被人洗脑殴打性侵的事，再过一段时间后才告诉了我。

后来证实，男生 D 的身体确实遭受了严重侵犯和创伤性应激反应，但由于被人诱骗长时间处在恶劣的环境中，被洗脑、威吓、控制，孩子早已没有了自尊、廉耻、人格和是非观等意识，还不太明白自己遭遇了什么，只是觉得恶心难受，有了躯体僵化和麻木的表现，并有了想摆脱一切自杀的念头，但打打杀杀、耳濡目染沾上了"黑道恶习"。

经过面询重塑了一些价值观后，他似乎才慢慢意识到什么，但又觉得难以启齿描述，所以干脆不说。直到他慢慢放下包袱，再一点点撕开过去的伤口，让其中的"浓"流出来。他的痛苦非常人能理解，对加害者的情感已有斯德哥尔摩综合征的表现，这种创伤随着自我性别及身份意识的觉醒会更加痛苦，需要相应的长时间治疗。

越深入了解男生 D 的过去，就越让人心疼他的遭遇和担心将来的影响，也越激起对这个孩子试用不同技术的用心和创新。人一旦有了新的动力，激活自己的信心和能量，就会尽一切努力去解决问题帮助孩子，在"能帮一点是一点"的笃定心态中放下包袱，才能够采取相应策略，静下心来有条不紊地去处理那些事。他让我想到其他曾受到侵犯创伤但现今已经能很好生活工作的学生，发自内心想看到他也一样拥有可以追求的人生和可以创造的自我价值。

前面男生 D 父母数次强调，只希望他能回归正常的生活状态，哪怕初中肄业能学门手艺能生存就好，当然能回归学校是最好的，或考个技校也行。有时候，老师常会受到家长的评判和描述的影响，早期听孩子父亲这么说，以为男生 D 的智商一般，可能只是性格比较倔强，或许脑瓜子不是很灵光、较木讷的那种。但经过后面不同方式、不同途径的测试，我发现孩子的反应非常快，对数理化特别敏感，解题思路也很特别。

于是，我们围绕着"稳定情绪，重塑价值观"开始，一步一步带动孩子学会沟通交流，对人产生信任尊重，在规则上尤为注重强化。男生 D 父母许多不知道的事都是从老师这里获知，那时父母听到孩子过往的遭遇时都不敢置信，异常吃惊和痛心。所以在教育孩子的同时，一定要保护好孩子，多注意他们的一些行为和性情的变化，尤其对一些有点熟悉却没有交往过的人，千万不能大意。在此，也要特别提醒家长，小心孩子遇到的一些言行有着端倪可循的所谓"朋友"。

后来男生 D 彻底敞开了心扉，细述过去所有经历过的一切，比如在那些混混诱骗教唆下，破车窗偷盗、让未成年人围观多人性行为、鼓动拿利器打群架、打骂父母骗人钱财等等。价值观的扭曲正是因为他所处的环境复杂性造成，这些"社会人"往往就是利用未成年不会被判刑、容易控制，专门伺机洗脑威胁他们做尽违法犯罪、祸害社会之事，害人不浅。这种泯灭人性的恶劣行径，需要引起全社会关注，并重视"如何保护未成年人"。在此，也呼吁相关部门要对此严加关切，加强管理清除这类戕害青少年的社会毒瘤。

父母之前一直以为孩子就是个霸凌其他孩子、不断惹事、"来找父母报仇"的混小子，没想到自己的孩子也会遭受这么多罪，更没想到社会人或身边人的复杂性会给孩子带来什么。当然事情已经发生了，不仅需要去面对，也需要反思。其实，这些一直爱着孩子的父母，哪怕有时嘴里说着最狠的话，但从他们的行为和付出去看，对孩子的爱是永远存在的，不会骗人的。夫妻俩在了解男生 D 的情况后,对家庭和社会环境也有了一定的认知,开始积极帮助、疏解、引导孩子,遇到问题会及时向老师请教。

尤其是父亲的变化最大,他把工作之余的时间都尽可能陪伴孩子休闲、运动以及参与孩子的各项活动中了;家庭生活也丰富起来,姐姐和妹妹参与其中一起帮助男生 D,慢慢地他有了很好的家庭氛围的体验;母亲慢慢地也学会和儿子的正常沟通,对不合理的要求敢说"不"的同时,也能以恰当方式满足孩子合理所需,不再引发冲突。父母的情感和关系本身有良好的基础,男生 D 在面询时及家里同时都能获得支持,心境和视野就大不一样,看问题的角度就慢慢改变,认知也上了一个新的视窗。

在遇到需要沟通或处理的问题,男生 D 也不再以暴怒极端或者要横、讹人、耍无赖的方式解决,而是想办法让父母理解或者主动提出探讨的机会,并且开始参与家庭日常事务,慢慢体会到家庭的能量流动和受其感染时,我和他又开始了其他主题,再深入进行思辨性探讨。比如,如何看待生命和家庭、发现觉察自己的价值,以及人的天性和社会性发展变化等等,又进行了近一个多疗程的释义、延伸和铺垫;这段时间孩子的变化特别明显,情绪稳定,精神世界被打开了,对许多东西有了兴致;再结合学习上的一些科目介质迁移方法,简单带动孩子的学习兴趣和状态。

慢慢地,也是一点一点,男生 D 开始有了学习的欲望和行动。当然最欣慰的是,孩子的价值观得到了及时重塑,也打开了一定的视野,能够比较放松地把自己容易暴躁发怒的情绪问题及时自行调整平复。男生 D 意识到自己个子瘦小,就去坚持自小就练过的网球,目前一直没有中断过,还结识了几个网球伙伴。后又增加了跑马训练,想着自己读大学时能不能报名全马,原来体育较差的他,慢慢喜欢上运动了。就这样,不断阻断负向的一些固着,并把深藏心理的阴影像挤脓一样慢慢地挤出来,再提高正向稳定的覆盖率,不断覆盖掉负向残余的部分,授以多元知识的生动讲解和生活现实联系,孩子的能量和力量就被逐渐带动起来,对自己和外界有了重新体验的渴望和进一步拓宽自己的想法。

许多学生都是在打开认知和情绪稳定的基础上,学习上劲头才能不断得到强化,男生D也一样。所以有些孩子为什么一直没有学习兴趣,学习机制启动不了,是有原因的。因为底子差,当男生D意识到自己需要加倍努力时,整个状态就像上了发条、打了鸡血一样。经过面询,一些回到学校的孩子都会经历这样一个过程。但根据每个孩子的个性特点及心理承受状态,有时还是会担心个别孩子用力过猛,就会常提醒他们的父母要注意孩子的节奏缓冲,适当进行干预,静动结合,否则使力过猛,担心会留下一些隐患。

在夫妻俩竭尽全力帮助男生后,姐妹俩也给到男生D许多欢乐分享,加上他自己的努力和觉悟,终于在第五个疗程后,他回归学校。随后,成绩逐步提高,眼睛里越来越有属于他这个年龄的清澈和星星之光。希望他在未来能顺利考取自己理想的梦校。不过,有的创伤可能无法在短时间内消弭,一些情绪状况还会不断反复,尤其随着年龄的增长,一些自尊或自我身份意识的彻底觉醒和加深,可能会再次造成某些敏感激惹和复发,这些在今后的日子里,更加需要家长和亲人加以观察和及时帮助。

案例十一

男生E,白净消瘦,中等个,健谈;高一因玩游戏上瘾,不愿上学,停学三四个月,过往成绩中等,与父母关系尚好。有一姐姐,学业优异,考上名牌大学,姐弟俩关系尚可;母亲经商,父亲是一家公司高管,夫妻关系还可以。

男生E的母亲是两年前朋友推荐过来辅导过的学生家长的大学同学,那个学生当时有些偏科,但从小学开始课余补习,有些厌学。调整好后他对学习的认知和积极性后,成绩和状态一直不错,除了一门要参加比赛的科目实验特别辅导外,逐步停止了校外其他科目的补习。两个孩子自小熟悉,算是发小推荐。男生E因为觉得当下自己像困顿在牢笼里的猛兽,心情很烦躁,且一直有下沉的趋势,感觉非常不好,就独自来本工作室面询,并没经过父母同意。

第一次见面,本是一次性梳理诊断,主要是相互了解情况、建立信任及梳理诊断问题,再确定彼此合作意愿去一起解决问题。但是,男生 E 还没有正式进入疗程的环节,也或许是比较信任老师,可能有发小的铺垫,就主动把自己的一些隐私和问题都抛出来,滔滔不绝,一个人第一次面询就用了近三个小时。他想听听老师怎么看、怎么分析他当下的情况,似乎是直接进入了面询疗程中,仿佛已有几次的面询和熟悉程度了。可以看出,男生 E 是一个急性子,也爱表达,不过,他对熬夜玩游戏的事却只字不提。

很明显,男生 E 做事很有主见且是积极进攻型的。他说话的时候,没有一丝其他孩子那样的胆怯、慌张和眼神的回避,力量感超强,很淡定,但可能情绪激化的时候会比较冲动、莽撞和倔强。比如他抛出问题时常有看你能不能接招的试探意味。这类孩子的心智水平往往较高,一旦叛逆起来,或者走向负性的环境,常会让父母头疼不已,甚至心碎一地。所以,对这些孩子,一来不合适说教或打骂,二来不能随意否定他们的看法,甭管是错还是对,三来更不能强迫操控他们想做或不想做的事情,否则只会引发他们的强烈对抗,适得其反。

有时如果老师的经验不足、方向不对,还会对孩子产生反噬作用,这些也是当下心理咨询师感叹青少年心理咨询个案难做的主要原因之一。第一次面询快结束的时候,我突然问了一句,这两个小时的费用不低,你是从哪里获得的? 孩子愣了一下,说:"压岁钱,还有平时零用攒的。"我笑了笑,由此把他前面的不屑、烦躁及兴奋失落一起串联起来,做了下延伸和总结,为接下来要做的面询做了框架性的铺垫。其中,还要求孩子让父母也尽可能来面询一至两次,今天面询的内容最好可以选一些你自己认为可以告诉他们的,让他们了解一些情况。

男生 E 听完沉默了一会儿,但还是爽快地答应了。第二天他母亲就来了电话,先是表示感谢,因为孩子当天回家后对父母说话的态度让她感觉有了变化,并且当晚是那段时间以来第一次在半夜一两点能去睡觉,而不是以往的清晨五六点或七八点。后面,他母亲才问起孩子还能否回校及游戏瘾的问题,并说了下夫妻俩用过的一些办法及过程。当晚他母亲就交了疗程费用,可以看出父母并不像他所说的那样根本不在意他,只知道挣钱。

他母亲经商,常要出省洽谈项目,与孩子沟通不多,而他父亲倒是能和孩子聊些话,有时还一起踢球,只是夫妻俩很少关注他的学习情况。

从男生 E 流露的一些话语、神态、"隐私"中,可以捕捉到相关需要调整的线索。比如,他提及父母批评他时的一脸不屑,还有谈论当前教育体系时的皱眉烦躁,以及说起一些隐私事件的兴奋和失落……很快能让老师形成一个对他大致的判断和思路。这个时候,自然会跟着他的话题"顺势"切入一些可能还需要测试或者试探性的设置,不过尽量不要让他觉察,才可能有更为真实的表现。孩子到了一定年龄,处于敏感期或叛逆期,尤其是已经呈现出"问题"的孩子,他们的敏感性、警觉性和防御心会特别强,很容易用模糊或者伪装的东西搪塞家长和老师,不用点技巧的话,是很难掏到心里话和真实的底层意图,就没法做到教育调整的效果。

对于学习回校的事,男生 E 却不愿提,一提就崩,为此父母和孩子也多次争执过。后来夫妻俩自己进行过 3 个月的心理咨询,听从了心理老师的一些建议,随了孩子自己的决定停学在家。但孩子一直不愿参加心理咨询,父母根本没想到他自己会跑到工作室来。所以说,青少年到了一定阶段,同伴关系的影响常常大过父母。后面问男生 E 为何会来这里面询,他坏笑着说,就是因为某某死家伙一直唠叨,还威胁他不来的话就不和他玩游戏了,吹嘘老师抓学科特准,不仅不累,还有点意思啊……他直率地说,我是不需要学科辅导的,因为不会回学校,只想聊聊其他事,解解乏。

在第五次面询的时候,男生 E 突然说人生很无聊,认为人类再怎么努力还不是一样都会 OVER,那何苦还要那么辛苦上学工作,能平庸活着也就够了,为什么要优秀? 什么意义什么价值,都是社会"空、大、泛"控制小孩的套数,认为人活着根本就没啥意义。我当即回他,人活着确实没有意义,和动物没啥区别,而是你自己赋予了意义才有意义……那次面询聊得很多,也借机向他提起游戏的事。的确,人生意义和游戏乐趣让一个青少年去理解区别,真没什么两样,反而游戏更能获得当下的成就感和存在感,更能享受到感官刺激的快乐和兴奋,那所谓的人生意义怎么能跟这些"既得利益"相比呢?

　　我也玩过游戏，甚至玩得不亦乐乎，孩子对游戏的感受，我大致都能体会和理解，所以我并不会直接反对孩子玩游戏，包括我自己的孩子。那么问题就来了，比如造成男生E这样昼夜颠倒玩游戏、上不了学的状态，轻微一点也影响到孩子的学习专注度；糟糕的沉迷于游戏、六亲不认，一断网即暴怒，要杀人一样，管也管不得，骂也骂不得，真是无计可施，似乎危害不少，煎熬着家长；一提起游戏，许多家长对开发设计者及商家又恨又骂又无奈，像洪水猛兽，唯恐避之不及，大概都是经受过这种痛苦的煎熬。如果放纵孩子"过度"玩游戏，在孩子还没对游戏有正向认知和理解层面时，可能出现的还不仅仅是这些后果。

　　游戏的强黏性是开发设计者在反复实验测试中不断叠加强化触发机制，用各种奖励机制等层出不穷的方法，以获得想"赢"的冲关设计和叠加机制，不断刺激消费者的感官体验和感受。其实，游戏作为娱乐的本质，就如成人打麻将、撸掼蛋、抽烟养宠物一样，只是形不同而质相同。不过，成人有自控和辨别能力，但孩子还没发育成熟，思想和意识天马行空，很难做到大人希望的"自律、自觉"程度，只能慢慢体验、认识并培养遵守游戏规则的意识。

　　所以，常说早期的家庭教育"预防意识"很重要，不能等问题出现了、严重了、恶化了才去面对——家长要对"预防"有认知意识，并积极采取必要的干预和引导方法，影响孩子后期的发展和成长。啥事过头过度了都会出问题，说到底，还是要回到"度"的把控上。这个度，在于频率和影响机制，还在于孩子的性格、爱好和阶段性发展区的需求，更在于父母自身和孩子有没有底线的设定，以及使用规则的商定。

　　凡是能经过商议和不断引导成长起来的孩子，一般情况下，玩起游戏来不会太过度，因为他们虽然自控能力弱，但毕竟对游戏在什么样的情况下有害、什么样的情况下有益就有了认知，也会受到商议的规则约束和反省自纠，行为上如果出现了一些过度的偏差，旁人及时提醒或阻断，是比较容易取得成效的，孩子也不会有太大的反应和对抗。当然，如果因为家庭变故、心理创伤或者其他伤害，引发的社交、情绪障碍等问题，导致沉溺于虚拟世界逃避现实,求得暂时的内心支持,实际上就不是游戏瘾的问题,成因不一样,调整的方法也迥然不同。

男生E没有上述问题,只是对学校体制和学习体验产生不好的感受,认知上有偏差,人生观出现迷茫、困顿和质疑。因姐姐带来的一些压力需要自我平衡和释放,才沉迷于游戏,实际上只是他的排遣和某种防御性的抗争。男生E面对学业优异并考上名牌大学的姐姐,一直有种无形的压力,尤其是爸爸妈妈夸赞姐姐时,他会下意识做比较,产生"我不行"的想法。姐姐考大学前,在家早起晚睡,是爸爸妈妈常夸赞的勤奋学习的楷模,但他与姐姐却很少交流,对姐姐"学霸"人设有自己的想法,觉得只顾学习、啥都不懂的人生没意思,自己要过得比她精彩而有趣。因此,他会无意识地"标签"读书好的人,以示鄙视链,去遮盖自己学习不咋样的某些自卑成分。

我与男生E的父母沟通,让姐姐时不时主动给弟弟打电话,不聊学习,就谈大学里的生活常态,并邀请弟弟去玩。我也加了把火,让他直奔姐姐大学所在的那个城市玩了一圈,姐姐请假全程陪伴,姐弟俩在景点还有游戏厅都玩得兴起,照了很多合影。回来后,说起有很多不同以往的感受,他原来认为姐姐就是个除了学习啥也不会的书呆子,这次发现她很会玩,但能自如掌控时间,安排好自己学习和陪他玩的一切事务。

在这样的情况下,男生E思想上慢慢开始松动,对回学校的事不再那么坚决否定。在不断的设置尝试当中,也有了主动调整作息和掌控游戏时间的能力,慢慢感受着学习的一些思路和方法,以及理解了自己人生观的价值倾向,也就调动了自己的学习机制。很多时候,当孩子还没有意识到或者达不到理解承受时,家长不用直接挑明,但可以不断在其他方面进行迁移引导,慢慢地,孩子会理解改变的。任何一个孩子的内心总深藏着父母的"触动点",只要用心就能打开那里的心门。

面询过程中,男生E有些觉得不好意思说出来但能让人觉察到的青春期"隐私性"的话题,对他的成长和思想有明显的桎梏阻碍作用,因此,需要逐步诱导他说出来,尽可能放松和坦然,让他不由自主大量输出情绪和观点,就更进一步扩充我们可以共同探讨的深度内容。至此,在面询时,孩子开始对游戏交流了很多感受和看法。不知不觉地,男生 E 的作息时间改变了,对学习有了一定的关注,偶尔会偷偷做一些数理化题,父母一关注他又马上遮掩不承认,只会给老师发过来看看。

这个时候对亲子关系和互动模式的重构也是非常重要的,从第一次梳理诊断开始,我就一直在理顺这个面询框架内的"亲子增强项",因为孩子与父母本身没有过多的激化矛盾和冲突,也就很快打通并深化了他们的关系,建立能够促进他们彼此更多理解的沟通模式。两个疗程后,男生 E 与父母之间有了良好的互动,顺利回到学校。至此,所谓的"游戏瘾"也慢慢弱化,减弱消除了强黏性,男生 E 面对电子产品基本能伸缩自如。

从他开始说坚决不回校、不愿学习、不谈游戏,到局部改变,乃至整个人产生较大变化,都是根据各种线索诱导他说出卡点,然后再根据他的性格、话题及做事的一些特征,寻到合适时机,激发他主动谈及游戏等一系列面询过程中,我自始至终都没有说过"不能玩游戏",但最后他做到了"学习为主,适当娱乐减压"的良好状态。最后一次结束面询时,在父母夸赞他变化大时,他有点不好意思地说,我现在一两个星期与同学玩一下游戏还是有的,我接了一句"那是必需的"。

案例十二

男生 F,18 岁,独子,智商较高,反应快,某方面的思维和敏感度强于其他同龄人。自己曾经被霸凌和欺辱,后又成为霸凌者之一。高二下学期他双相症状复发,陆续又请假停学。在小学五年级至初二期间休学若干年,断断续续回过学校几次,但每次回校时间不超过一周,要么听不懂课,要么觉得无聊透顶,上半节课或者半天就擅自离开学校,然后长期休学,被"社会人"诱骗混迹各种场所,并被洗脑、威吓和控制,参与打架斗殴及一些不法行为。

早期受到家庭变故影响,以及多重社会创伤阴影,他的性格表现较为狂躁,社会价值观有些偏离扭曲。初二学期末,其父通过朋友找来,好说歹说把孩子哄过来进行一次性梳理诊断。原本男生F只是想应付家长，进行一次性梳理诊断后，让老师知难而退，他只是想得到一笔"巨额红包"，因为其父答应过来面询就会给他。第一次面询刚开始时，他装出"极为恶劣厌弃"的言语表情，不断质疑反问老师，我为什么要回答你提的这些东西，我干吗要说这些东西？这些对我都是没用的东西！

面对他的反应，我也临时用上了"耍花枪变脸"的方法，一会严肃，一会微笑，一点一点诱导男生F说出了自己没有意识到的潜意识里的记忆和障碍。或许是自己恰好比较擅长与各个年龄段孩子的沟通干预，他的目的没有达成，反而成为可以促进调整的有利因素。而且，我进行了适当的冒险，提前把疗程中的方法用上了，在孩子愿意配合的基础上，尝试了"断电法"。当时可能某个点触动到他什么了，他的眼眶有点湿润，他别过头去。那时我知道自己大概率能帮到这个孩子。

那次，男生F的父亲答应一次性给他结算红包不少，几年积攒下来有3万多。男生F想用这笔钱去买一辆大牌自行车，可以潇洒地在那些所谓的"社会哥们姐们"面前显摆，以及忽悠快钱。听他讲了自己的"伟大设想"，我也频繁点头，但后面我"顺势而为"就着他的某句话聊到学校课堂问题，再是利用"呈现法"进入他潜意识层面，展开过往他可能意识到但没法厘清或者忽略的一些实质性感受。这里面包括他最隐私的痛点，包括身体和心理遭受侮辱和欺凌的重创，尤其是过往深烙在心灵挥之不去的耻辱感、崩溃感和毁灭感。

在面询过程中，我感受到他想表现又特别害怕被人当众开撕讥笑，由此引发他使劲宣泄欺凌在别人身上的狠劲和残暴。其实这也是一种发泄痛苦和阴影的转移变形；还有在大冬天穿短袖、人字拖，几乎不知道啥时饿、啥时冷、啥是爱的麻痹僵化表现，可能是心理学上所说的某种退行规避机制触发了，由于某些原因身体趋于僵化麻木麻痹状态；随着面询次数增多，话题也增多了，他逐渐敞开心扉，聊出自己不认可当下或者我的一些观点。我很认真听完他的表达，那层面询学生和老师之间的关系似乎转眼间被某种力量拉近，彼此之间的距离感、陌生感逐渐消失，多了许多信任和默契。

第一次面询快结束时，他一个劲地说："这些东西怎么会从我嘴里冒出来？我怎么一点记忆都没有？我乱说的，不该告诉你，你整出这些来到底想干啥？"看他有些紧张不安，我说："放心，老师会复盘甄别真伪，下次我们再一起探讨。"结束时，男生F听从了不拿红包的建议，并说回去思考自己是否真想回学校，表示愿意继续面询。男生父亲说，难以想象，他这是第一次没达成目的竟然不生气，还心甘情愿让爸爸一直保管他的红包。

复发前的面询，主要还是解决男生F的情绪激惹、叛逆忤逆、厌学、高敏感、性别模糊及抑郁自杀倾向等诸多综合性问题，尤其是比较棘手的深度创伤性隐私问题。整个面询过程中，依然是按自有的节奏和科目迁移方法，根据时间的分配，以及问题的轻重缓急排序，进行治疗方面的优先，逐步点对点针对性解决主要需求问题，同时再解决其他长期问题，相应地会对其他方面做铺垫及进行适当调整。恰好男生F处在青春期中晚期，这时自身敏感性就比过往更为强烈，矛盾冲突的行为也更为激烈，情绪一点就着。

后面男生F经过几个疗程，回到了学校，通过自己的努力也取得了较好成绩，并顺利进入普高，稳定的状态持续了两年左右。当时孩子很努力，我曾因担心用力过猛会反噬到他当时的心理承受状态，故不时劝导他放松一些，甚至减少他自己定的一些目标任务。他在尝到学习迅速提高并被老师同学认可、推选参赛得到佳绩的甜头后，还是争分夺秒地加以自学、加时学习以及给予自己较高期望。如果孩子一直以这种稳定的状态发展下去，即使他的成绩没有名列前茅，前途也不可估量，有很多可能性的机会等着他，可寄予厚望。

男生F在经过疗程面询后自发启动了学习意识和激活学习机制，吸收知识较快，反应更快，学习状态相比较其他同学还算轻松。只是随着年龄的增长，自尊和自我认同感逐渐增强，潜意识中会对一些经历像放电影似的不断呈现，如果所处环境又有了刺激应激源等问题，就会导致一些症状和情绪问题的复发。

尤其被唤醒的一些创伤意识，包围在过往受过深度伤害的"应激源"上，那种再次近乎身临其境的紧张和焦灼感，自然会加重、加深、放大某种

"刺激想象"中的恐惧不安,从而造成过度反应,影响正常的生活学习状态,这时就导致复发现象的发生。

即使多个方面都呈螺旋式上升态势,但因某些应激源激活,对过往的一些特殊经历就越发敏感而痛苦,不断放大某些阴影和伤痕的折射,心情下沉,影响意志力,情绪波动就大。过度紧张和过度敏感,都会冲击学校集体生活的适应和社交现状,直接影响孩子对环境的感知和认识,产生新的偏差。

当男生 F 复询时,因为了解他,面询相对轻松顺利,只是早期在社会上沾染的一些偏离轨道的扭曲价值观还在调整,新的应激源脱敏问题需要时间。他是独子,因自小被溺爱而养成的怕苦怕累等畏难情绪,也因失去"学习主场"的积极带动后,流露出许多问题。当然这不是坏事,需要家庭去面对,逐一解决。

比如,男生 F 自小承受辛苦、挫败、困难等畏难情绪较大,抗挫性较差,一旦环境中压力过大或者出现类似的应激源,就容易受到刺激复发;还有因为价值观及认知上的一些问题影响他的气量和反应,心气较小、爱计较、贪便宜,又怕苦怕累,这些都容易影响他的整体心态稳定和发展;一旦学习上比别人差时,就会不自然地感到紧张和焦虑,树立起来的信心很容易受影响。说到底,还是从小需要加强习惯和意志力的培养,复发后,在这些方面仍然需要作为重点在日常生活中调整引导。

这是我投入精力和时间较多的个案之一,由于多头原因造成其复杂性、交叉性和高难度,尤其很多不曾遇到过的难题,我几度想中断放弃,但学生家长的真诚和坚持,让我一次次坚持下来。每次从一些细微线索中看到一点点希望,尤其看到孩子一点点变化时,内心会充满母亲般的柔软和坚定,以至于不断使用更多灵活的方法、技术创新及跨界融会贯通,帮助男生 F 解决当下的困境,让他再次不断体验和感受一些东西,突破认知上的局限性,提升他的思想意识。

每个个案都有各自的特点和不同的面询技术组合。有的孩子问题虽然轻,可在面询过程中会不断反复,这种反复是在一定正向带动的频率下、不断覆盖掉负向表现而出现的正常情况,等到正向的带动被强化和巩固后,一般就没有反复的情况了。但是,对于复发的个案则不同,尤其是过了一两年才出现复发还是极少数的,这些个案相对严重和复杂,面询的技术和调整策略要求会更高。这个比较集中反映各种创伤痕迹、应激源和残留伤情阴影等较为综合的个案,出现复发情况后,则需根据实际环境资源、复发程度和表现,重新调整并消除引发现状的内外因素。

虽然复发时省去了建立了解、信任和梳理的过程,但因为是旧的伤痕被撕开,重新愈合还是有些难度,尤其是修复时间上的不确定性,比较磨人。男生 F 的复发,整体螺旋式上升的底盘还是趋于向好,排除休学一事,他的整体生活、社交及情绪状况都还算恢复得不错,只是对学习暂时使不上劲,没了回校两年前的意气风发。

从前不坐地铁、觉得坐地铁辛苦的他,开始学会坐地铁;从不做家务、不承担一点责任的他,也开始尽可能有序帮家庭做点家务,照顾老人;从不愿自己一个人到医院跑前跑后的他,也不再发牢骚暴脾气,慢慢学会了自己逐步解决问题。一切都要从"生活教育"中得到力量和抗挫能力,让孩子变得有韧劲、充满生活气息,只有这样,才能锻炼承受压力。

当然,复发时,更多的还是以教育为主,结合生活教育和情境教育,融合社会学、生物学、心理学等其他学科进行面询;每次像三部曲一样,从科目测试评估或迁移,到情绪舒郁或诱导疏通,再到卡点痛点或转向;同时,会时不时观察到一些微线索和时机,不动声色地对其价值观的引导做些铺垫,或播下一些能够打开他认知层面影响意识和思想的"种子",让其自然进入思考,再"浇水""施肥",等待思想的"发芽"。

早期协助男生 F 逐步厘清混乱的现实状况,疏通卡点、处理伤害阴影等,直到触发学习机制、重新认识学习、能自主学习时,纠偏、重塑道德价值观的效果也就一点一点呈现出来。面对复发,依然需要长期坚持前面所欠缺的部分重塑,解决的重点还是利用不同资源来弱化、脱敏阴影及应激源的影响,增加孩子自身意志和承受力,重塑其心灵美好,重拾其信心。如今孩子又回到学校继续追逐自己的梦想,祝他一切如愿!

后　记

感谢陈亚军教授推荐江苏人民出版社汪意云编审作为本书的责任编辑！对于初次出书的我来说，她像一位老师，很有耐心地指导不明之处。合作流程上，非常快速地抓重点和时间节奏，比如重拟书名及选题申报，几乎在同一时间完成，书名即是汪老师的创意，很有画面感；再根据彼此的沟通商议，快速拟定准备好合同，待选题审批下来即签订合同，校稿、审稿、定稿。整个过程行云流水，非常顺畅，正因为有汪老师的全心支持和鼓励，本书才得以较高质量顺利出版。

早几年，我曾把这些经验理论提供给相关院校做课题，但在初审通过后却被告知不能署校外人员名字，于是，我不再有做学术论文的念想，自得其乐地抱着"静观其变"的随缘态度，把玩玉似的，让时间慢慢打磨发出光来。在这个过程中，我深入了解教育的整个系统、涉及因素及其对家庭和个人的影响，才意识到这是值得终生付出时间和精力去了解和研究的方向，它甚至涉及教育哲学等问题。

机缘巧合，我认识了浙江大学哲学系博士生导师陈亚军教授，因他而深入了解杜威的教育哲学思想对中国的影响，并重新学习和实践实用主义理念。我要真诚感谢陈教授对我的思想启发，及其对当下一些现象和相关问题进行学术解答。他还向我介绍了他的德国籍妻子、浙江大学跨文化心理研究导师安娜副教授。我们进行了心理学方面的私人交流和探讨，为此她赠送我一本有关教育领域的书籍。

陈教授不仅让我看到一位中国学者对杜威的共同体理论、伦理观点和社会思想等进行实证化的、自然主义的阐释，更让我深有体会和触动，并真正感受到一位中国学者的风骨和一丝不苟的学术研究精神。陈教授在诠释实用主义叙事的当代转换及效应时,对语言转向、经验转向及语义学、语用学等内容进行详述并表达观点,让我获得许多关于本书结构及内容的灵感。

当然,我还要感谢我的家人——先生和孩子一直以来对我工作的支持和鼓励!

主要参考文献

在本书创作过程中,我查阅了大量的关于教育理论、身体功能、心理机制、社会哲学、学习科学、方法论及游戏等领域的东西方学术著作及人文史书,例如教育学、生物学、神经脑科学、社会学、哲学、心理学及历史学等等,不仅从逻辑关系、实验研究等方面实证了许多自己所做的案例,也带给我思考上的灵感和启发。为了阅读便利及流畅,在书中没有一一标明原文出处,在此用"主要参考文献"的方式来说明,谨向以下所有学术作者表示诚挚的敬意和感谢。

1. [美]史蒂芬·平克:《语言本能:人类语言进化的奥秘》,欧阳明亮译,浙江人民出版社 2015 年版.

2. [美]史蒂芬·平克:《思想本质:语言是洞察人类天性之窗》,张旭红、梅德明译,浙江人民出版社 2015 年版.

3. [美]史蒂芬·平克《心智探奇:人类心智的起源与进化》,郝耀伟译,浙江人民出版社 2016 年版.

4. [美]史蒂芬·平克《白板》,袁冬华译,浙江人民出版社 2016 年版.

5. [美]史蒂芬·平克《当下的启蒙:为理性、科学、人文主义和进步辩护》,侯新智、欧阳明亮、魏薇译,浙江人民出版社 2018 年版.

6. [美]约翰·布罗克曼《心智》,黄珏苹、邓园、欧阳明亮译,浙江人民出版社 2019 年版.

7. [德]弗里德里希·黑格尔《小逻辑》,李智谋译,重庆出版集团/重庆出版社 2006 年版.

8. [德]弗里德里希·黑格尔《美学》(1—4 卷),朱光潜译,商务印书馆

1997 年版.

9. ［美］罗伯特·所罗门、凯思林·希金斯《大问题:简明哲学导论》,张卜天译,广西师范大学出版社 2014 年版.

10. ［美］约翰·杜威《思维的本质》,孟宪承、俞庆棠译,台海出版社 2018 年版.

11. ［苏］苏霍姆林斯基《给父母的建议》(大教育书系),罗亦超译,长江文艺出版社 2017 年版.

12. ［美］赫伯特·西蒙《认知:人行为背后的思维与智能》,荆其诚、张厚粲译,中国人民大学出版社 2019 年版.

13. ［美］塞缪尔·亨廷顿《文明的冲突》,周琪、刘绯、张立平、王圆译,新华出版社 2013 年版.

14. ［美］杰恩·梅杰《双向养育》,欧阳晖译,江西人民出版社 2016 年版.

15. ［英］肯·罗宾逊、卢·阿罗尼卡《什么是最好的教育》,钱志龙译,浙江人民出版社 2020 年版.

16. ［英］阿尔弗雷德·诺思·怀特海《教育的本质》,刘玥译,北京航空航天大学出版社 2019 年版.

17. ［英］阿尔弗雷德·诺思·怀特海《教育的目的》,严中慧译,华东师范大学出版社有限公司 2020 年版.

18. ［英］约翰·洛克《教育漫话》,杨汉麟译,人民教育出版社 2006 年版.

19. ［意大利］蒙台梭利《蒙台梭利育儿经》,徐雯雯译,哈尔滨出版社 2011 年版.

20. ［意大利］蒙台梭利《蒙台梭利早期教育法》,柔依译,黑龙江教育出版社 2017 年版.

21. ［法］卢梭《爱弥儿》,王媛译,中国妇女出版社 2018 年版.

22. ［法］让·菲利普·拉夏《注意力:专注的科学与训练》,刘彦译,人民邮电出版社 2016 年版.

23. 陶行知《陶行知谈教育》（名家谈教育），辽宁人民出版社 2015 年版.

24. 费孝通《乡土中国》，北京大学出版社 2012 年版.

25. 朱光潜《谈美》，湖南文艺出版社 2018 年版.

26. 胡适《胡适文丛》，云南人民出版社 2015 年版.

27. 孙隆基《中国文化的深层次结构》，中信出版集团 2015 年版.

28. 钱穆《国史大纲》（全 2 册），九州出版社 2011 年版.

29. 刘放桐、陈亚军《实用主义研究》（第二辑），华东师范大学出版社 2020 年版.

30. 陈亚军《超越经验主义与理性主义：实用主义叙事的当代转换及效应》，江苏人民出版社 2014 年版.

31. 彭凯平《吾心可鉴：澎湃的福流（匠心质造）》，清华大学出版社 2016 年版.

32. [美]约翰·M. 格里高利《教育七律》，王贞、范兆明译，中信出版社 2014 年版.

33. [英]夏洛特·梅森《家庭教育》，程红艳、李春玲译，中国发展出版社 2003 年版.

34. [英]理查德·道金斯《自私的基因》，卢允中、张岱云等译，中信出版社 2012 年版.

35. [美]悉达多·穆克吉《基因传：众生之源》，马向涛译，中信出版社 2018 年版.

36. [美]佛罗伦斯·希恩《生活的艺术》，袁静译，天津社会科学院出版社 2009 年版.

37. [美]劳伦斯·科恩《游戏力养育》，刘芳、李凡译，北京联合出版公司 2020 年版.

38. [美]劳伦斯·科恩《游戏力：笑声，激活孩子天性中的合作与勇气》，李岩译，中信出版集团 2022 年版.

39. [爱尔兰]萨宾娜·布伦南《认知神经科学萨宾娜家的大脑使用说

明:超强大脑的七个习惯》,池明烨译,中国青年出版社 2020 年版.

40. [日本]河合隼雄《什么是最好的父母:日本国宝级心理学家开解父母的养育困惑》(简体中文版),张日昇译,北京联合出版公司 2019 年版.

41. [日本]池谷裕二《考试脑科学:脑科学中的高效记忆法》,高宇涵译,人民邮电出版社 2021 年版.

42. [日本]松原达哉《咨询心理学》,张天舒译,机械工业出版社 2015 年版.

43. [德]约翰·弗里德里希·赫尔巴特《德国精英教育心理学》,常春藤国际教育联盟译,文化发展出版社 2017 年版.

44. [德]威廉·冯特《认知心理学》,王彦译,百花文艺出版社 2019 年版.

45. [德]伯特·海灵格、索菲·海灵格《谁在我家:海灵格新家庭系统排列》(升级版),世界图书出版有限公司北京分公司 2018 年版.

46. [美]约翰·华生《行为心理学 3:儿童行为心理学》,刘霞译,天津人民出版社 2020 年版.

47. [美]卡伦·霍妮《我们内心的冲突》,张俊贤译,新世界出版社 2017 年版.

48. [美]马歇尔·卢森堡《非暴力沟通》,阮胤华译,华夏出版社 2016 年版.

49. [美]琼·利特菲尔德·库克、格雷格·库克《儿童发展心理学》,和静、张益非译,中信出版社 2020 年版.

50. [英]乌莎·戈斯瓦米《牛津通识读本:儿童心理学》,吴帆译,译林出版社 2019 年版.

51. [英]玛丽·简·塔基、简·斯科特《抑郁症:牛津通识读本》,杨娟译,译林出版社 2021 年版.

52. [奥地利]弗洛伊德《梦的解析》,刘徽译,民主与建设出版社 2016 年版.

53. [奥地利]弗洛伊德《性学三论与爱情心理学》,李伟霞译,武汉出版社 2013 年版.

54. [奥地利]弗洛伊德《弗洛伊德心理学》,李文禹、李慧泉译,台湾出版社 2019 年版.

55. [瑞士]荣格《荣格心理学》,张楠译,江西美术出版社 2019 年版.

56. [美]苏珊·福沃德、克雷格·巴克《原生家庭:如何修补自己的性格缺陷》,黄姝、王婷译,北京时代华文书局出版 2018 年版.

57. [美]阿诺德·拉扎勒斯、克利福德·拉扎勒斯《一分钟心理咨询》,贾晓明译,机械工业出版社 2013 年版.

58. [美]丹尼尔·西格尔、蒂娜·佩恩·布赖森《如何让孩子自觉又主动:全球知名脑科学家揭示如何培养孩子的开放式大脑》,黄珏苹译,浙江教育出版社 2020 年版.

59. [奥地利]阿尔弗雷德·阿德勒《理解人性》,罗鸿幸、王心语译,新世界出版社 2016 年版.

60. [奥地利]阿尔弗雷德·阿德勒《洞察人性》,彭科明、何晚晴译,湖南文艺出版社 2021 年版.

61. [奥地利]阿尔弗雷德·阿德勒《自卑与超越》,徐姗译,民主与建设出版社 2016 年版.

62. [奥地利]阿尔弗雷德·阿德勒《儿童教育心理学》,李荣译,中华工商联合出版社 2018 年版.

63. [奥地利]阿尔弗雷德·阿德勒《儿童教育心理学》,王明粤译,成都时代出版社 2019 年版.

64. [奥地利]阿尔弗雷德·阿德勒《儿童人格教育》,戴光年译,吉林出版集团 2014 年版.

65. [奥地利]阿尔弗雷德·阿德勒《儿童教育心理学:全世界教师和父母的必读书》,刘丽译,南海出版公司 2015 年版.

66. [匈牙利]米哈里·切克森米哈赖《心流:最优体验心理学》,张定绮译,中信出版集团 2017 年版.

67. [美]库尔特·考夫卡《康奈尔大学的心理学原理》,刘霞译,百花洲文艺出版社 2018 年版.

68. [美]斯坦利·霍尔《青春期:青少年的教育、养成和健康》,凌春秀译,人民邮电出版社 2015 年版.

69. [美]卡伦·霍尼《我们内心的冲突》,温华译,上海译文出版社 2018 年版.

70. [美]阿比盖尔·马什《人性中的善与恶:恐惧如何影响我们的思想和行为》,张岩译,中信出版集团 2019 年版.

71. [英]吉莉恩·巴特勒《无压力社交》,程斯露译,中国华侨出版社 2018 年版.

72. [加拿大]克里斯多福·孟《亲密关系续篇:无拘无束的关系》,吴玲译,中华工商联合出版社 2018 年版.

73. [美]凯利·麦格尼格尔《自控力》,王岑卉译,文化发展出版社 2012 年版.

74. [美]沙法丽·萨巴瑞《父母的觉醒》,王臻译,上海社会科学院出版社 2013 年版.

75. [美]沙法丽·萨巴瑞《家庭的觉醒》,庞岚晶译,上海社会科学院出版社 2020 年版.

76. [美]丹尼尔·列维汀《有序:关于心智效率的认知科学》,曹晓会译,中信出版集团 2018 年版.

77. [美]丹尼尔·戈尔曼《三重专注力:如何提升互联网一代最稀缺的能力》,倪韵岚译,机械工业出版社 2017 年版.

78. [美]桑德拉·切卡莱丽、诺兰·怀特《心理学入门》,周仁来译,中国人民大学出版社 2014 年版.

79. [美]威廉·沃克·阿特金森《催眠控制术:暗示与自我暗示 20 讲》,毛雪译,天津社会科学院出版社 2012 年版.

80. [美]马克·舍恩、克里斯汀·洛贝格《你的生存本能正在杀死你:为什么你容易焦虑、不安、恐慌和被激怒?》,蒋宗强译,中信出版集团 2018 年版.

81. 〔美〕杰弗瑞·萨德《催眠大师艾瑞克森和他的催眠法》，陈厚凯译，化学工业出版社 2016 年版.

82. 〔美〕阿伦·贝克、布拉德·A.奥尔福德《抑郁症》，杨芳等译，机械工业出版社 2014 年版.

83. 〔美〕塔玛·琼斯基《内心成长：心智成熟的四个思维习惯》，吴书榆译，北京联合出版公司 2018 年版.

84. 〔美〕塔玛·琼斯基《让孩子远离焦虑：帮助孩子摆脱不安、害怕与恐惧的心理课》，吴苑蒙译，浙江人民出版社 2014 年版.

85. 〔美〕杰弗瑞·简森·阿内特《阿内特青少年心理学》（第 6 版），郭书彩、刘丽红、胡紫薇译，人民邮电出版社 2021 年版.

86. 〔美〕威廉·斯蒂克斯鲁德、奈德·约翰逊《自驱型成长：如何科学有效地培养孩子的自律》，叶壮译，机械工业出版社 2020 年版.

87. 〔澳大利亚〕莉·沃斯特《优势教养：发现、培养孩子优势的实用教养方法》，闫丛丛译，中信出版集团 2018 年版.

88. 〔澳大利亚〕凯瑟琳·格尔德、大卫·格尔德、丽贝卡·伊芙《儿童心理咨询》（第 5 版），杜秀敏译，机械工业出版社 2020 年版.

89. 赵文滔、许皓宜《关系的评估与修复：培养家庭治疗是必备的核心能力》，华东师范大学出版社 2017 年版.

90. 赵思家《大脑使用指南：其实你活在大脑创造的虚拟世界里》，湖南科学出版社 2016 年版.

91. 沈家宏《原生家庭：影响人一生的心理动力》，中国人民大学出版社 2018 年版.

92. 朱芳宜《读懂孩子的情绪》，中信出版集团 2020 年版.

93. 田艾米《儿童心理问题全攻略：成长历程》，电子工业出版社 2013 年版.

94. 李群锋《儿童沟通心理学》，古吴轩出版社 2017 年版.

95. 严文华《做一名优秀的心理咨询师——心理咨询面谈培训手记》（第二版），华东师范大学出版社 2013 年版.

96. 于宏华《少年抑郁症：来自 17 个家庭的真实案例》，台海出版社 2022 年版.

97. 施臻彦《儿童心理学：其实你不懂孩子》，人民邮电出版社 2018 年版.

98. 高岚、申荷永《沙盘游戏疗法》，中国人民大学出版社 2012 年版.

99. 沈思《教育是什么》，江苏人民出版社 2020 年版.

100. 汤勇《教育可以更美好》，长江文艺出版社 2018 年版.

101. 朱永新《未来学校：重新定义教育》，中信出版集团 2019 年版.